21世纪教师教育课程规划教材

教 育 原 理

刘家访 主编

武汉大学出版社

图书在版编目(CIP)数据

教育原理/刘家访主编.—武汉:武汉大学出版社,2011.5
21世纪教师教育课程规划教材
ISBN 978-7-307-08622-7

Ⅰ.教… Ⅱ.刘… Ⅲ.教育理论—教师培训—教材 Ⅳ.G40

中国版本图书馆CIP数据核字(2011)第043734号

责任编辑:詹 蜜　　责任校对:刘 欣　　版式设计:马 佳

出版发行:**武汉大学出版社** （430072 武昌 珞珈山）
　　　　（电子邮件:cbs22@whu.edu.cn 网址:www.wdp.whu.edu.cn）
印刷:通山金地印务有限公司
开本:787×1092　1/16　印张:13.25　字数:316千字　插页:1
版次:2011年5月第1版　　2011年5月第1次印刷
ISBN 978-7-307-08622-7/G・1965　　定价:26.00元

版权所有,不得翻印;凡购买我社的图书,如有质量问题,请与当地图书销售部门联系调换。

21 世纪教师教育课规划教材

编审委员会

编委/顾问

郑日昌　北京师范大学心理系教授、博士生导师，教育部大学、中小学心理健康教育专家指导委员会委员，享受国务院突出贡献专家特殊津贴

刘华山　华中师范大学心理系教授、博士生导师，教育部理科教学指导委员会委员

郭元祥　华中师范大学教育学院教授、博士生导师，教育部基础教育课程改革课程专家组成员

曲铁华　东北师范大学教育科学学院教授、博士生导师，中国教育学会教育史分会理事

王坤庆　华中师范大学教育学院教授、博士生导师，全国教育哲学专业委员会副主任

齐学红　南京师范大学教育科学学院教授、硕士生导师，江苏省教育学会班主任专业委员会理事长

刘新科　陕西师范大学教育科学学院教授、博士生导师，中国教育学会教育史分会理事

易连云　西南大学教育学院教授、博士生导师，中国教育学会德育论专业委员会副主任

张文兰　陕西师范大学新闻与传播学院副院长，教育部高等学校教育技术学专业教学指导委员会委员

燕良轼　湖南师范大学教育科学学院教授、博士生导师，中国心理学会理论心理学与心理学史专业委员会委员、中国心理学会科普委员会委员

刘家访　福建师范大学教育科学与技术学院教授、硕士生导师，教育原理学科带头人

汪缚天　徐州师范大学文学院教授、硕士生导师，江苏省语言文字专家咨询委员会委员

苏晓青　徐州师范大学文学院教授、硕士生导师，国际中国语言学学会（LACL）会员、全国汉语方言学会理事

前　言

在我国，教育原理作为教育专业的必修课程，相关教材已经出版数十种之多，反映了相关专家在本领域的努力，并形成了丰硕研究成果。如何使我们的教材在继承已有研究基础上创新，成为我们编撰教材面临的首要任务。为此，我们注意了以下几个方面：

第一，注重基础理论的阐述。教育原理是关于教育的基本理论，面对当今世界众多教育理论，我们强调，尽可能全面反映教育理论的基础，同时，关注教育理论的最新成果，以使读者能对教育相关理论有全面的了解。

第二，关照当前实践。理论如果脱离了丰富多样的教育实践，本身就缺乏说服力，也失去了作为理论存在的价值。教育理论是以解释、指导教育实践为目的，因此，我们在分析理论的同时，通过对实践中教育现象的介绍，试图阐明理论存在的合理性。

第三，我国当前的课程改革，无疑给教育发展提出了新的要求。所以，我们在各章中，尽量对新课程所倡导的理念加以阐述，同时通过新课程实施以来的案例分析，让读者能尽快把握新课程的基本原理。

全书以阐明教育观的形成为主要编撰目的，教育观大致包括教育发展观、教师观、学生观、教育功能观、教育目的观以及教育基础观。为此，我们将全书分为七章：第一章教育是什么，主要阐明人们对教育的基本观点及教育的发展历史，目的是使人形成对教育的基本认识；第二章作为一种职业的教师，则以应有的教师观为对象，不仅阐明教师的职业特点，并阐明作为教师应有的权利和义务；第三章作为教育对象的学生，则以教师应当具有的学生观为对象，主要分析学生在发展过程中具有的特点以及教师面对多样的学生应当采取什么样的教学行为等问题；第四章教育功能观，探明的是教育对于社会、人所具有的作用和意义；第五章教育目的，通过对世界及我国教育目的观的描述，让读者形成正确的教育目的观；第六章教育的基础，阐明实施教育的各种理论基础，使我们明白教育基本理论产生、形成的条件；第七章当代教育改革，通过对世界及我国教育改革的梳理，使读者了解世界教育改革的发展历史及趋势，从而对当前的教育实践有更深刻的认识。

全书是集体智慧的结晶。参加编撰的有：福建师范大学刘家访（绪论、第一章）；浙江师范大学田晓红（第二章）；四川师范大学尹芳（第三章）；漳州师范学院孔凡芳（第四章）；四川师范大学王彬（第五章）；福建师范大学张荣伟（第六章）；成都市工业职业技术学校刘勇（第七章）。全书由刘家访统稿。

本教材的适用对象是教育专业本科生和研究生，同时也适用于对教育理论有兴趣的各类读者。

在教材的撰写过程中，我们参考了国内同行的相关教材、著作、论文等成果，我们表示衷心的感谢！同时，我们尽量在撰写过程中注明出处，但难免挂一漏万，对此我们深表歉意！

本书内容虽经过多次修改，但由于作者水平和时间有限，教材难免有纰漏，我们恳请读者朋友们批评指出。

编　者

2010年10月

目 录

绪 论 …………………………………………………………………………… 1

第一章 教育是什么 …………………………………………………………… 4
第一节 教育的多视角理解 ……………………………………………… 4
第二节 教育的定义 ……………………………………………………… 11
第三节 教育的要素 ……………………………………………………… 17
第四节 教育的发展 ……………………………………………………… 21

第二章 作为一种职业的教师 ………………………………………………… 29
第一节 教师的权利与义务 ……………………………………………… 30
第二节 教师的职业特点 ………………………………………………… 35
第三节 教师的专业素养 ………………………………………………… 42
第四节 当代教师的专业发展 …………………………………………… 46

第三章 作为教育对象的学生 ………………………………………………… 57
第一节 学生是什么 ……………………………………………………… 57
第二节 学生的属性 ……………………………………………………… 61
第三节 教育对学生的培养 ……………………………………………… 66
第四节 作为学习主体的学生 …………………………………………… 72

第四章 教育功能 ……………………………………………………………… 79
第一节 教育功能的概述 ………………………………………………… 79
第二节 教育的本体功能 ………………………………………………… 82
第三节 教育的社会功能 ………………………………………………… 85

第五章 教育的目的 …………………………………………………………… 100
第一节 各种教育目的取向 ……………………………………………… 100
第二节 第二次世界大战后各国教育目的概览 ………………………… 113
第三节 我国教育目的 …………………………………………………… 120
第四节 教育目的确定的依据 …………………………………………… 130

第六章 教育的理论基础 ……………………………………………………… 134

第一节 教育的人性论基础……………………………………………… 134
第二节 教育的知识论基础……………………………………………… 141
第三节 教育的学习论基础……………………………………………… 156

第七章 当代教育改革 166

第一节 当代教育改革综述……………………………………………… 166
第二节 当代世界典型教育改革………………………………………… 172
第三节 当代中国教育改革……………………………………………… 189

参考文献………………………………………………………………………… 202

绪　　论

在当代社会，受过不同程度"教育"的人越来越多，甚至可以说，每一个人都必须受教育，教育成为我们日常生活中的常用词汇。然而，当我们面对活生生的教育实践时，却发现从事教育工作的艰难，以及在教育过程中所面对的各种矛盾。我们常常设想，是否每位教师能像自己所遇到的优秀教师那样，艺术地处理各种教育问题，或者能真诚对待自己的所有学生，以便能让学生获得最好的发展？

📝 **资料**

走进语文教学的艺术殿堂

记得有一次，我在批阅作文时，发现一位男生的作文流露出一些才气，于是在作文讲评课上，我点名让这位男生上讲台朗读。然而，意想不到的情况发生了。这位男生有轻微的口吃，即使平时也不愿多与人交谈，此时更是有些手足无措，面红耳赤。看他忸怩地挪步上讲台，我开始后悔了，甚至有些自责。他越不自在，讲话就越发紧张，一张口，便卡住了。台下终于哄笑起来，他再也不开口了。台下的同学们紧紧注视着他，课堂上死寂一片。沉默中，我突然从后悔自责中省悟：初为人师的我不是也有过临场时恐惧和冷场时手足无措的尴尬吗？然而是自信战胜了这一切。有时候，一次小小的成功能够激活一个人潜在的巨大自信。可一次难忘的失败也往往可以摧毁一个人仅有的一点自信。眼前的这个男孩会不会陷入后一种情形呢？不，决不能。我终于微笑着开口了："既然他不太习惯在众目睽睽之下说话，那索性我们都趴在桌子上，不看，只用耳朵听吧！"我带头走到教室后面，背对着讲台站定，同学们也纷纷低下头来。终于，我背后传来了轻轻的、羞怯的声音。那的确是篇好作文，写的是他和父亲间的故事。因为动情的缘故，我听到他的声音渐渐响了起来，停顿也不多了，有的地方甚至可以说是声情并茂了，我知道他已渐渐进入状态，涌上心头的阵阵窃喜使我禁不住悄悄回头看看他。我竟然发现台下早已有不少同学抬起头，默默地、赞许地注视着他。朗读结束后，教室里响起一阵热烈的掌声。我知道这掌声不仅仅是给予这篇作文的。我仿佛已看到了这位男生长大后，在大学的演讲台上慷慨激昂，挥洒自如的情景……我心里感到一阵感动，我相信这堂课对于他的意义。

我总在想，语文教学绝不仅仅靠嘴和粉笔，它更需要你用心去感受、去捕捉，用情感去灌溉、去融合，奇迹往往诞生于其中。我还在想，语文教学的最终目的也绝不仅仅是看书写字，它更应贯穿于学生的全部生活中，并培养他们的生存能力，塑造他们对事物的审美鉴赏能力。我一直都希望我的每位学生毕业后都成为能够融入社会，并在此中展现个人魅力的高素质的人。

(资料来源 http://wenku.baidu.com/view/676e50eae009581b6bd9eb2f.html)

当我们看到这个教师在教学实践中能如此艺术化地处理学生面临的问题，使学生能有展示自己的机会，我们会情不自禁地为他鼓掌欢呼。实际上，在教学实践中，我们还会遇到各种场景与问题，这都需要面对问题时能灵活地使用各种有效方法，实现较好的教学效果。

"教有法，但无定法"，这说明教学有一定规律可循，但没有某一种方法或模式能解决所有的教学问题。从教学实践看，教师采用什么样的教学方法，常常与教学内容相关，但更为重要的是与教师所持有的教育理念相关。

当你即将走上教学岗位，成为一名教师的时候，你会做哪些准备呢？或许你会认为，看一两本教育学、心理学书即可；或许你会认为，应当到中小学去实习，积累足够的经验，就能够胜任教师这一工作了。但是仅仅只具有这些知识和经验还不够。你或许会思考这样的问题：

什么是学校？你或许会认为学校就是学生接受教育的地方，它有一些教学楼、实验室、教室，有教师、学生甚至校长，然而，这些都是学校的外部表现，学校承载着培养人的使命，这是古今中外概莫能外的。只有具有培养人这一独特性质，学校才有存在的必要，然而，仅仅知道学校具有培养人的性质，还需要了解学校培养什么样的人以及怎样培养人的问题。

什么是学生？学校的使命决定着学校应当以促进学生的发展为重任，然而，这仅仅是一种整体的粗线条式的理解，对于学生的发展，则可以有着不同的理解。第一，学生的发展应当是整体的发展，而不是某种素质的发展，这就意味着学校应当为学生的发展提供全面发展的平台；第二，我们强调全面发展并不意味着要使学生各方面素质均衡、同样地发展，而是强调在各方面素质得到有效提高的基础上个性的发展；第三，学生的发展并不只是学校的责任，我们知道，学校教育是有计划性、目的性和组织性的，可以保证学生在学校中能够按照预先的安排有序地获得发展，但是由于学生处于当今社会的多元信息刺激中，更受到家庭、社会、同伴等多种影响源的影响，其发展并非是直线的或学校所能预期的；第四，学生在学校中接受教育，但并不意味着学生就是被动地接受来自于学校的影响，学生本身能够主动地选择并决定自己的发展方向。总之，学生是具有发展潜能的、处于发展中的人，这就需要我们用正确的学生观来理解学生，形成正确的培养学生的方式与方法。

什么是教学？要培养学生，就需要一定的途径，而教学就是培养学生的基本途径。如何理解教学，则是当代教育的一个重要的但最具有争议的问题。或许你会认为，教学就是教师教、学生学，就是师生在课堂上不断地循环教与学的转换；或许你会认为，教学主要依赖于教师的教，如果教师教得好，学生就会获得很好的学业成绩，但是，现实告诉我们，离开了学生积极主动的学习，是无法获得期望的教学效果的；又或许你会认为，课堂上应当有丰富多彩的活动，小组合作、探究、互动应当成为教学的主要形式，让学生在活动中快乐地学习，但是，如果教学完全变成了活动，常常会令学生将注意力集中于活动的形式，而过多的活动，也会导致教学效率低下。教学的多样性及教学的复杂性，决定着没有哪一种教学方式、方法能够适应所有的教学环境，这就需要我们根据自己的教学观念，选择与教学内容、学生背景以及教师个性特点相关联的教学方式，进而增强教学的有效性。

无论我们对学校、对学生乃至对教学有着何种观念，我们都应当认识到，观念性的内容常常与我们对教育的看法相关。我们推出《教育原理》一书，目的就在于帮助学习者理解、认识并形成自己的教育观。

所谓教育观，是指人们对教育这一事物以及它与其他事物关系的看法。具体地说就是人们对教育者、教育对象、教育内容、教育方法等教育要素及其属性和相互关系的认识，还有人们对教育与其他事物相互关系的看法，以及由此派生出的对教育的作用、功能、目的等各方面的看法。从世界范围看，教育观由于具有个体性质，所以，每一个人所具有的教育观都有所不同。我们并不强求所有人都必须形成某种固定的教育观，但从总体上看，教育观与个体的哲学观相联系，也与我们认识事物的视角、原则相关。有不同的教育观，就有不同的对待教育的各个问题的方式与方法。

《教育原理》一书就是为了帮助我们形成正确的教育观的一本教材，我们试图在保证全书的科学性的基础上，努力做到内容的全面性与基础性，帮助学生学会思考教育及其问题，学会用基本原理分析与解决教育实际问题。

第一章　教育是什么

本章提要

教育是什么？这是学习教育原理首先应当明了的。但是，由于教育本身的复杂性，导致不同的人对教育有着不一样的理解，也就形成了多样化的教育概念。对教育的认识可以有多种视角，不过我们可以从词源学、教育的发展历史以及教育的内部要素等方面来整体把握。

当我们一提起教育，似乎就会联想到一所学校、一个课堂，有教师，有学生，或许还有那高高的教学楼，或许有那学生背在背上的重重的书包；或许你更认为教育就是高考中考。是的，这都是教育，至少是教育的外部表现。但这似乎又不是教育，至少并非教育的全部。那么，教育究竟是什么？我们如何才能对教育给予恰当的理解呢？

第一节　教育的多视角理解

如何理解教育，成为我们学习教育学的首要任务。理解教育意味着我们必须以科学的态度与方法来对教育所拥有的本质以及所表现出的各种特征给予合理解释。

不过，在现实中对于教育却有着多种理解，主要是由于人们所处的地位、所拥有的背景以及所学专业的差异，导致其理解教育的角度也有所差异。

日常生活中，人们对教育的认识是多样的。当问及教育是什么时，可以得到无数的具有差异的答案，但多数是表象化的，即将教育看做是某种具有教育特征的现象，家长会认为教育就是对孩子行为的引导与矫正；教师会认为教育就是要教孩子学会知识、掌握技能；教育主管部门的人士会认为教育就是对各个学校与教师的考评或者是学生的升学率；其他人士则会将教育看做是学校所做的一切。这些教育现象正是日常生活中人们对教育的直观理解。

资料 1-1

家长眼中的教育

有一位父亲跟儿子在户外玩。儿子爬到墙上想往下跳，让父亲在下面接住他。在他准备跳下来之前，父亲跟他讲了一个故事，故事中也有一位父亲跟儿子。故事中的父亲是美国的一个富翁。这个富翁的儿子有一天爬到一面墙上往下跳，富翁张开双臂在下面等着接住他的儿子。可是当他的儿子跳下去的时候，这个富翁却闪身躲开了。

富翁的儿子摔在地上，一面哭一面很困惑地看着父亲，不知道父亲为什么要这样做。这时候，富翁跟儿子说："我让你摔这一跤，是为了让你学到一课：这个世界上就连父亲有时也未必信得过，何况是其他陌生人！"

讲完了富翁与儿子的故事，这位讲故事的父亲也伸出双臂，对儿子说："来，跳下来吧，我会接住你。"这时儿子的心里已经不安起来，这个故事使他对人性产生了怀疑与恐惧。

可是在父亲的连声催促之下，儿子还是咬咬牙闭上眼睛跳了下去。他以为自己会重重地摔在地上，但当他睁开眼的时候却发现自己躺在父亲的怀抱里。父亲对他说道："我也想让你学到一课——有时连陌生人你也可以相信，何况是你的父亲！"

我们常人都有一种疑心病，即使是对身边相处亲密的人，也难免不存一丝提防的心理。以往的生存经验告诉我们："害人之心不可有，防人之心不可无"，出于自我保护的本能，不轻信别人尤其是陌生人，应该说是一种合理的防范，本来无可厚非，但如果这种疑心发展成为一种太过敏感而近乎神经质的心理，就成了很难医治的心病。比如说看到别人在一旁讲话，就连忙侧身上前去打听人家在说什么，转过身来就疑虑别人在讲自己的不是。这是我们许多人身上都有的通病。

在家长看来，教给孩子一些自己对人生的感悟是重要的，由于理念的不同，家长对待孩子的教育理念与方式必然有所不同。

从这一案例我们可以看到，家长在教育孩子的过程中，面对同样的情景，其教育观念上具有很大的差异。同样的例子还很多，诸如在对待孩子与同伴的交往上，有的家长教育孩子如何友好地与人相处，有的家长则希望孩子不要受人欺负。何以如此？显然这与家长对孩子的未来发展的设计相关。

📝 **资料 1-2**

博士生不敢碰的课题，小学生敢碰

一位带着9岁儿子来美国的父亲感叹，把儿子交给美国学校真是忧心忡忡，那是什么样的学校呀！课堂上随意得像自由讨论，可以放声大笑；老师和学生常常坐在地上没大没小；上学就像在玩游戏；每天下午3点就放学；还居然没有统一的教科书。

他给老师看儿子在中国读的四年级的小学课本，老师告诉他，到六年级他的儿子都不用再学数学了。他当时就后悔了，把儿子带到美国耽误了学业。在中国，小学生的书包都是沉甸甸地透着知识的分量，再看儿子现在，每天背着空空的书包，还高高兴兴地上学放学，一个学期眨眼就过去了。他不免心虚，问儿子，来美国上学印象最深的是什么，儿子回答："自由。"

再过一阵子，孩子放学后直奔图书馆，倒是常常背满满一袋书回来，可是没两天就还了。他又问，借这么多书干吗？儿子回答："做作业。"然后，看到儿子在电脑上打出作业的题目《中国的昨天和今天》，他惊得差点跌地，这都是什么题目？试问哪位在读博士生敢去做这么大的课题？他责问儿子这是谁的主意，儿子正色道："老师说，美国是个移民的国家，每个同学都要写一篇关于自己祖先生活国度的文章，还要根据地理、历史、人文，分析与美国的不同，并阐述自己的观点和看法。"这位父亲没有作声。

过几天，他看到儿子的作业出来了，一本二十多页的小册子，从九曲黄河到象形文字；从丝绸之路到五星红旗……整篇文章气势磅礴，有理有据，分章断节，特别是最后列出的一串参考书目，做父亲的大气不敢出，这种博士论文的气派，他是30岁过后才开始学到的。等到孩子六年级学期快结束的时候，他更是瞠目结舌，老师留给学生一连串关于"第二次世界大战"的问题，简直像是国会议员候选人的前期训练："你认为谁应该对这场战争负责？""你认为纳粹德国失败的原因是什么？""如果你是杜鲁门总统的高级顾问，你将对美国投原子弹持什么态度？""你是否认为，当时结束战争最好的办法就只有投原子弹？""你认为今天避免战争最好的办法是什么？"

美国历史只有区区200年，却足以开启学生们的智慧大门。

（资料来源　博士生不敢碰的课题，小学生敢碰.成才之路，2007（23））

中外教育的区别何在？多数人都试图寻求这一答案。多年来，介绍国外教育的文章层出不穷，且多以西方教育的先进性作为取向，所涉及的内容多种多样。上述案例向我们展示了美国教育中的基本做法，就是引导学生形成自己的观点和看法，以及开展研究的基本方法。但是，这样的教育是否就是理想的教育呢？这同样值得我们去审视，是否就可以由此得到我国教育就不行的结论呢？

资料 1-3

李吉林的成长经历

40年前，我是一名师范生，走出师范的校门，便走进了小学，这一进去就是40年。40年来，我感受最深刻的就是：不断塑造自我，努力提高自身素质。

在自我塑造中，最重要的是心灵的塑造，这是对高尚精神境界的追求。我爱学生，学生也爱我。我热爱和学生、青年教师在一起的生机勃勃的生活……虽然青春早已逝去，但是，我觉得我的心永远是年轻的。

这样的精神世界驱动着我，鞭策着我，不敢怠惰，不肯荒废，于是，我会为寻找孩子观察的野花，在郊外的河岸、田埂专心致志地识别、挑选；我会为了孩子第一次感知教材获得鲜明的印象，在家人熟睡的时候，一个人在厨房里练习"范读课文"；夜深人静之时，我进入教材所描绘的境界会为文章中的人物深深感动，从而一个个巧妙的构思如涌之泉倾泻而出；课堂中，我的一举手、一投足都能使学生心领神会；一场大雪后，我又会兴致勃勃地带着孩子们去找腊梅，去看望苍翠的"松树公公"，然后和孩子们在雪地上打雪仗。当孩子们把雪球扔中了我，我笑得比孩子们还要开心，仿佛一下子年轻了几十岁。

我在读师范时，认真学好各门功课，还认真学画画、练美术字、参加诗朗诵会、创作舞蹈，我也很喜欢音乐，学指挥、练习弹琴，夏天在小小的琴房里练弹琴，尽管蚊子叮，浑身是汗，却乐趣无穷，整个身心都沉醉在琴声中了。这些在我后来的工作中发挥了很大的作用。

在当教师之后，我坚持每天黎明即起，坐在校园的荷花池畔背唐诗、宋词，背郭沫若、艾青、普希金、海涅、泰戈尔等中外名家的诗篇，用优美的诗篇来陶冶自己的情操，我摘抄的古今中外的优秀诗篇，就有厚厚的几本。近20年来，为了做教育科研，我又如饥似渴地学习教育学、心理学和美学，还阅读了许多中外教育家的论述及国外教学实验的资料，做了不少卡片。学习对一个教师来说是永无止境的追求。我常常用屈原的话来鼓励自己，"路漫漫其修远兮，吾将上下而求索"。

李吉林的成长说明了要做好教师这一职业，就应当具有相应的素质，而素质并不仅仅是关于本学科的，还包括教育教学、心理学等学科的相关知识与能力，只有具有了相应的素质并学会在教学实践中不断积累经验和善于思考，才能有效提升自己的教学能力，获得较高的教学效果。因此，素质的全面性决定着教师教学水平高低的重要因素。

类似的案例还很多。在多数人看来，与朋友聊天有所获益，在学校中进行学习，让学生写一篇作文或者论文，教师在教学中获得成功与成长，这些就是教育。实际上，我们在接受教育中得到成长，通过教育而成熟，同时，我们也试图通过教育使受教育者获得某种预期的进步，对他们的发展进行干预；我们从一出生就接受着各种教育，它来自于家庭、学校、伙伴，甚至我们进入社会之后也要接受教育，各种职业培训、在职研修等。可以说，教育无处不在，伴随着我们的一生。

对教育学的学习，要求我们不仅仅只是从自身获得的教育经验中对教育进行感悟，当然这是重要的，它对于我们理解教育有着重要意义；我们更应当关注的是如何从理性上对教育给予研究，从而形成自己正确的教育理念，掌握合理的教育方法。

在当今社会，教育的发展已经成为国家建设的重要措施，各国教育改革如火如荼，并将教育看做是增强经济实力和提升国际竞争力的重要举措。的确，建立一种能使从生产工人到专家学者、从蓝领工人到高级管理者都受益的创新教育体系，以培养更多的高素质人才参与，改进和发展经济建设，提高国家的竞争力无疑是当今社会发展的明智之举。由此可以得出结论，教育在社会发展、人类进步和个人成长方面起着重要的作用，且为世界各国所重视。

就理解教育而言，我们可以从以下几个方面的变化考察，从而捕捉到教育的意义。

一、高素质人才的培养

教育是培养人的活动，这是对教育的本质规定。但教育培养什么样的人，不同国家、不同历史时期有着不同的理解。到了当代，教育除了强调人的全面发展之外，还强调人的创新精神与创新能力。在这一点上，美国在1988年9月发表的《美国的潜能——人》的报告中指出：面向21世纪开发人的才能，意味着培养人们具有明确的生活目标和社会责任感，具有在变化的环境中应用所学知识和技能的高度适应能力，具有创新意识，并能不断获得新知，而且有能力克服自身局限。1997年2月，美国总统克林顿在谈及知识经济的国情咨文中强调，美国政府今后四年的头等任务是确保每个人享有世界上最好的教育，确保实现如下目标：8岁以上的儿童人人必须能读会写，12岁以上的青少年人人必须会上互联网络，18岁以上的青年必须至少能读三年大学，成年人能够活到老学到老。[1]

---

[1] 王枬. 教育原理［M］. 桂林：广西师范大学出版社，2007：6.

欧盟委员会于 1997 年 7 月发表的《2000 年议事日程》中明确提出了要"将知识化放在最优先地位"，1997 年年底发表的《走向知识化的欧洲》报告中再次强调要加强欧盟的教育培训和人才培养，把教育作为一种战略投资是各成员国立国之本，要求各成员国注重人才开发，对公民进行终身教育，对职工进行终身培训。

其他国家也都相应提出了对教育的一些计划，目的就是要培养具有现代意识和具有较高素质的公民。

二、教育主题的创新

随着教育不断地发展，对于教育所具有的功能的认识不断深化，导致一些新的主题不断涌现。从世界教育发展的态势看，以下主题将成为教育关注的重点：

第一，终身教育思想受到重视。在传统的教育观念中，一个人的一生可以分为两个部分，前半生用来接受教育，后半生用来工作。它们互不交叉。然而，1970 年法国保尔·朗格朗的《终身教育引论》一发表，就引起了教育界的广泛关注，其基本的思想是：终身教育是指人的一生的教育与个人及社会生活全体的教育的总和，即一个人一生中并非只是在学校教育阶段接受教育，而应当是贯穿于人的一生，即"活到老学到老"。何以如此？主要是由于当今知识的发展是呈几何级数的速度在增长，一个人在学校中获得的知识，到了其学成毕业的时候，有一半都已经过时；而且，当我们跨进社会时，新的科学与技术不断产生与形成，也需要我们去学习或接受培训，才能获得职业上的良好发展。

终身教育思想一经提出，各国在教育改革中都将其作为改革的重要目标，为达成这一目标，诸如学会学习、学会思考、学会创新等观念就成为教育中必须加以重视的基本内容。

第二，环境教育成为学校教育的重要内容。环境教育是以人类与环境的关系为核心，以解决环境问题和实现可持续发展为目的，以提高人们的环境意识和有效参与能力、普及环境保护知识与技能、培养环境保护人才为任务，以教育为手段而展开的一种社会实践活动。简而言之，环境教育就是以人类与环境的关系为核心而进行的一种教育活动。环境问题是由于人口增长、现代科技和现代生产力迅猛发展所产生的问题。因此，人类对生存环境恶化的担忧导致了环境教育的应运而生，其原始的动机还是来自于人类对自身生命的关爱和珍惜。"环境教育的一个基本目的，是要成功地使个人和社会理解源于生物的、物质的、社会的、经济的、文化的诸方面相互作用的自然环境和人工环境之复杂特性，并使他们获得知识、价值观念、态度和实际技能，以便以一种负责的、有效的方式参与预测和解决环境问题，并参与环境质量的管理。环境教育的另一个目的，是要清楚地显示，当代世界在经济、政治、生态上相互依存，而各国作出的各种决定和采取的行动都会有国际影响。环境教育在这一方面应该帮助在各国和各地区发展一种责任感和团结意识，以作为国际新秩序的基础。这一国际新秩序将保证环境得到保护和改善。"① 环境教育不仅仅表现为一种观念，更为重要的是在当今世界的教育改革中将其作为基础性的教育内容，甚至将其作为课程，以引导学生形成正确的环境观。

---

① 赵中建. 教育的使命——面向 21 世纪的教育宣言和行动纲领 [M]. 北京：教育科学出版社，1995：102-103.

第三，国际理解教育。根据联合国教科文组织的倡导与建议，应让学生学习以下几方面：学习与人交往的基本技能（国际理解教育的基础）、世界基本问题（和平与发展、生态环境等问题）、国际组织与维护和平、其他国家的文化生活、多元文化的共存、世界相互依存关系、国际交流与合作等。目的是倡导和平文化，养成对不同文化的理解尊重和宽容态度，养成"全球公民"的意识与国际素质。

国际理解教育是一种信念，它以尊重生命、尊重人，尊重人的尊严与权利，摒弃暴力，承认男女权利平等，热爱民主、自由、正义、团结、宽容为主要内容。

以上三大教育主题反映了教育发展的主流，核心是提升人的素质。为此，教育主要安排四种基本学习："学会认知，即获取理解的手段；学会做事，以便能够对自己所处的环境产生影响；学会共同生活，以便与他人一道参加人的所有活动并在这些活动中进行合作；最后是学会生存，这是前三种学习成果的主要表现形式。"①

由此可见，教育主题的新变化为教育提出了更高的要求，也为教育施展自己的才能提供了更加广阔的舞台。

三、教育领域的扩展

传统的教育是局限于学校的，即教育是学校的事情，随着对教育功能认识的深化，人们逐渐认识到教育的功能不仅仅只是学校承担，而且是由社会多机构共同担负的。从另一个角度看，教育就不再是对接受学校教育的学生的教育，它还包括对社会所有人的教育。

第一，家庭教育受到重视。家庭教育一般是指家庭中的父母以及成年人对未成年孩子进行教育的过程。其教育目标应是：在孩子进入社会接受集体教育（幼儿园、学校教育）之前保证孩子身心健康地发展，为接受幼儿园、学校的教育打好基础。在孩子入园、入校后，配合幼儿园、学校使其德、智、体、美、劳诸方面得到全面发展。教育的重点是以品德教育为主，培养孩子良好的道德品质和养成良好行为习惯为主。行为习惯包括：生活习惯、劳动习惯、学习习惯等，教孩子学会如何"做人"。前苏联教育家苏霍姆林斯基说过："生活向学校提出的任务变得如此复杂，以致如果没有整个社会首先是家庭的高度的教育素养，那么，不管教育付出多大的努力，都收不到完满的效果。"这一段话说明了家庭教育在人的成长中的重要性，而就家长而言，他们也认识到孩子的发展离不开家长的支持、帮助与教育，进而寻找各种条件，实施对孩子的教育。

资料 1-4

中国家长参与学校教育中扮演的角色

我国的家长基本上扮演的就是学习者与支持者的角色。具体的参与方式有家长会、家长学校、书面联系、电话联系、个别家长约见等。家长确实应该做一个虚心的学习者，学习教育儿童的教育学和心理学知识。即便是高学历的家长和学校教师，也未必懂得育人之道。为了配合学校的教育改革，家长也需要学习新的知识。

---

① 联合国教科文组织总部中文科译. 教育——财富隐藏其中 [M] //国际 21 世纪教育委员会报告. 北京：教育科学出版社，1996：75.

那么，他们是不是积极的学习者与支持者呢？此外，他们又能在哪些方面支持教师与学校呢？

陈铮家校合作问卷调查的研究结果显示，76.4%的家长没有班主任或其他任科教师的电话或电邮，36.4%的家长不能在家辅导子女的学业，35%的家长认为自己不需要补充教育学和心理学知识，49.3%的家长不愿意义务为学校服务，31%的家长觉得自己在家长会上没有发言的机会，79.2%的家长没有参加过学校的家长学校。至少有一半的家长不是，或没有机会做一名积极的学习者和支持者。有的是家长自身没有能力或不愿意学习家庭教育知识，不愿意义务帮助学校；有的则是学校没有创造条件让家长参与学习和服务，家长没有机会向学校反映情况，提出意见和参加家长学校。尤其是大部分家长没有教师的电话或电邮，又怎能经常与教师保持联系呢？

需要指出的是，家长的支持基本上是一种不直接参与教学与教务的外部支持，而且一般是被动的。在我们的传统观念中，学校和课堂是教师的领地，除非得到允许，家长不能进入。95.2%的教师都不愿意家长坐在教室里帮助维护课堂纪律。当问及为何时，有的教师反问道："他（指家长）坐在教室里，那要我做什么？"而在美国，家长这样做很正常。在英语里，这些家长叫做"Room Representative"（家长参与课堂的代表）。他们在课堂上帮助教师做很多事情，比如给学生念书，帮助学生理解教师所讲的内容，维护课堂纪律，遇到特别活动时给学生制作专用服装等。

家长参与广度不够。学校邀请参加家长委员会的家长往往是有一定社会关系和经济能力的家长，这就大大限制了家长参与的广度。家长主要是配合学校的工作计划，好像是学校领导的附属机构，既起不到独立监督的作用，也不能参与学校事务与决策。在家长参与的深度上，家长委员会不够独立，其活动主要由学校来安排，其成员也主要由学校"邀请"。学校限制了家长的深入影响。再者，由于没有强有力的组织，我国的家长也不能像美国的家长那样，通过自己的组织来影响联邦和州的立法，发起大规模的教育活动，进行家校合作与家长教育的研究等。

家校合作基本以学校为中心，由学校单向家长传递信息，如学校一般是在学期末开一次家长会，向他们通报学生的成绩和存在的问题，提出家长在假期中辅导学生学习的"任务"等。家长在整个活动中处于被动接受的地位，缺少家长与学校之间的真正对话。这种参与方式往往单纯地围绕学校为其服务，家长比较被动。

再比如家长参与课程开发，这在美国也是常见的，而在我国仍处于落后阶段，抑或说是起步阶段。

由此笔者得出一个结论，即我国的家长目前有一半不是积极的学习者，还有大部分家长只是或只能是充当被动的、外围的支持者。即使作为支持者，家长的作用也没有得到充分发挥。

（资料来源　中美两国家长在参与学校教育中的角色比较，http://www.studa.net/jichu/090804/15245377.html)

家校关系历来是教育界关注的一个问题，对学生的发展与教育，显然离不开家长与教师之间的沟通，国外通过各种方式吸引家长参与到学校发展与建设中，为我们提供了可资借鉴的经验。

第二，企业走进教育的舞台。现代社会的发展，赋予了企业教育的职能，企业开始成为教育的承担者。一般来说，企业为保证自己的核心竞争力，会在招收新员工时进行严格考察，然而，新员工在学校所学的知识是极为有限的，特别是与企业的特殊需求是有较大差距的，这就需要企业对员工实施新知识、新技术的培训。员工培训在当今社会有两种形式，一种是企业自己建立培训机构，主要以企业技术为基础，对员工实施培训与教育；另一种是双元教育模式，如德国，实行的是学校与企业共同培训员工，它是就业和直接通向生产岗位为未来而工作的一种教育，而不是其他什么"基础教育"和"晋升教育"。双元教育模式下的学生大部分时间在企业进行实践操作技能培训，而且所接受的是企业目前使用的设备和技术，培训在很大程度上是以生产性劳动的方式进行，从而减少了费用并提高了学习的目的性，这样有利于学生在培训结束后随即投入工作。职业学校的任务是传授与职业有关的基础知识和专门知识；而企业的任务是传授职业技能和与之相关的专业知识以及培养职业经验。

第三，网络教育开始兴起。所谓网络教育指的是在网络环境下，以现代教育思想和学习理论为指导，充分发挥网络的各种教育功能和丰富的网络教育资源优势，向受教育者和学习者提供一种通过网络进行教和学的环境，传递数字化内容，开展以学习者为中心的非面授教育活动。由于网络教育具有资源利用最大化、学习行为自主化、学习形式交互化、教学形式个性化、教学管理自动化等特点，使其成为当今社会较为重要的教育形式之一。

教育发展到今天，教育的理念、形式、内容等都发生了极大的变化，对教育的理解与认识也就有着较大的不同。多视角理解教育，对于我们把握教育的本质有着重要的意义。

第二节 教育的定义

什么是教育，不同的人会有不同的答案。就我国目前对教育的定义看，主要有这样一些研究方式：从词源学上进行分析，其基本的假设是最为原始的对教育的理解，最能反映教育的本质，而不断增长的是教育所表现出的外部特征；从古今中外的定义中寻求一种自我理解，即在对教育给予定义时，先对他人的"教育"定义进行分析，提出各种定义的优势与不足，在此基础上提出自己的观点；从教育本身的发展历史进行概括总结。

一、教育家的"教育"定义

古今中外，对于教育定义可谓多种多样，几乎每一个教育家都会站在自己的立场上，给"教育"一个定义，且我们看到，其定义方式、视角、立场上都会有所不同。

柏拉图早就指出："什么是教育？教育是为了以后的生活所进行的训练，它能使人变善，从而高尚地行动"，"我们可以断言教育不是像有些人所说的，他们可以把知识装进空无所有的心灵里，仿佛他们可以把视觉装进盲者的眼里"，教育乃是"心灵的转向"。从柏拉图的定义可以看出，其关注点有两个方面：一是教育是为未来的生活做准备或训练，二是从伦理的角度提出"善"是教育所追求的目标。实际上这样两个界定教育的视角，已成为较多的教育家定义教育的基本角度。

大教育家夸美纽斯认为："我们已经知道,知识、德行与虔信的种子是天生在我们身上的,但是实际的知识、德行与虔信却没有这样给我们。它是应该从祈祷、从教育、从行动中取得的。……实际上,只有受过恰当的教育之后,人才能成为一个人。""教育是生活的预备,能在成年以前完成。"夸美纽斯的定义强调了教育的重要性,即受过教育的人才能成为真正意义上的人,这一点说明教育在"成人"上的重要意义,也意味着自近代以来社会对于教育事业的追求。

福禄贝尔强调,"人的教育就是激发和教导作为一种自我觉醒中的、具有思想和理智的生物的人有意识地和自决地、完美无缺地表现内在的法则,即上帝精神,并指明达到这一目的的途径和手段"。"教育的目的是表现忠于天职的、纯洁的、完美无缺的,因而也是神圣的生活。"这一定义所关注的是教育应当是注重引发儿童的潜能,属于内发的性质,也就是说,教育就是要从儿童的天性出发,决定教育的措施。

裴斯泰洛齐提出,"人的全部教育就是促进自然天性遵循它固有的方式发展的艺术"。"教育意味着完整的人的发展"。这一定义强调了教育的两个方面,一个是教育要培养全面发展的人,而不是只关注人的某一方面;另一个则是教育要尊重人的自然天性,这实际上表现为一种自然主义教育哲学观,它也是西方国家定义教育的一种传统。

斯宾塞的定义则是沿袭了柏拉图的观点,他依据资本主义近代化以来自然科学的发展状况、科学主义哲学的盛行及他的社会学立场,提出"从教育的生物学方面来看,可以把教育看作一个使有机体的结构趋于完善并使它适合生活事物的过程"。"教育即为人的完成生活做准备"。教育指向成人生活,并根据成人生活所需要的知识与技能的选择确定教育的目标与内容,这成为当代对教育认识的重要视角。

杜威是20世纪最伟大的教育家之一,他的教育哲学观表现为自然主义、实用主义,他对教育的定义可以概括为"教育即生活","教育即生长","教育即经验的重组与改造","学校即社会"。杜威对教育定义的视角表现为多样化,上述的几种定义内容,体现出以下几点:首先,强调了教育与生活之间的联系,这是对传统教育中教育与生活相分离的一种反拨,如果教育完全与生活脱离,那么,教育就没有意义;其次,"教育即生长"意味着教育关注儿童自身的发展,是儿童的自然生长过程,教育不能依据成人的判断,来随意地确定或扭转儿童的自然生长过程;再次,"教育即经验的改组与改造",强调的是儿童经验在教育中的重要意义,一方面,教育要促进儿童经验的不断完善,另一方面,教育必须依据儿童已有的经验展开;最后,"学校即社会"强调的是教育与社会之间的关联,儿童在学校的学习必须与社会内容相关联。

巴格莱则指出:"我们把社会进化定义为积累和提炼人类知识的进步过程,从最广泛的意义上讲,教育则是传递这些知识的过程,或者说教育是传递人类知识积累中具有永久不朽价值的那部分知识的过程。"这是从永恒主义哲学的角度提出教育内容选择与传递的问题,强调教育所传递的教育内容应当是具有永恒价值的教育内容。

联合国教科文组织《国际教育标准分类》中的定义:"教育是有组织地和持续不断地传授知识的工作。"

《中国大百科全书·教育》(1985)中的定义:"从广义上说,凡是增进人们的知识和技能、影响人们的思想品德的活动,都是教育";"狭义的教育,主要指学校教育,其涵义是教育者根据一定社会(或阶级)的要求,有目的、有计划、有组织地对受教育者的身心施加影响，把他们培养成为一定社会（或阶级）所需要的人的活动"；"教育这个词有时还作为思想品德教育的同义语使用"。

将以上对教育的定义加以概括，可以看到，教育家们对教育的定义视角各异，有的从教育所具有的价值的角度，有的从教育目的的角度，有的从教育内容与方法的角度，有的从教育本质的角度对教育提出了不同的定义。如果详细分析，则可以将对教育的理解概括为如下几个方面：

（一）引人向"善"

教育是培养人的一种活动，在这一活动中，不管是谁，都会将教育究竟要把培养的人引向何方作为第一要务，这是从教育的目的上的考量。而在培养人这一问题上，从古至今都将伦理学上的"善"作为重要的一环。

在我国古代，最早对教育的理解都与"善"相关。诸如"以善先人者谓之教"（《荀子·修身》），"修道之谓教"（《礼记·中庸》），"教也者长善而救其失者也"（《礼记·学记》）等，无不强调了教育对"善"的追求。此外，《说文解字》中有"教，上所施下所效也"，"育，养子使作善也"的解说。上述对各教育家的定义的介绍中，也都强调了教育与"善"之间的关联，日本学者村井实则根据"教育"的原意在其《教育学全集》中给它下了个定义，即"教育是使儿童（每个人）变成善良的活动"。

"善"在不同的人眼中具有不同的意义。在一般人看来，善就是好；在伦理学家那里，善是道德的核心，是对人的行为的肯定评价；在哲学家眼中，善具有合目的性。但无论如何，善是一种使人感到满意、感到舒服、感觉好的东西。

如果将这样的认识用于分析教育，则可以认为，教育中的善至少包括三层含义：首先，教育就是要引人向善，这里的善即为使受教育者形成与社会需求相一致的品质，这在教育问题上，便是强调社会所期望的价值传递并在受教育者身上得以体现；其次，以社会期望的品质要求受教育者仅仅具有外部的教育意义，因此，要使受教育者形成具有内在要求的善即将社会的善转化为自己的内在要求，就成为教育的核心问题；最后，善主要是针对受教育者的，实际上，善还包括教育者的善，即教育者应当按照基本的行为规范，使自己的行为趋于善。如果缺乏教育者的善，受教育者要真正形成善的行为是不可能的。

（二）激发潜能

从教育家们对教育的规定中，可以看到一个主要的特征就是注重对受教育者潜能的激发。在西方学者看来，教育就在于将人所固有的或潜在的品质自内而外地引发出来，使其成为现实的发展状态，即西方国家强调的不要强制性地对学生的发展加以干预，因为这种干预是一种外在的要求，不能转化为受教育者内在的动机，就使得他们难以形成学习的主动性和积极性。

而在中国，对教育的认识更多的是强调教育的"教导"、"教化"意义，关注的是社会所需要的品质在受教育者身上的养成，教育就是一种外部施加的影响。虽然在当今社会教育的这种影响仍然成为理解教育的一个视角，但是随着对教育认识的深化，我国多数学者都强调教育在激发学生潜能中的意义。

（三）适应或改造社会

在对教育的理解上，还涉及培养的学生是去适应社会还是去改造社会的问题。

夸美纽斯认为，学校应教给学生以广泛的知识，根据婴儿、儿童、少年、青年不同年龄阶段的特点，来规划学校教育制度和课程内容，并相应地提出了一系列教学原则和方法。他以"适应自然"为原则，来建构自己的"泛智主义"教育体系，认为教育是生活的预备，使"男女青年，毫无例外地，全都迅速地、愉快地、彻底地懂得科学，纯于德行，习于虔敬，这样去学会现世与来生所需的一切事项"。斯宾塞则把"为生活预备"的教育推向了极端。1859年，斯宾塞发表《什么知识最有价值》，设计了以自然科学为中心的课程体系，学科课程成为当时极有声势的课程设计取向。"为我们的完满生活做准备是教育应尽的职责"。他的科学主义的教育观，无论是为学生的未来生活做准备，还是去追求一种对学生心智永恒的终极价值，实质上都把课程与生活、知识与生活割裂开来，淡化了课程的人文精神价值。认为教育就是适应社会，就是要从当代社会所具有的特点出发，寻求其对从事各种职业的人所具有的素质，进而提出教育要求。教育则依据社会的要求培养受教育者。

在教育与社会的关系上，另一个观点则是社会改造主义。20世纪30年代西方处于严重经济危机之中，社会矛盾尖锐化，以康茨为代表的一批进步主义教育家感到教育问题与社会问题紧密联系，教育改革受社会改革的制约，因此提出进步主义需改变方向，应少强调儿童中心主义，多强调社会中心教育；少关心个人成长，多关心社会变革。认为进步主义教育强调手段和过程，忽略目的和结果。但只有目的明确，才能手段适当。教育的首要任务在于确立明确的目的，即以"新的社会秩序"、为理想而改造社会，实现"社会民主"和"世界民主"，以造福全人类。学校应强调人的社会性，若不培养智力上的合作，就不会有一个完美的文化。在思想理论上忠于实用主义哲学和进步主义原则，但修订、扩展了某些见解。改造主义者的主要观点：（1）教育的任务是根据社会改良的目的和计划领导社会去实现其价值标准；（2）学校应成为变革和社会改革的发动者；（3）课程应以理想社会的形象为基础；（4）学习是主动的，通过公民的政治活动去参加社会改革计划；（5）学校、教师、学生应是新的更完美的民主社会的模范。

从各教育家对教育的定义及以上分析，可以看出，无论怎样定义教育，都是在关注究竟要把人培养成为什么样的人的问题，其主要区别是不同教育家对人的某种素质的重要性的强调，或者可以概括出在定义教育时必须以人的素质的培养为基础。

二、教育的词源学分析

对教育的词源学分析，可以了解人们最初对教育的理解，这种理解最能反映教育的本质。

在中国，"教育"一词最早出现在《孟子·尽心上》，孟子曰："君子有三乐……得天下英才而教育之，三乐也。"之后，许多人都对教育给予了解释。我国汉代许慎在《说文解字》中对教育做注道："教，上所施，下所效也"，"育，养子使作善也"，由此可以看到，最初对教育的理解是将教育分开解释的，"教"相当于我们现在所说的知识教育，育则相当于德育，教育则可以理解为上对下、成人对儿童的一种影响，其目的是使受教育者成善，手段是模仿。也就是说，教育是地位上者（国君、父母、教师等）对地位下者（臣、子女、学生等）施加的有目的的影响。

"教育"一词在中国近代意义上的广泛使用，是19世纪末20世纪初，主要是从日本引入了教育的概念。而日本则是引入 Education，以"教育"解释，所以，教育一词与中国古代的意义不同。Education 是由 educe 衍化而来，其意为"引出，自潜在物中引发"。而在德语和法语中，教育一词还源于古希腊语中的"教仆"（padagogue），即在古希腊语中，教育一词与教仆相关，教仆是对专门带领儿童的奴隶的称呼，就是对儿童的照料，以后逐渐发展到教育与技能、方法相关。

无论中外，从词源学上的分析至少指出了对教育的共同认识是对人类社会中抚育新生一代这种特殊活动，涉及的是人类的活动。

三、教育的界定方式

对教育概念的认识主要是试图揭示教育的本质。而对教育的认识何以有较大的差异，则主要是由于人们认识事物的思维和其持有的教育理念的不同。对教育的定义方式按照分析哲学家谢夫勒的观点，可将其划分为三种：规定性定义、描述性定义和纲领性定义。就教育而言，具体论述如下：

（一）规定性定义

规定性定义就是使用者自己为教育下的定义，并在其行文过程中一直在自己创制的定义下使用这一概念。每个人都可以有自己独特的对"教育"的理解，作为规定性定义就必须在自己的理解下使用。如我们可以认为教育就是促使个体社会化，那么，在自己的研究中就只能在教育促使个体社会化这一角度上使用，而不能又在研究中将教育看做是文化的传递或者其他。

（二）描述性定义

描述性定义就是对实际中的教育是什么作出的回答，是对教育事实的描述。如看一场电影、听一场音乐会、参观一个画展，或是与人聊天、吃饭、通信，甚至逛商场、上夜市、游公园等，都可能受到影响、获得启迪、收获教益。这就可以将教育定义为"泛指影响人们知识、技能，身心健康、思想品德的形成和发展的各种活动"[①]。联合国教科文组织在国际教育标准分类中将教育定义为：教育是有组织地和持续不断地传授知识的工作。其中"有组织地"是指特定的教育机构中按照一定的模式、目标和要求进行知识传授工作；"持续不断地"是指知识传授的经常性和持续性；"传授"是指在两个或两个以上的人中间建立一种知识转让的关系；"知识"是指人的学识、见闻、态度、技能以及人的能力中可以长久保持的东西。[②] 描述性定义主要集中于对事实层面的教育现象的描述，并加以概括，一般不做出价值判断。

（三）纲领性定义

纲领性定义是对教育应该是什么的表述，反映人们对教育价值的判断和追求。"从狭义上说，教育就是教育者有目的、有计划、有组织地对受教育者施加影响，促使其身心得到发展的活动。它主要是指学校教育。"[③] 从这一定义，可以看到，狭义的教育具有这样几个特点：第一，教育者是受过专门训练的教师；第二，教育内容是按照一定目的选择并

---

① 顾明远. 教育大辞典 [M]. 上海：上海教育出版社，1990：3.
② 陈桂生. 教育原理 [M]. 上海：华东师范大学出版社，1993：139-140.
③ 郑金洲. 教育通论 [M]. 上海：华东师范大学出版社，2000：9.

且是系统而稳定的;第三,教育手段是易于为受教育者所接受的。

资料1-5

什么是良好的教育

什么是良好的教育呢?也许我们很难给予它一个周全的描述,但我们可以肯定地说:如果一个人从来没有感受过人性光辉的沐浴,从来没有走进过一个丰富而美好的精神世界;如果从来没有读到过一本令他(她)激动不已百读不厌的读物,从来没有苦苦地思索过某一个问题;如果从来没有一个令他(她)乐此不疲、废寝忘食的活动领域,从来没有过一次刻骨铭心的经历和体验;如果从来没有对自然界的多样与和谐产生过深深的敬畏,从来没有对人类创造的灿烂文化发出过由衷的赞叹……那么,他(她)就没有受到过真正的、良好的教育。

对于所有心地都很正直的人们,大概都不难达成这样的共识:不论是家人之间纯美的至爱亲情,还是亲朋故友之间诚挚的友谊;也不论是师生之间的倾情给予,还是陌生人之间默默无言的相互关爱,都能给我们的心灵以温馨的慰藉,给平淡的日子以清新明丽的感动。在教育中,如果我们能用心去营造一种充满真情与关爱的氛围,良好的教育就有了最切实的保障。

而"凡是教师缺乏爱的地方,无论品格还是智慧,都不能充分地或自由地发展。"没有任何真正的教育是可以建立在轻蔑与敌视之上的,也没有任何一种真正的教育可以依靠惩罚与制裁来实现。真正的教育只能建立在尊重与信任的基础上,建立在宽容与乐观的期待上。真正的教育存在于人与人心灵距离最短的时刻,存在于无言的感动之中。让年轻一代在人性的光辉里,拥有一个关怀的人生,这应是良好教育努力达成的一个目的。

(资料来源 肖川.教育的理想与信念.长沙:岳麓书社,2002:33-35)

我们从多个方面考察了教育,那么,究竟什么是教育呢?我们认为,对教育的定义至少应当把握以下几点:

第一,教育是培养人的活动。教育成长的目的是为了人类的生存,而人类的生存需要将上一代人积累起来的经验,世世代代传递下去,这就需要对新一代的人进行培养,以使他们适应未来的社会生活。

第二,教育是一种社会现象。19世纪末,法国哲学家利托尔诺提出动物界已经有了教育的观点,此后有一些理论家也提出动物界已经存在教育的观点。但是,到目前为止,仍然没有科学的论据证明动物界已经有了教育,至少没有我们所给出的具有人类社会特征的教育。

第三,教育应当是有目的、有计划、有组织的。教育的目的性体现在对受教育者发展的规定性上,即以影响人的身心健康发展为目的;计划性则体现为对受教育者的培养都要做严格科学的计划,包括教育内容、目标甚至教育方法等;组织性则是由专门的组织机构——学校承担教育任务,受过专门训练的教育者具体实施教育工作,这样能保证教育活动的正常进行。

第三节 教育的要素

所谓要素是指构成活动必不可少的、最基本的因素。认识教育的基本要素是认识教育内部结构的基础。

对教育要素分析的目的在于从另一个角度提供理解教育的方法，由于教育要素是教育的基本成分，涉及的是教育的内部结构，它对于认识教育的本质有着重要的意义。

教育是一种复杂的社会现象，加之人们在分析教育活动的结构时持有不同的视角，对教育活动要素的概括也不完全一样。在我国，早在1928年出版的《中国教育辞典》中列有"教育之要素"条目，认为教育要素有人员、物品、场所三者，其中人员包括教师、学生，物品即教育之材料，场所即教育活动的地方和设备。此后，教育要素的分析成为教育学研究的一个主要问题。较有代表性的观点包括：由南京师范大学教育系编写的《教育学》一书从分析教育的构成要素入手，以揭示教育的本质，并把教育要素分解为教育者、受教育者和教育影响，认为教育者是教育实践活动的主体，受教育者是教育实践活动的对象，教育影响是教育实践活动的手段。这一对教育构成要素分析的观点，受到了较多人的认同。此后，叶澜在《教育概论》中认为教育的基本要素包括教育者、受教育者、教育内容和教育物资，其中，教育者和受教育者是复合主体，教育内容是教育活动的纯客体，教育物资是进入教育过程的各种物质资源。陈桂生在《教育原理》中参照马克思对劳动过程的分析，提出简单教育过程的三要素，即教育者有目的的活动、教育对象（受教育者）、作为教育者与教育对象联系的中介的"教育资源"，并认为教育者与受教育者构成教育过程的两极——教育主体与客体。众多的观点实际上都强调教育的要素主要是由教师、学生以及介于二者之间的中介构成，区别也就主要表现在对中介的认识，诸如教育影响、教育内容、教育物资甚至教育目的等都成为中介之一，由此形成了"三要素说"、"四要素说"等。另外一个分歧在于对教育者与受教育者之间关系的认识，有的认为二者就是主体与客体的关系，有的认为是双主体，有的则认为是复合主体，不一而足。对于教育的构成要素，我们认为主要包括：教育者、受教育者、教育内容和教育手段。

一、教育者

教育活动是由"教"与"学"两类相互依存、相互规定和相互构建的活动复合构成的，教育者构成了教育活动中人的因素之一。

凡是在教育活动中承担教的责任（包括直接承担者和间接承担者）和施加教育影响的人都是教育者，诸如各级教育管理人员、专职和兼职教师、校外教育机构的人员、家长等，都是教育者。其中学校教师是教育者的主体和代表。

在传统的教育观念中，教育是指年长者或专门从事教育工作的人对受教育者的影响，这是因为在传统社会中，信息单一、封闭，年长一代的人或教师由于拥有较多知识，对青少年而言，他们成了唯一的知识源，这种代代相传的教育就是一种典型的"前喻文化"现象，表现为"未来重复过去"，教育就是在于青少年儿童对成人文化的"复制"。[①] 到

---

① 冯建军. 当代教育原理 [M]. 南京：南京师范大学出版社，2009：8.

了现代社会，信息资源的丰富，获取信息渠道的多样，年长一代和教师的知识权威被打破了，年长一代所拥有的知识已经失去青少年儿童模仿的价值，这就促使了教育者范围的扩展，也使其所承担的角色必然出现转换。

从历史的发展过程看，教师在受教育者的发展中的作用历来受到重视。先秦的荀子指出，"故有师法者，人之大宝也；无师法者，人之大殃也。人无师法，则隆性矣；有师法，则隆积矣"，说明教师是影响学生人格形成的关键因素。汉代的班固指出，"是以虽有自然之性，必立师傅焉"，把教师的作用看做学生从自然人向社会人转化的关键。古罗马学者西塞罗说："教育者，所以使儿童道德心任意发达，而不流于罪恶之放肆，以高尚其思想也。"① 无论中外，古代学者都认识到儿童的发展是维系在教师身上的。

就教育者在教育要素中的地位看，教育过程不同于对人的身心发展产生影响的其他过程，它是教育者有目的的活动过程，所以，离开了教育者及其有目的、有意识的活动，也就谈不上什么教育。教育者是教育实践活动中人的因素，而且是一个基本要素。

教育者不仅是教育实践活动的一个基本要素，而且是教育实践活动的主体，他把受教育者作为"教"的对象，以教育影响为手段，把引导和促进受教育者身心的发展作为活动目的，力求使自己"教"的对象的身心发展合乎自己社会的变化。因此说，教育者作为教育活动中人的因素，是教育实践活动的主体，更确切地说是"教"的主体。

作为主体的教育者，其表现为多方面的主体性：（1）教育者是教育活动的设计者、实施者和组织者，对整个教育活动起领导作用。（2）教育者是学生学习活动的指导者、帮助者和评价矫正者，对整个学习活动起着校正方向、调整内容、激发动力、教给方法的作用。（3）教育者的教育反映着社会的需求和人才规格，控制着整个教育过程的推进，反映着教育的社会需求和人才规格，因而教育者教的质量在很大程度上制约着学生的发展质量。（4）教育者的教育活动内容影响着学生学习活动的内容，控制着学生活动的时间和效果，因而在教育活动中居主导地位。

二、受教育者

在教育过程中，受教育者是第一位的，正如商场因为顾客而存在一样，教育离不开受教育者并因受教育者而存在。这是现代教育的重要特征。

我们把在教育过程中以学为职责的人称为受教育者。在广义的教育中，所有为提高自身素质而处于学习状态的人都是受教育者；在狭义的教育中，受教育者特指教师"教"的对象——学生。随着世界范围内终身教育和全民教育的实行，教育对象的范围已经扩展到一个人从生命形成（胎教）到死亡的整个一生和全社会不分种族、性别、宗教、民族和阶级的所有人。其中学校里的学生是受教育者的主体和代表。

人是可教的，这是教育存在的前提。但这只是认定了人接受教育的可能性，接下来才是怎样教育人的问题。前者是确立教育中的人性观，后者是根据人性观来确立教育观。确立什么样的教育观，其实质就在于如何看待受教育者在教育过程中的地位。②

在传统教育理论及教育实践中，都存在把人当做非人的现象，从夸美纽斯"秩序"

---

① 郑金洲.教育通论［M］.上海：华东师范大学出版社，2000：314.
② 冯建军.当代教育原理［M］.南京：南京师范大学出版社，2009：6.

概念的提出，到赫尔巴特把"可塑性"作为教育学的理论根基，人的存在方式被转换成"物"的可改造性。作为教育对象的人被贬低为可改造的客体。① 即使在当代教育中，仍然有人将受教育者看做是可随意改造的对象，试图通过教育来影响甚至决定一个人的一生的发展，而忽略了按照人原本具有的特性施以合适的影响，即我们必须考虑教育的适切性问题。

但无论如何，受教育者作为教育的对象是教育存在的前提，我们反对按照成人的意志对受教育者施加不恰当的影响，不过由于受教育者本身所具有的不成熟性以及对自身发展的可能性的认识不足，需要教育者参与其中，对受教育者施加相应的影响。在教育过程中，受教育者首先作为教育的对象存在于教育活动的要素之中。

受教育者作为教育的对象，其一，在教育过程中，受教育者首先是一个求知的个体。他们从无知到有知，从知之不多到知之较多，需要教育进行传授和扩展。他们需要在教师的引导下，逐渐认识客观自然和人类自己，可以逐渐使他们的认识由个体的认识水平过渡到人类总体的认识水平。其二，受教育者也是一个不成熟的个体。在教师的教育下，受教育者逐渐获得品德的完善和行为的养成，逐渐由个体的生物人向本质上的社会人的转变。其三，受教育者也是一个缺乏技能的个体。只有在教师的培养训练下，受教育者才能逐渐掌握各种生产和生活的技能，实现由消费的个体向生产的社会成员转变。

受教育者也是学习的主体。马克思说，主体是人，客体是自然。受教育者作为人类中的一个特殊群体，他们当然具有主体的性质。换言之，在教育过程中，他们也是作为一个活生生的个体，作为一个有血、有肉、有感情的人存在的。

受教育者的主体地位集中体现在：（1）受教育者作为一个独立的个体的人，他们有自己的主动性、选择性、需要性和意志性，他们可以依靠自己的独立思考主导自己的行为。（2）受教育者在学习人类优秀文化遗产的同时，除了继承、吸取以外，还有重组、创新、开拓的能力。（3）受教育者在学习过程中，不但受智力因素的制约，也受非智力因素的影响。这两种因素都制约着受教育者教育活动的进行速度、效益和质量。

三、教育内容

教育内容是建立在一定社会的生产力和科学文化技术发展水平之上，学校向学生传授的知识和技能，灌输的思想和观点，培养的习惯和行为的总和。教育内容在学校中的具体表现形式是课程计划、学科课程标准和教科书。

教育内容的组成多种多样，从其涉及的范围来说，包括人类社会各种领域活动的知识、经验和技能技巧；从其价值来说，它具有发展人的智慧、品德、体力、审美和劳动能力等方面的作用；就其表现形态来说，有物质的、符号的、精神的、行为的。因此，不要把教育内容与学校的课程所包含的内容等同起来，更不能把教育内容看做是教材，后者被包含在前者之中，前者的内涵与外延要比后者丰富得多。由于教育活动的多样性和各类教育活动具体教育目标的不同，教育内容有着不同类型的组合。

首先，教育内容是联系施教者和求教者的中介，教育活动的基本矛盾是一定社会所提出的教育要求同求教者身心发展现有水平的差距，它是教育活动得以存在和进行的内在基

---

① 冯建军. 当代教育原理［M］. 南京：南京师范大学出版社，2009：8.

础。人类文明的延续一般是以两种方式进行的，一种是以一定的物质载体的形式记录下来，如图书、音像等；另一种则是以人脑的形式记录下来。而后一种是人类文明继承和发扬的一种能动的形式，其特点在于不仅能保存人类长期积累起来的文明成果，而且能在原有文明的基础上创新、发展。教育内容作为一种特殊的中介形式把施教者和求教者联系起来，通过教育内容难度自然延伸，使求教者由不知到知，由知之较少到知之较多，由继承到发展，由个体认识水平到人类认识水平，最终把人类的过去和未来联系起来，达到教育的目的。

其次，最佳的教育内容是目的性与对象性的统一。教育内容作为联系施教者和求教者的中介，能否消除教育过程中的基本矛盾，关键在于教育内容本身选编的科学性。而制约教育内容选编科学性的因素主要有两方面：一是一定社会前进的要求。作为国家来说，这种前进的要求主要通过教育目的的形式表达出来，这种要求包括素质的全面性和内容本身的先进性与逻辑性；二是个体身心的发展规律。而个体的身心发展规律既有共性又有个性。因此，施教者要根据求教者的实际安排教育内容进程，选择教育内容的难度，增减教育内容的分量，发掘教育内容的价值，最终达到合目的性与对象性的统一。

根据社会主义教育方针和培养目标，我国的教育内容由德、智、体、美、劳等方面构成。各级各类学校，由于其具体的教育任务和培养目标的不同，在教育内容深度、广度及具体门类上有所差异。而教育内容又内在地包括教育目标。因为教育目标是教育活动所要达到的预期结果，也是衡量教育活动效果的标准，是教育内容传授的出发点和归宿。教育活动既然是人类的一种有意识的活动，那么在活动之前便都有着明确的活动目标，这是人的活动与动物活动的一个本质区别。在教育内容中，目标与内容的一体化表现为：目标主导下的内容选择、内容安排、内容设计、内容传授、内容实现的结果等。

四、教育手段是教育活动的基本条件

教育手段是指教育者将教育内容作用于受教育者所借助的各种形式与条件的总和，它包括物质手段、精神手段等。

物质手段主要是进行教育时所需要的一切物质条件，可分为教育的活动场所与设施、教育媒体及教育辅助手段三大类。教育的活动场所与设施在学校中主要指校舍、教室、操场、实验室、校办工厂、农场等的数量与内部的设备装置。

教育媒体是教育活动中两类主体（教育者与受教育者）之间传递信息的工具。由此可见，教育媒体是教育内容的载体，也是教育中其他信息的载体。然而，同样的教育内容，可使用不同的媒体。随着媒体的不同，教育的组织形式、方法、效果等都会发生变化。

传统教育媒体指教科书、黑板、实物标本模型、报刊图书资料、图表照片挂图等；现代教育媒体即电子技术媒体，它由两部分构成：一是硬件，二是软件。硬件是指各种教学机器，如幻灯机、投影器、录音机、电影机、录像机、电视机、计算机等。软件是指已录制的载有教育信息的幻灯片、投影片、录音带、电影片、录像带、计算机课件等。

对教育因素的分析，目的还是在于对教育本质的认识，其着眼点在于通过内部构成要素的探析，了解教育所隐含的本质特征，进而对教育有明晰的认识。

第四节 教育的发展

教育作为人类特有的现象，与其他社会现象一样，也经历了从简单到复杂的演变过程。对教育发展历史的了解，可以使我们对教育发展过程中的一些历史事实有所认识，从而形成对当今教育各种现象认识的深化。

一、古代教育

学校教育制度的发展，最能体现教育发展的内核，因此我们选择学校教育发展的历史进行梳理，以探明古代教育的基本特征。

教育是随着人类教育的产生而产生的，据可查资料，最早的学校出现在公元前2500年左右的古埃及。学校的产生必须具备一定的条件。[1]

首先，奴隶社会的生产力已经达到了使一部分人能脱离直接的生产劳动，专门从事脑力劳动的水平。体脑分工的出现伴随着阶级和国家的出现。奴隶主为了维护自己的统治，需要有官员从事管理政权的活动，需要武士为保卫政权而战，还需要有一批掌握知识的人从事各种精神文化活动。这些人都要经过一定的训练才能培养出来。因此，最早的学校如埃及的宫廷学校、寺庙学校，中国古代的官学等，都是以培养这类人中的某一部分，即奴隶社会国家机器的管理者和统治阶级的接班人为目标的。

其次，体脑分工也使奴隶主阶级有时间从事专门的文化教育活动，这一方面促进了文化的发展，使学校教育有内容可教；另一方面，也为他们提供了从事学习与教育的空闲时间。我们从"学校"在希腊文中的原意是"有闲"这一点就可以看出学校教育与闲暇时间的关系。

最后，奴隶社会出现了文字。古埃及文字产生在公元前2500年左右。从出土文物中看，我国夏朝已有不成熟的文字，到了商朝已有较成熟的甲骨文，还有文字记载的"典"、"策"。文字的出现，使人要掌握文化就需要经过专门的学习。因为文字最初的心态较为复杂，掌握它不是一件易事。最早的文字主要掌握在祭司手中，"象形文字"的希腊语就是"祭司的文字"，我国最早的知识分子也是巫师，他们为了从事宗教祭礼活动和管理寺庙，需要有文字、计算、历法、天文等方面的知识技能。这部分人也就成为最早的教师。更为重要的是，文字作为人类的知识、经验和才能，以特殊的物化形式保存下来和为相互传递提供了载体，极大地扩展了文化财富积累的可能性，使人类知识、文化自身的发展得到了基本保证。同时，也使学校不仅为当时所必需，而且为以后的社会发展所必需。学校是相当长的历史时期内进行这一传递的最有效场所。

（一）中外古代学校教育的发展

1. 古代中国

史料记载，我国4000多年前的夏代就有了学校教育的形态。有关夏代学校的记载有："夏后氏之学在上庠"，"序，夏后氏之序也"，"夏曰校"等，可见传说中的夏代已经有

---

[1] 叶澜．教育概论［M］．北京：人民教育出版社，2006：46-47．

了庠、序、校成为的学校。①《孟子》一书对此也做了解释,并说明当时的教育内容和教育宗旨:夏、商、周设"庠、序、学、校以教之,庠者养也,校者教也,序者射也。夏曰校、殷曰序,周曰庠,学则三代共之,皆所以明人伦也"。② 西周以后就有了比较完备的学校教育形式,且"学在官府",建立了典型的官学体系。这一官学体系实施以礼乐为中心的"六艺"教育,即礼、乐、射、御、书、数,"六艺"主张文武兼备、知能兼求。此外,西周时期的学校还有"国学"与"乡学"之分,设在王城和诸侯国都的学校即为"国学",它以培养"建国君民"为主要任务,有"三德"、"六行"、"六艺"、"大艺"等内容;设在地方、间里的学校即为乡学,即塾校,它以实现社会教化和培养地方贵族子弟为主要任务,有"六艺"、"七教"、"八政"等内容。到了春秋战国时期,官学衰微,私学大兴,儒、墨两家的私学成为当时的显学。

在古代的学校教育中,思想专制的文化教育政策成为一以贯之的教育政策。虽然主要是儒、佛、道,但自董仲舒提出"罢黜百家、独尊儒术"开始,儒学成为重要的国家学校教育的重要措施。

隋唐开始的科举制度保证了教育的正常化和选士制度的常规化,它对改变魏晋南北朝时期的"上品无寒门,下品无士族"的严格等级制度起着积极作用,为广大中小地主阶级子弟进官为吏提供了条件,但也强化了对知识分子的思想与人格限制。科举制度同时使得儒学站上了最高地位,宋代以后,程朱理学成为国学,儒家经典被压缩为四书五经,且成为教学的基本教材和科举考试的依据。科举制度一直到光绪三十一年(1905年)才被废除。清政府下令开学堂,兴办新学校。

2. 古代印度

印度是世界文明古国之一,它的教育有着悠久的历史。古代印度宗教权威至高无上,教育控制在婆罗门教和佛教手中。婆罗门教有严格的等级规定,把人分为四种等级,处于最高等级的是僧侣祭司,他们应该受最优良的教育;其次是刹帝利,为军事贵族,这两个种姓是天然的统治者;再次是吠舍种姓,仅能从事农工商业,最低等级是首陀罗种姓,被剥夺了受教育的权利,识字读经被认为是违反了神的旨意,违者可能被处死。婆罗门教的教条是学校教育的指导思想,其经典《吠陀》是主要的教育内容,其僧侣是唯一能够作为教师的人,教育活动主要是背诵经典和钻研经义。

3. 古代埃及

古代埃及大约在4000年前就发展成为一个大的王国,文化繁荣,其教育也达到了鼎盛时期。据文献记载,埃及在古王国末期已经有了宫廷学校,它是法老教育皇子皇孙和贵族子弟的场所。以后,由于宫廷学校不能满足培养官吏的需要,国家又开设了职官学校,它以吏为师、以法为教,招收贵族和官员子弟,兼负文化与业务训练的任务。

古代埃及设置最多的是文士学校。文士精通文字,能写善书,执掌治事权限,比较受尊重,"学为文士"成为一般的奴隶主阶级追求的目标。为了满足这种需要,许多文士便设立私学,招收生徒,同时也有传授天文、医学、数学等实用知识的文士学校。在古埃及,农民子弟没有接受学校教育的权利。

---

① 毛礼锐. 中国教育简编 [M]. 北京:教育科学出版社,1984:19.
② 孟子·滕文公上 [M].

4. 古代希腊、罗马

古代希腊、罗马的教育规定，7~12岁的儿童可以进入私立学校学习，但进入这种学校的大多是社会地位比较低下阶层的子弟，贵族阶级子弟一般都是聘请家庭教师。中等教育则主要是贵族和富人的教育，学校以学习文法为主，兼习拉丁文和修辞。

古代雅典教育的目的是培养有文化修养和多种才能的政治家和商人，注重身心和谐发展，教育内容较为丰富，教育方法也比较灵活。古代斯巴达教育的目的则是培养忠于统治阶级的强悍的军人，强调军事训练和政治道德灌输，教育内容单一，教育方法严厉。

罗马帝国灭亡之后，西欧进入基督教和封建世俗政权紧密联系、互相利用时期。统治残酷、等级森严、思想专制成为主要特征，文化教育则为宗教所垄断，异教学校被取缔，世俗文化被否定。当时最受重视和尊重的教育是培养僧侣的学校，包括僧院学校和大主教学校，学习的内容是神学和"七艺"，强调对圣书和僧侣教师的绝对服从，学习方法是背诵。为了更好地布道，设立了为数众多的教区学校，主要用于对普通子弟的宗教教育，也适当讲授一些读写知识。教会学校都奉行禁欲主义，实行严格的管理和残酷的体罚。其次是骑士教育，骑士教育并无专门的教育机构，主要在骑士的生活和社会交往中进行，教育内容是效忠领主，以及军事征战和附庸风雅等，中世纪也有世俗教育，学习的是文法、修辞、天文、历法、算术等实用知识，但神学是主修课程。

（二）古代学校教育的特征

东西方教育虽然在具体目标、内容和形式上有较多差异，但都反映了当时社会发展的水平，古代学校教育的特征表现如下。[①]

（1）阶级性统治阶级享有教育的特权，奴隶被剥夺了受教育的权利。统治阶级内部的等级性也在教育制度上有所反映，贵族与平民、主人与仆人之间有着不可逾越的鸿沟。

（2）道统性。统治阶级的政治思想和伦理道德是唯一被认可的思想，天道、神道与人道合二为一。

（3）专制性。教育过程是管制与被管制、灌输与被动接受的过程，道统的威严，教师、牧师的威严，通过招生、考试以及教学纪律的威严予以保证。

（4）刻板性。教育方法、学习方法刻板，死记硬背、机械模仿。

（5）教育的象征性功能占主导地位。受教育的目的不是为了获得实用知识，而是受教育本身。能不能受教育和受什么样的教育是区别社会地位的象征；经典、教义的教育处于较高地位，习得实用知识的教育处于较低地位。

二、文艺复兴时期的欧洲教育

在14—16世纪，西欧封建社会开始向资本主义社会过渡，在一些工商业比较发达的地区，出现了资本主义的萌芽，新兴的资产阶级为了谋取他们的经济利益和政治地位，以复兴古代希腊罗马的文化为借口，掀起了反封建文化、创造资产阶级文化的文艺复兴运动。这场运动以人性反对神性，以科学理性反对蒙昧主义，以个性解放反对封建专制，以平等友爱反对等级观念，重视现实生活，肯定现实生活中的幸福与享乐，反对禁欲主义，其核心内容就是"人文主义"。反映在教育上，就是提倡以人为中心，强调人的价值和个

[①] 余文森. 教育学 [M]. 北京：北京大学出版社，2009：10.

性的自由发展，重视人的世俗生活，主张世俗教育和科学知识的教育。

在人文主义思想的影响下，教育中增加许多新的教学内容，如自然、地理、物理、历史等，提高了古典文学和自然科学的地位，重视研究儿童的身心发展特征，主张教学应考虑孩子的兴趣，反对体罚。

资本主义的文艺复兴运动促使欧洲各国的教育进入一个新的发展阶段，对教育走向人文化、世俗化以及扩大教育范围等都产生了重大的影响。

三、近代教育

16世纪以后，世界进入了近现代社会。社会以前所未有的速度发展，并出现了许多新的发现、发明，大工业则促使了社会生产力的极大发展，这些都对教育提出了新的要求，使得学校教育制度走向了系统化和初步完善。

📝 资料1-6

西方近代学校的发展

各级学校系统是按照两条路线发生的：一是从高级学校向低级学校下延而发生的系统，一是从低级学校向高级学校向上而发生的系统。前者称为"下延型学校系统"，后者称为"上伸型学校系统"。这是就学校系统的发生而论的。下延型各级学校系统，是贵族化的教育系统。上伸型各级学校系统属于平民化教育系统。

各级学校系统的发生：德国早期教育家斯图谟（Sturm）于1538年开办的文科中学被认为是历史上第一所文科中学，偏重拉丁文、希腊文教学，忽视自然科学，起初属于古典人文主义教育，后来增加现代人文教育与自然科学教育成分。1708年，德国教育家策姆勒（Zemmler）首创实科中学，称为"数学、机械学、经济学实科中学"，这种类型的学校，比较注重自然科学和现代语文的教学。从18世纪末开始，陆续出现职业学校，到19世纪下半期，特别是20世纪初发展较快。如今职业教育已经同普通教育并列为两个教育系统。

顺应这个趋势，传统的双轨制、三轨制的各类教育系统正在逐步转变为单轨制学校系统，而传统的单轨制的综合学校也将向"多价学校"方向演变。

（资料来源　陈桂生．教育原理．华东师范大学出版社，1993：67）

（一）国家加强了对教育的控制

19世纪以前，欧美国家的学校教育多为教会或行会主持，国家并不重视。19世纪以后，资产阶级政府逐渐认识到公共教育的重要性，随后设立了公立教育系统。例如，在法国，1804年拿破仑在政变成功以后，采纳了康多塞法案的基本思想，建立了中央集权的教育领导体制，私立学校基本被取缔，国家对教育的学年安排和课程设置实行统一管理。当时的德意志许多公国也颁布了学校法令，规定学校的开办权由教会转向国家。① 国家加强对教育的控制，使得教育在发展速度、服务范围、教育内容等方面都获得了严格的限

---

① 袁振国．当代教育学［M］．北京：教育科学出版社，2001：12.

定，并促使教育走向一个新的时期。

（二）义务教育的实施

工业革命的基本完成以及电气化工业革命的兴起，对产业工人的要求有所提高，同时都市化也导致了更多的人涌向城市，从事工业生产，大面积的培养人才成为教育面临的重要任务。在教育发展中，普及义务教育成为近代社会以来教育改革必须面对的问题。与此同时，社会经济实力的增强也为普及义务教育提供了物质条件。在这样的前提之下，欧洲发达的资本主义国家开始实施面向全体社会成员的普及初等义务教育。

（三）教育的世俗化

在西方各国，随着国家对教育的重视和干预的不断加强，尤其是公立学校教育系统的建立与发展，各资本主义国家开始实施教育摆脱宗教和政治控制的教育政策，逐渐形成了实用功利的世俗教育。这种教育政策主要体现在两个方面：一是有的国家明确规定宗教、政党不得干预教育；二是调整学校课程及其内容，加强教育与社会生产、生活的联系，减少普通学校古典文科教育的内容和学时，确立了自然科学在教育中的地位，增设了自然、数学、物理、化学、生物等课程，并注重理解与运用。

（四）重视教育立法

西方近代教育发展的一个特点是强调法律在教育发展中的作用，从教育与宗教的分离，到初等义务教育的普及等，都有相应的法令的颁布。法令的颁布及其实施，确保了国家对教育的控制，也使得教育的运作过程有了基本的条件保障。

四、现代教育

人类进入20世纪以后，社会发展出现突飞猛进的态势，教育则在数量上获得了更大的发展，义务教育开始向中等义务教育延伸，高等教育、职业教育也受到各国的高度重视。尤其是20世纪80年代以来，随着知识经济成为经济发展的主流，引发了教育制度、教育内容、教育观念、教育形式等多方面的深刻的革命。教育的发展呈现出如下特点：

（一）教育的民主化

所谓教育的民主化，是"要求教育具有平等、民主、合作、能调动教育者与受教育者的积极性的特点。主要内容包括：取消等级教育制度，给广大民众以受教育的权利，实行教育机会均等；反对压抑儿童的个性，要求尊重学生，调动学生的积极性，培养提高他们的民主和参与意识"[1]。教育民主化的内容包括以下三个方面：

1. 教育机会均等

这里指不同种族、性别，不同的社会经济、政治地位的成员，都享有均等的受教育的机会，即教育应该实现大众化。教育机会均等是教育民主化的核心。

教育机会均等包括三个层次：第一，入学机会均等，是指公民不论其种族、性别、宗教信仰、家庭背景如何，都有均等的入学机会；第二，教育过程中的机会均等，是指一个国家、地区之间的物质分配、师资力量布局等的均等；第三，学业成就机会均等，是指国家在规定的教育阶段，学生在教育年限、学校类型、课程内容等方面享有平等的受教育条件，在受教育过程中受到社会、学校、教师的同等对待，享受符合其能力发展水平和潜力

---

[1] 顾明远. 教育大辞典 [M]. 上海：上海教育出版社，1990：55.

的教育，获得平等的教育效果。

2. 教育管理民主化

教育管理民主化从宏观上讲是指教育立法、教育决策的民主化和教育行政管理体制的民主化；从微观上讲是指学校管理的民主化。

3. 教学民主化

教学民主化是在教学领域体现民主精神，创造民主平等的条件和气氛，建立民主的师生关系，采用民主的教学方法，调动师生双方的积极性，培养学生的自主精神，使学生得到和谐的、全面的发展。教学民主化是教育民主化在教学领域的全面渗透。

（二）教育的终身化

终身教育是人们在一生中所接受的全部教育的总和。它是建立在理想的学习化社会基础上的教育形式，其目的是要造就现代化社会中能应付各种变化并发挥独特才能的人。

终身教育从时间上看，是持续人一生的活动，学习将从胎儿开始，伴随人的生命的全过程。"教育+工作"的模式被各种终身教育模式所取代，即人们的学习时间被无限延长；从教育对象看，接受终身教育的人包括所有的人，正如《世界全民教育宣言》宣称：教育是全世界所有人的一项基本权利，不论他们是男性还是女性，不论他们的年龄如何；教育可以有助于确保一个更安全、更健康、更繁荣和环境更加美好的世界，同时它可以对社会、经济和文化的进步及对国际合作做出贡献，教育是个人与社会进步不可或缺的钥匙。从实施的机构看，终身教育并不等于学校教育，但不排斥学校教育，而是把学校教育加以改造并纳入终身教育体系之中，形成以正式教育、非正式教育和非正规教育等的全面融合。就学习方式来说，倡导自我导向学习，强调学习主体本人对学习负责，学者也知道怎样学习。从终身教育的总的目标看，强调维持和改善生活质量，强调从学习新的科学文化知识和各种新的职业技能，到学习社会伦理道德规范、发展学习者的身体和心理健康；从学习如何建立良好的人际和社群关系，到学习各种艺术和在生活中体现文化；从学习如何对待工作和生活，到学习如何面对困境和死亡等，终身教育的内容可谓无所不包。

（三）教育的个性化

所谓教育的个性化，通常包括：教育的人道化、人性化；教育的个性化和个人化，即教育要考虑个人的生理、心理、年龄特点，考虑个人的天赋、特长、兴趣、爱好，考虑个人的社会志向和职业选择等；学校的个性特色，包括有个性的培养目标、专业设置、科研优势，有个性的教学内容、方法和手段等。①

教育个性化最为基本的含义可以理解为反对强求一律，它要求承认学生在生理智力、文化背景、才能倾向、志趣等方面存在着差异。教育在把握社会要求的同时适应学生的特点，并施以合理的教育，避免造就出统一规格的"标准件"，尽可能使学生各具特色。

（四）教育的国际化

教育国际化是近年来教育理论界关注的问题之一。其主要内容和表现至少包括以下方面：(1) 教育目标国际化，指能培养具有国际意识、关心全人类利益和幸福的人；(2) 课程内容国际化，除了在课程体系中加强外国语教学，使学生掌握国际交往的工具外，还特别突出国际理解教育，使学生理解国际社会，培养学生关心和宽容异国文化的品行；

---

① 曾洁珍. 国内外教育改革动态 [M]. 广州：广东高等教育出版社，2001：204.

(3) 教育渠道国际化，广泛开展教育国际交流与合作，包括鼓励学生和访问学者合作研究等。①

一所学校的文化可以是封闭的、民族主义为中心的，也可以是开放的、世界性的、国际性的。随着世界日趋变化及相互依赖，全球国际化教育变得比以往任何时期都更加重要。在教育国际化背景之下，教育应当培养学生的国际素质，主要包括：第一，全球意识，诸如相互依赖意识、世界一体化意识、和平发展意识、环境保护意识、国际正义意识等；第二，全球知识，诸如世界地理、世界历史、国际时事、国际语言、国际经贸等；第三，全球技能，诸如国际理解、国际交往、批判创新、信息处理、对话合作、终身学习等；第四，全球价值观，诸如关心地球、维护人权、尊重生命、公正和睦等；第五，全球行为，诸如参与一切有利于全球正义事业的行动等。②

（五）教育信息化

21世纪是以信息技术为主的技术革命和由它引起的经济革命重新塑造全球经济的世纪。计算机、网络技术的发展与广泛应用，改变了人们的生活方式，也为教育在时间和空间上超越学校的藩篱提供了可能，把教育和学习的机会无限扩大，对传统的课堂教学交往的形态提出了挑战。教育技术的现代化就是指现代科学技术，包括工艺、设备、程序、手段等在教育上的应用，并由此引起教育思想、教育观念的变化。教育者角色的转变、教育内容传播渠道的丰富、教育组织形式的变革，更引发了对教育价值的重新讨论。

从教育信息化的具体内容看，主要包括：让学生学会使用电子计算机；让学生学会收集、选择、处理信息，进而学会创造信息；促进学校教育手段的信息化、现代化，包括摄影机、录音机、录像机、反应分析器、语言专业教室、电子学习台、计算机辅助教学等；进一步建立信息库、信息网络。

📝 资料1-7

国外基础教育信息化现状

自20世纪80年代以来，教育信息化已经成为全世界各国教育政策的重要内容之一。各国在制定教育政策时都设定了教育信息化的发展目标。以几个发达国家为例：

美国：2001年1月，美国总统布什在题为《不让一个孩子掉队》的教育报告中再次重申，政府始终坚信信息技术应成为学校努力提高学生学业成就的有力工具。2005年1月，美国公布了题为《走向美国教育的黄金时代》的第三个国家教育信息化规划，将互联网、法律和今天的学生教育改革愿望作为规划的副标题。报告提出了教育信息化的七个主要行动步骤和建议：加强领导、考虑革新预算、改善教师培训、支持网络学习和虚拟学校、鼓励宽带接入、教学资源走向数字化、整合数据系统。

日本：日本早在1994年就开始制定国家教育信息化政策，目标是形成先进的信息社会。2001年，由首相和内阁成员组建而成的教育信息化领导小组出台了建设信息化日本（e-Japan）的政策文件；并先后出台了"百校工程"及"新百校工程"等

---

① 曾洁珍.国内外教育改革动态［M］.广州：广东高等教育出版社，2001：206.
② 邬志辉.全球化背景下的中国基础教育课程改革［J］.教育科学研究，2002（6）

教育信息化行动计划。

　　新加坡：新加坡早在1997年就出台了旨在促进教育信息化的Master Plan 1（MP1），于2002年又在完成了MP1的基础上推出了新的教育信息化举措即Master Plan 2（MP2）。作为面向新千年的教育信息化举措，主要从以下方面提出了更高要求：（1）更有效地利用信息技术促进学生发展；（2）更有效地将信息技术与课程、教法和评价相整合；（3）利用信息技术促进教师发展；（4）利用信息技术促进学校发展；（5）建立专门部门推进教育信息化的有效扩散。在名为"教育优势项目"（Edvantage）的子计划中，预计到2015年，将为所有学生提供接入课本、课程和学习项目的个性化资讯通信设备，并促成网络化学习应用工具和内容的开发，以实现"没有墙壁的课堂"的梦想。家庭宽带渗透率达到90%，电脑在拥有学龄儿童的家庭中的渗透率达到100%。

（资料来源　国外基础教育信息化现状，http://www.csmes.org/html/28890_3.html）

教育发展到今天，已形成多样化和多元化的趋势，各国在教育发展水平、发展速度以及发展走向上，都表现出不同的特征，但是，从总体上看，上述趋势成为各国教育发展的共同追求目标。

分析思考题

1. 你认为日常生活中对教育的理解存在什么问题？
2. 各教育家对教育的定义诱发你对教育有什么样的认识？
3. 试着从三种定义的方式，对教育给出三种不同的定义。
4. 教育的要素及其关系分析。
5. 从教育发展的历史中，能得到哪些关于教育特征的结论？
6. 现代教育的特征有多样，请结合自己的经历和学习，谈谈自己的感受？

第二章 作为一种职业的教师

本章提要

教师是决定教学成败和教育改革成功与否的关键因素。摘下加在教师头上的神圣光环,把教师理解为一种专门职业,对于提高教师职业的专业化水平和促进教师的专业发展更具有积极意义。本章的主要任务是弄清教师职业的权利与义务,掌握教师职业的特点,明确当代社会教师所必备的素养和教师的专业发展的制度、内容、模式及其评价等,思考教师职业的制度、理论、实践中存在的问题与悖论,探索其解决途径,对于掌握作为一种职业的教师的基本知识、促进教师职业的合理化发展具有重要的实践意义。

虽然从人类诞生起,便存在教育活动。但是,教师作为一种职业,却是历史的产物。在不同的历史阶段,教师的劳动性质和所承担的社会使命差别迥异。在制度化的教育出现之前,教育的目的是培养和选拔治国精英,统治阶级控制了教育内容和知识来源,教师的主要任务便是传播统治阶级的思想及其所选择的教育内容,学生的知识主要来源于教师,因此"传道、授业、解惑"便是教师的主要任务,师生之间是体现在知识上的授受关系和品格上的影响关系。而在制度化的教育出现以后,学校教育成了教育的核心机构,教育的目的不仅仅是培养精英,同时还担负着培养合格的社会各级各类的人才和实现人类文化传递的重任,教师的社会责任更为重大——"教育者寂寞之事业,而实为神圣之天职,扶危定倾,端赖于此"①。教师成了社会的代理人,教师的主要任务便是"按照某些预定的组织规划、需要和见解去训练未来社会的领袖",或"一劳永逸地培养一定规格的青年"②。教师作为制度化教育中的一环,在相对稳定的环境中教授既定的教育内容和按班级制度组织起来的学生。规模化的生产和规范化的教育成了这一时期的主要特征。

随着信息技术和互联网技术的迅猛发展,社会生活的各个方面都在经历着前所未有的变化,"学习化社会"一词已经成了对当前社会特征的最好概括。教育已经不限于狭隘的学校教育,整个社会都具有教育功能,人的学习也并非只是在人生的某一个阶段,而是扩展到了人的一生。因此,"学会学习"是当前学习化教育的核心思想。在新的历史时期,学生的知识来源发生了显著的变化,教师和教材已经不再是学生知识的主要来源,网络、图书馆、社会已经在教育中扮演着重要的知识来源和教育的角色。教师的角色也相应地发生了转变,由知识的传输者变为学生学习的组织者、激发者、管理者,学生思想的交流者和伦理道德的引导者。学生在学习方式上也在发生变化,"学生应从被动地获得知识和一

---

① 杨昌济. 杨昌济教育思想简论[M]. 长沙:湖南教育出版社,1983:21.
② 联合国教科文组织国际教育发展委员会. 学会生存——教育世界的今天和明天[M]. 华东师范大学比较教育研究所,译. 北京:教育科学出版社,1996:200.

般技能转到积极地运用知识去解决问题",教育中知识来源、教师角色和学生学习方式的这些变革正在"提高而不是削弱教师的作用"①,教师的重要性日益凸显。这种凸显是与对教师职业专业性的呼声相联系的。那种认为不需要专门培训而具有某学科的知识就能从事某学科教学的观点早已不合时宜。对于教师职业的专业性的要求,1966年国际劳工组织/联合国教科文组织《关于教师地位的建议》就明确指出:"应该把教学工作看做一种职业:它是公共服务的一种形式,需要教师通过严格的和持续的学习获得和保持专业知识和专门技能;它还要求个人和集体对于教育以及他们所负责的学生的福利有一种责任感"②。因此,从一种专门职业的角度来阐述教师的权利与责任、教师的职业特点、教师的素养和教师的专业发展对理解当前社会的教师和教师职业具有重要意义。

第一节 教师的权利与义务

"教师"一词涵盖学校里负责教育学生的所有人,而教师的权利与义务是与教师职业相关的法律的核心问题。厘清教师的权利与义务,对于教师更好地从事教育教学工作具有重要意义。以法律为依据,教师可以反思自己的教学行为以及相关法律在指导教育实践中的适切性、矛盾性等,从而提出改进的措施,促进法律的制度朝着有利于教育教学的方向发展。

教师权利作为一种职业权利,主要由相关的法律给予规定和保证,是国家对教师在教育教学活动中可为或不可为的许可与保障。教师的义务是指教师依法应当承担的各种职责。教师所享有的法定权益和应当履行的法定职责体现了教师的社会地位。权利和义务之间是一种相互联系不可或缺的关系。1966年国际劳工组织/联合国教科文组织《关于教师地位的建议》和1997年联合国教科文组织《关于高等教育教学人员地位的建议》,我国的《教育法》和《教师法》等都对教师的权利和义务作了明确的规定。

一、教师的权利

学校是利用公共资源,培养人才、促进人的发展的重要非营利性机构,具有较强的公益性特点。与物质生产不同,教师职业涉及特定多数学习者的受教育权利的实现,其教育的成效将影响学习者人格的发展、身心能力的成长以及知识技能的获得。因此,国家法律在制定教师的权利的时候同时要兼顾学生接受教育的权利,教师职业权利的合理性建既要兼顾教师职业的自主性,同时也要兼顾教师职业的公共性。

《中华人民共和国教师法》第二章第七条规定,教师享有下列权利:(1)进行教育教学活动,开展教育教学改革和实验;(2)从事科学研究、学术交流,参加专业的学术团体,在学术活动中充分发表意见;(3)指导学生的学习和发展,评定学生的品行和学业成绩;(4)按时获取工资报酬,享受国家规定的福利待遇以及寒暑假期的带薪休假;(5)

---

① 国家教育发展研究中心编.发达国家教育改革的动向和趋势(二)[M].北京:人民教育出版社,1987:283.

② 国际劳工组织,联合国教科文组织.关于教师地位的建议[EB/OL].[2010-06-15]. http://unesdoc.unesco.org/images/0016/001604/160495c.pdf.

对学校教育教学、管理工作和教育行政部门的工作提出意见和建议,通过教职工代表大会或者其他形式,参与学校的民主管理;(6)参加进修或者其他方式的培训。其他相关国际法也作了相应的规定。总体来看,教师的基本权利包括教育教学权、科学研究权、管理学生权、获得报酬待遇权、民主管理权、进修培训权。

(一)教育教学权

教育教学权是教师职业的核心权利。它包括教师可依据国家教学大纲、所在学校的教学计划、教学工作量等具体要求,结合自身的教学特点自主地组织课堂教学;针对不同的教育教学对象,在教育教学的形式、方法、具体内容等方面进行改革、试验和完善等。

与教育教学权紧密相连的便是教师的教育自由。教育自由权是教师完成教育教学任务必不可少的条件。1966年国际劳工组织/联合国教科文组织《关于教师地位的建议》规定:"教师职业应享有履行职业义务中的学术自由。由于教师特别有资格判断最适合自己学生的教学设备和方法,因此,应该在经核准方案的框架内,在教育主管部门的帮助下,让教师在选择和改编教材、挑选教科书以及应用教学方法中发挥重要作用。……任何检查或监督制度的目的应是鼓励和帮助教师承担其专业任务,而不是限制教师的自由、积极性和责任。"①

但是,教育自由权又是一项不管是在概念上还是在具体实施中都处于争议中的权利。它表现在:不同层级不同类别的学校,教师的教育自由权内涵和外延皆有不同。大学教育的场合,学生大体具备了批判教学内容的能力,因此,高等教育的教师在教学内容、教学方法等方面拥有更多的学术自由。而在普通教育中,儿童缺乏选择学校与教师的余地和批判教学内容的能力,教师对他们有着强烈的影响力和支配力。基于此,国家从教育机会均等和在全国范围内确保一定水准的角度考虑,会在普通教育的内容和考核方面进行更多的限定,从而使普通教育的教师不可能享有与大学教师同样多的学术自由。在我国,虽然随着新课程改革的推进,已经出台了一些鼓励中小学教师参与课程开发的措施。但是,从目前的情况看,教师在课程的实施中主要扮演的还是执行者的角色。

除了上述不同级别的学校教师之间的差异外,不同国家由于教育政策和教育行政管理权限的差异也对教育自由进行了不同的限制。日本学者认为,教育自由是要求教育行政"不应干预教育内容,在教育外部提供维护与健全教育的各种条件"。②

📝 资料 2-1

教师的权利

日本学者兼子仁把教师的教育实践自由分为由个别教师行使和教师集体行使两种。它们的内涵分别如下:个别教师的教育权——(1)教学内容的编制权(制定授业计划,选择教学方法等)。(2)教科书的使用处置权。(3)辅助教材选定权(辅

---

① 国际劳工组织,联合国教科文组织. 关于教师地位的建议[EB/OL]. [2010-06-25]. http://unesdoc.unesco.org/images/0016/001604/160495c.pdf 2010-6-15.

② [日]筑波大学教育学会研究会. 现代教育学基础[M]. 钟启泉,译,上海:上海教育出版社,2003:454.

助教材的编制、选择)。(4) 教育评价权。(5) 生活指导权。(6) 惩戒权。教师集体的教育权——(1) 学校的课程编制权。(2) 教育校务的自治权(决定班主任、各种委员、各种主任等)。(3) 有关学生的学校教育措施决定权(入学、转学、编班或插班、升级、毕业)等。(4) 惩戒处分权。

(资料来源　[日]筑波大学教育学会研究会．现代教育学基础．钟启泉，译．上海：上海教育出版社，2003：455)

而在美国，教育自由是指教师对他们所教授的科目可以发表任何言论，试验新思想，选择课堂上使用的材料，决定教学方法。教育自由保护教师评价和批评当前现实，以促进政治、社会和科学进步。

📝**资料 2-2**

教学内容的选择

　　校方要求一位十一年级的英语教师停止使用一类他们称为"文字垃圾"的文学作品。该教师为此辩护，认为该作品对学生阅读来说是很重要的文学典范。当她拒绝停止使用其选择的阅读材料时，她被解雇了。这位教师向法院起诉，认为此举侵害了学术自由，而法院表示同意。学区申辩禁止使用教学材料的理由是"材料可能会破坏纪律"，法官裁定这不能成为禁止的理由。判决进一步指出，教师有责任根据教学目标、学生的成熟程度来选择教学材料，并有权为此辩护。

(资料来源　[美]大卫·G·阿姆斯特朗，肯奈斯·T·汉森，汤姆·V·赛威治．教育学导论．李长华，李剑，汤杰琴，译．北京：中国人民大学出版社，2007：339-340)

从这一案例中可以看出，教师选择教材和教学内容是教师的权利，这种权利是不容剥夺的。虽然在我国，教科书的选择权往往是由教育行政部门统一行使的，与教师无关，但教师在确定和处理具体的教学内容上，仍然拥有相应的权利。

(二) 科学研究权

科学研究权是教师作为专业技术人员所享有的基本权利之一。它是指教师在完成规定的教育教学任务的前提下，有权进行科学研究、技术开发、技术咨询等创造性劳动，有权将教育教学中的成功经验或专业领域的研究成果等撰写成学术论文，著书立说；参加有关的学术交流活动，参加依法成立的学术团体并在其中兼任工作；在学术研究中发表自己的观点，开展学术争鸣。但应注意，教师在教育教学活动中应按教学大纲或教学的基本要求进行讲授，不应任意发表与讲授内容无关且有损受教育者身心发展的个人看法。

📝**资料 2-3**

××省中小学教师系列专业技术资格标准条件

　　1. 在省级以上学术期刊(不含增刊，下同)上发表本学科教育教学论文 1 篇，或市级学术期刊上发表本学科教育教学论文2篇。在农村连续从教满15年的,在市级以上学术期刊上发表本学科教育教学论文1篇(以报刊社、出版社、学校及社团等单位组织名义出版的论文集,不予认可,下同)。

2. 积极参加各级教研部门组织的教研活动,获奖的行动研究成果、教学案例研究、教学反思、教育叙事等论文(包括教学课件或软件),为省级1篇;或市级2篇;或县级3篇,其中二等奖以上(含二等奖,下同)1篇。在农村连续从教满15年的,县级2篇其中三等奖以上1篇(以上均须附原始会议通知、论文和获奖证书等。凡以报刊社、出版社以及学校名义组织进行的论文评选的奖项,不予认可,下同)。

3. 积极开展新课程改革研究,参与学科教研活动,带头进行新课程改革实验,承担市(县城以上学校教师)县(农村学校教师)级以上教研部门正式立项的基础教育课程改革项目研究课题,并取得一定研究成果(须提供课题立项通知和结题报告)。

(资料来源 关于印发《安徽省中小学教师系列专业技术资格标准条件(试行)》的通知)

从本案例可以看出,权利和义务的转化关系。当教师的科学研究权变成一种强制行为的时候,它就转化成了教师的义务,这就需要为教师创造履行义务的环境。

(三) 管理学生权

这是教师所享有的在教育教学过程中居于主导地位的基本权利。其含义指:依据学生的身心发展状况和特点,因材施教,有针对性地指导学生,并就学生的特长、就业、升学等方面的发展给予指导;对学生的思想政治品德、学习、劳动等方面给予客观、公正、恰如其分的评价;运用正确的指导思想、科学的方式方法,使学生的个性和能力得到充分发展。

管理学生权中存在的最大争议是教师对学生的惩戒权。教师对学生的惩戒,首先涉及是否必要的教育方式,其次是否有害于学生身心发展,再次,就是如何区分惩戒和体罚,惩戒与教师侵权的界限。我国《中华人民共和国教师法》规定"制止有害于学生的行为或者其他侵犯学生合法权益的行为,批评和抵制有害于学生健康成长的现象"。

(四) 获取报酬待遇权

这是指要求所在学校及其主管部门根据国家教育法律、教师聘用合同的规定,按时、足额支付工资报酬;享受国家规定的福利待遇;任何一级政府及其有关部门拖欠教师工资,学校及其他机构挪用、拖欠、克扣教师工资等,都是一种侵害教师合法权益的行为。

(五) 民主管理权

这是教师参与教育和学校管理的民主权利。其含义是:对学校及其他教育行政部门有权提出批评和建议;通过教职工代表大会、工会等组织形式以及其他适当方式,参与学校的民主管理,讨论学校发展、改革等方面的重大事项。

(六) 进修培训权

这是教师享有继续教育的基本权利。其基本含义包括:教师有权参加进修和接受其他多种形式的培训,不断更新知识,调整知识结构,以提高自己的思想品德和业务素质,从而保障教育教学的质量;教育行政部门、学校及其他教育机构,应当采取各种形式,开辟多种渠道,保证教师进修培训权的行使。当然,这要在完成本职工作的前提下,有组织有计划地进行,不得影响正常的教育教学工作。

二、教师的义务

权利和义务之间是一种相互联系、相互制约的关系。其表现之一是权利的实现以相应义务的履行为保证,义务人如果不承担义务,权利人就不可能享受权利。其表现之二是权利的享有和义务的履行都不能超出法律允许和要求的范围。没有无义务的权利,也没有无权利的义务。因此,教师所享有的权利越多,所承担的责任就越重,并且意味着社会对教师的要求也越高。

国际劳工组织/联合国教科文组织于1966年发表的《关于教师地位的建议》中提出,教师的义务包括这样几个方面。(见资料2-4)

资料2-4

教师的义务

(1) 鉴于教师的职业地位在很大程度上取决于教师自己,所有教师应力图在本职工作中尽可能达到最高标准。

(2) 应该在教师组织的参与下制定和保持有关教师表现的职业标准。

(3) 为了学生、教育部门和整个社会的利益,教师和教师组织应寻求与主管部门通力合作。

(4) 教师组织应制定道德准则或行为准则,因为这样的准则非常有助于确保职业声望以及按照议定原则履行职业义务。

(5) 为了学生和成人的利益,教师应为参加课外活动做好准备。

(6) 为了使教师可以履行自己的职责,教育主管部门应确定并定期使用得到认可的协商手段,与教师组织协商诸如教育政策、学校组织以及教育部门中的新情况等事项。

(7) 主管部门和教师应该认识到教师通过其组织和以其他方式参与为提高教育质量而设计的步骤、教育研究以及新方法的开发和推广的重要性。

(8) 主管部门应致力于在学校或更大范围内的专家组的建立和工作,以促进相同学科教师的合作,并应适当考虑专家组的意见和建议。

(9) 负责教育服务方方面面的行政人员及其他人员应努力与教师建立良好关系,而同样地,教师同行政人员也应努力搞好关系。

我国《教师法》同样对教师义务给予规定,主要是:

资料2-5

我国《教师法》对教师义务的规定

(1) 遵守宪法、法律和职业道德,为人师表;

(2) 贯彻国家的教育方针，遵守规章制度，执行学校的教学计划，履行教师聘约，完成教育教学工作任务；

(3) 对学生进行宪法所确定的基本原则的教育和爱国主义、民族团结的教育，法制教育以及思想品德、文化、科学技术教育，组织、带领学生开展有益的社会活动；

(4) 关心、爱护全体学生，尊重学生人格，促进学生在品德、智力、体质等方面全面发展；

(5) 制止有害于学生的行为或者其他侵犯学生合法权益的行为，批评和抵制有害于学生健康成长的现象；

(6) 不断提高思想政治觉悟和教育教学业务水平。

虽然中外对教师义务的规定有所不同，但大致都对教师的职业道德、教学能力及教学行为等方面作出规定。

第二节 教师的职业特点

教师职业的外部特征和内部特征都根植于教师职业特殊的而其他职业不可取代的职能，而这需要在承认教师工作的历史性和历史特点的基础上，从教师的职业对象、职业内容、职业手段和职业成果等方面予以阐述。

一、教师职业的复杂性

（一）教师职责的多样性

随着义务教育的普及，几乎每个人都在学校里接受过长达十年以上的教育，因此，对教师的工作都有或多或少的了解。但是作为教育的接受者和观察者与真正作为一个教师是完全不同的，虽然法律规定教师的主要工作是"教书育人"，但是除了在课堂上能够看得见的工作，教师还承担了许多无法计入教学时数也无法恰当评估其教育效果的工作。有许多工作占用的时间比教师与学生在课堂和课外的交流更多。作为一个教师，其职责包括以下几个方面：(1) 备课：掌握教材的知识体系、编排结构；了解学生，根据学生特点调整教学进度和布置作业；根据教学内容准备教具等。(2) 行政工作：班级劳动、纪律的评比；组织班委会会议等；迎接上级机关的检查和同级教师之间的交流活动等。(3) 参与学校的活动，如学生运动会、文艺汇演、学校开放日、家长会、安全演练等。(4) 在学术团体中任职，如年级教研会、学区教研会等。(5) 与家长或监护人的交流。

教师的活动类型因学校类型、学生年龄和学校自身的条件及社区的条件等不同而有所差异。教师劳动的对象是活生生的人，是正在成长中的青少年，不管年龄大小，他们都有自己的兴趣、爱好、观点、看法、思想等，这较之工厂加工没有生命的物质、作家驾驭文字和医生诊断疾病更具有复杂性和多样性。正是这一特点使上述的每一项职责都具有复杂性和变动性。学校类型的不同也使教师承担的职责有差别。高中教师可能会更多地参与学科教学的教学研究活动，将更多的时间用于学生学业成就的提高；而小学一年级的学生可能会更多地注重于学生学习习惯和生活习惯的养成。

📝 资料 2-6

魏老师一天的工作

魏老师任初中一年级一、二班的数学教学，并承担初一（一）班的班主任工作。

7：20~8：00是学生的早读时间，但是由于今天是星期一，这一时间是全校的升旗仪式和校长讲话以及值周教师总结上周全校工作的时间。魏老师7：00就来到教室，迎接陆陆续续来到教室的学生。学生们到7：20的时候几乎都到齐了。当全校集合的铃声响起的时候，魏老师马上组织学生去操场上排好队形，并且在升旗仪式的过程中和校长与其他老师发言的过程中维持好队伍的纪律。这一过程在8：00结束，然后学生有10分钟的休息时间。8：10~8：55是班会时间，魏老师在班会上对上周工作进行了总结，班委会的干部也进行了总结，魏老师表扬了表现优异的同学，对表现不好的同学提出了批评。对于本周的工作，魏老师组织大家讨论了班级黑板报、班级美化工作的意见与分工，还对学校组织的班级之间的男子篮球比赛等事宜做了安排。接下来的第二节课是魏老师的数学课，早在上课之前，魏老师就备好了课和准备好了相关的教具。第二节课结束，是课间操时间，魏老师马上组织学生到操场集合、列队，并监督学生的纪律情况。第三节课魏老师在初一（二）班上数学课。第四节课魏老师开始批改作业。整个上午魏老师都在繁忙中度过，他几乎没有时间来回想一下整个工作的过程，总结其中的得失。在第四节课结束时，魏老师的作业还没有批改完。但是，已经到了学生的午饭时间，由于学校规模大，班级多，为了避免拥挤和意外事故的发生，魏老师必须到食堂去组织本班学生的行动。

下午1：00~2：40是学生的午休时间，魏老师必须在午休开始时就去学生宿舍查看纪律情况，督促调皮学生进入休息状态。这一过程大概是半个小时，然后魏老师去自己的办公室里休息了一会，并与其他教师进行了交流。午休结束的时候，有学生跑来申述，说上午有同学在课堂上表现不佳，在午休时间说话等。魏老师是班主任，他必须关注这些事，找有关同学进行了谈话，并要求他们保证自己不犯类似的错误。

下午的第一节课，魏老师在办公室里继续批改作业，然后针对作业情况对下一节课的教学内容进行调整，修改原有的备课方案。第二节课是初中一年级的数学教研活动，其内容是初中一年级的数学教师去听初一（三）班的数学课，时间是30分钟，然后用15分钟对该教师的教学进行评课活动。第三节课是学生的自习课，学生在课堂上完成当天的各科学习任务，魏老师在班上进行辅导和纪律巡查。第三节课结束后，学生放学，有几位家长来学校了解学生学习情况，魏老师与家长进行了交流，然后匆匆地赶去学校办公室参加一周一次的全校教师会议……

虽然教师的中心工作是"教学"，但是，从魏老师一天的工作可以看出，非教学的工作占据了魏老师的大部分时间，但是这些工作又是必不可少的。教师的工作是多样的，教师的职业角色非常丰富。魏老师一天的生活至少体现了三方面的职业角色[①]：

[①] H.O·格林伦.课堂教育心理学[M].章志光，等译，昆明：云南人民出版社，1983：694.

教学与行政角色——如教员、榜样、课堂管理员、办事员、青年团体工作者等；

心理定向角色——如人际关系艺术家、社会心理学家、临床医师、催化剂等；

自我表现角色——如学习者与学者、父母形象、寻求权力者、助人的需要等。

对于教师职责的多样性，我国也有学者从教师职业角色的角度把教师的工作概括为以下几种角色①：(1)"传道者"角色；(2)"授业、解惑者"角色；(3)示范者角色；(4)管理者角色；(5)父母与朋友角色；(6)研究者角色。另有研究者从教师发展的角度，认为合格教师的学校生活是多角色多任务的统一②。"教师角色是教师所表现出来的、由其特殊地位决定的、符合社会对教师期望的行为模式。教师与其社会地位身份相联系的被期待的行为，包括两个方面：一是教师在教育教学工作中实际承担的角色；二是教师被家长、学生，同时乃至社会所期待的角色。"③

合格教师的角色包括：(1)教员。教员的角色功能主要是传道、授业、解惑。教师应具备本学科的知识储备，还应具备一定的专业技能、技巧和知识，不仅要让学生在课堂上获得文化知识，还要帮助学生在网络、图书馆、博物馆等其他信息源中获得知识、学会学习和学会生存。(2)领导者。教学能力是和领导能力相辅相成的，有效的教学必然是和有效的领导紧密相连的。有效的领导是教育任务和目标实现的保障。教师的许多管理行为来源于学校具有法规性的规章、制度和阶段任务，因此，教师在领导行为中要具备权威性。(3)人类灵魂工程师。"教师是伟大而又最辛勤的雕塑匠，是人类灵魂的工程师"④，这是社会对教师的美称和赞誉，同时也是对教师的职业期待。这就是教师除了"教书"以外的另一个职责——"育人"。"教育工作是纯粹精神的、文化的工作。这种工作的专家——教师的活动，无论对于儿童的人格形成还是文化的发展，都具有直接的、重大的影响。从这个意义上，教师确实可以称得上是圣职。"⑤ (4)心理医生。在各级各类学校中，学生的心理问题是多方面的。有源于家庭的变故而产生自卑、畏惧、抑郁、烦闷；有因为学习上的压力而产生的厌倦、焦虑或狂躁心理；更有源于青春期的困惑、敏感、早恋、叛逆等。教师作为一个心理医生，其重要的、大量的心理工作就是创造良好的班级氛围和课堂氛围，及时发现学生的心理问题，减轻学生的焦虑或紧张，帮助学生获得心理的需要，给予学生情感和心理方面的支持。(5)朋友。教师的朋友角色就是要到学生的兴趣中去，理解学生、宽容学生，给予学生心理支持，让学生向教师敞开他的心灵。但是，在朋友角色的扮演中，始终要把握的是师生之间是一种制度化的支配与从属关系，因此不能对学生的过失采取容忍和不批评的态度。(6)父母。教师的父母角色在低龄儿童中尤为明显，随着年龄的增长、依赖性的降低，父母的角色逐渐淡化。(7)榜样。"学高为师、身正为范"，教师是社会行为规范的代表，他向成长中的青少年一代展示承认的行为样式，是学生效仿的楷模。(8)研究者。教育改革是学习化社会和信息化社会的常态，

---

① 袁振国. 当代教育学 [M]. 北京：教育科学出版社，2004：84-85.
② 王枬. 教师发展：从自在走向自为 [M]. 桂林：广西师范大学，2007：185，193.
③ 王枬. 教师发展：从自在走向自为 [M]. 桂林：广西师范大学，2007：186.
④ 陈鹤琴. 陈鹤琴教育文集（下）[M]. 北京：北京出版社，1983：141.
⑤ [日] 筑波大学教育学会研究会. 现代教育学基础 [M]. 钟启泉，译. 上海：上海教育出版社，2003：452.

教育发展必须跟上甚至引导社会的快速变迁。教师的研究者角色要求教师不仅要有效地进行教学实践，还要有理性的思考，反思、解释并不断地提高自己的教学实践。

除了教师在学校内的这些职业角色外，联合国教科文组织在1975年的《关于教员作用的变化及其对教职的准备教育、在职教育的影响的建议》还对教师的校外角色进行了阐述："（1）……教员不仅是信息的搜集者与知识的传递者，也是发展学生的能力、兴趣的教育者和顾问。教员对学生的科学世界观的形成起着重要的作用。（2）学校的作用不局限于学科的教学，教员除了教学外，还具有这样的责任：要同社区的其他教育团体协作，使青少年为参与社会生活、家庭生活、生产工作做好准备。教员除特别教育活动、校外活动外，还要有对学生和家长提供辅导和咨询，以及参与学生余暇活动的组织的机会。"①

（二）教学的复杂性

沃尔特·杜伊尔（Walter Doyle，1986）指出，教师职业的复杂还源于教学的多维性、即时性、直接性、不可预测性、公开性和历史性等特征的结合。②

1. 多维性

多维性是指教师承担着一连串职责。体现在师生关系上，教师必须与学生和谐相处。这对教师来说并非一件容易的事情，因为学生有不同的背景、动机、愿望、需求、能力、心理状态和学习方式。有的学生乐于与教师相处，尊重并理解教师，而有的学生可能将教师看成是危险的成人。在备课时，教师需要"精通他所教的科目据以建立的那门科学，热爱那门科学，并了解它的发展情况——最新的发现，正在进行的研究以及最近取得的成果"，还要根据所教学生的情况选择作业的类型和数量的多少，准备教具等。在授课时，需要根据学生的反应诊断学习难点，发现误解，监控学习进度，现场做出调整，处理意外事故。除此之外，还要准备学生的测试，参加会议、联系家长、开发教材等。

2. 即时性

即时性是指许多事情同时在教室里发生。站在学生面前时，教师需要观察各种迹象以判断他们是否理解、有兴趣和注意力集中。教师应该仔细倾听以确定答案是否适当，并从中发现误解和混乱的迹象。在为一个学生提供帮助的同时，还必须监控班级其他学生的行为。你需要设计各种办法吸引他们集中精神，同时还必须处理意想不到的干扰。

3. 直接性

直接性是指教师对课堂上出现的各种局面立刻做出反应。它们常常等不得你有了时间和精力之后才去处理。快速应对复杂局面的要求给予教师极大的压力，教师不能依靠书本来学习这种决策技能。然而，教师也可以有备而来，比如事先设想课堂可能出现的局面并思考应对措施。这种模拟反应的方法有助于在课堂上做出有效的决策，并能不断地提高教师的自主教学能力。但是，不可能事先模拟好要发生的所有事实，这也是对教师的潜在挑战。

---

① ［日］筑波大学教育学会研究会．现代教育学基础［M］．钟启泉，译．上海：上海教育出版社，2003：474．

② ［美］大卫·G·阿姆斯特朗，肯奈斯·T·汉森，汤姆·V·赛威治．教育学导论［M］．李长华，李剑，汤杰琴，译．北京：中国人民大学出版社，2007：8-10．

4. 不可预测性

不可预测性是指教师在与那些不循规蹈矩的学生打交道过程中遇到的挑战，以及教师面对既定常规被意外干扰时遇到的挑战。不可预测性来源于学生个体的差异，每个学生都是不同的，他们不是编程的计算机能在相同的情境下做出相同的反应。同时，教学过程中还有可能被其他意外事件打断，比如消防演练、地震演练、学生突然身体不适、督学人员的突然来访等。

5. 公开性

公开性是指教学场所允许教学过程的接受者对教员采取的每个教学行为进行监控。教师教学的一举一动都在学生的注意之中。学生具有敏锐的观察能力，无需花多长时间就能判断出教师的性格、价值观、偏见、爱好等，并且这些特点在学生之中会迅速地传播。教师的行为与学生对这些行为的理解之间相互作用，从而强有力地影响着教师与学生互动的特殊性质，从而使教师的课堂行为产生涟漪效应。

6. 历史性

教师与学生的交往方式、教师对意外事件的反应、教师的课堂教学等形成了一个班级的特有文化，也就是班级历史。特定班级历史的差异解释了不同教师看似相同的行为却不总是产生相同效果的原因。

二、教师职业的专业性

教师职业的复杂性要求教师的专业性。1994年1月1日起施行的《中华人民共和国教师法》规定："教师是履行教育教学职责的专业人员。"那么，何谓专业呢？日本学者石村善助认为，专业（profession）是"通过特殊的教育或训练掌握了已经证实的认识（科学或高深的知识），具有一定的基础理论的特殊技能，从而按照来自非特定的大多数公民自发表达出来的每个委托者的具体要求，从事具体的服务工作，借以为全社会利益效力的职业"①。另一个被广泛认可的定义是利伯曼（M. Lieberman）对专门职业的界定：（1）范围明确，垄断地从事社会不可缺少的工作；（2）运用高度的理智性技术；（3）需要长期的专业教育；（4）从事者无论个人、集体，均具有广泛的自律性（autonomy）；（5）在专业的自律性范围内，直接负有作出判断、采取行为的责任；（6）非营利，以服务为动机；（7）形成了综合性的资质组织；（8）拥有应用方式具体化了的伦理纲领（code of ethics）。②

如果用上述关于专业的定义衡量教师职业，那么教师职业的复杂性反过来又成为教师职业专业化的障碍。对此，市川昭武的观点是："教职仅在非营利服务这一点上，符合专业的标准，在专业技术和长期训练、特别的才能与素质这一点上，还逊于其他专业。教师的工作只能作为'准专业'"③。他列举了六点教师专业化的障碍：（1）要求教师的多才多艺，是要教师具备教育机智，能当机立断。肤浅的百科全书式的知识、技术，缺乏作为

---

① ［日］筑波大学教育学会研究会. 现代教育学基础［M］. 钟启泉，译. 上海：上海教育出版社，2003：451，452.

② Lieberman, M.. *Education as a Profession*［M］. Prentice-Hall, 1965：2-5.

③ ［日］市川昭武. 作为专业的教师［M］. 明治图书，1969：79.

一种专业的那种独特性,是不能维持有别于其他专业的严密性的。(2)工作的内容与展开程序事先做了详细而具体的固定,自由时间和工作的独立性比其他专业少。(3)教师的修业年限远比其他专业短。(4)许可资格容易获得。(5)出身阶层多是中流下层者或下流上层者。(6)经济待遇低下,"圣职"观的舆论压力,以"中立性"为名的政治自由的限制,都是其他专业所没有的缺陷,造成了"草包教师"①。而从教育学本身和我国的教育实践对教育学理论的运用来说,"教育基础理论作为基础理论,同别的专业的基础理论相比,尚缺乏充分的事实根据与严密的逻辑论证;作为实践理论,同教育实践还比较隔膜。故一般学生或在职教师即使受到这类职前或在职教育,作为'专业人员',还很难名副其实"②。

但是,专业化的困难并非对教师专业化的否定,只能说明教师专业化要达到其他已经成熟的专业的声望,还有一个过程,这也反过来提出了教师专业化进程的紧迫性。教师职业的专业化除了要有从业、敬业、乐业的专业意识,对待教育、对待同事、对待学生的专业态度,从事教育教学工作所必需的专业品质外,重要的是体现在本专业所拥有而不能被其他专业所替代的专业知识和专业技能,而正是学术性与师范性的统一,使教师获得优于一般文化人的专长。这些专业知识包括:广博的文化知识、所教学科的专业知识及教育心理科学知识。这些知识的掌握和运用程度是衡量教师职业专业化水平的最重要标志。专业技能是指从事教育教学工作所应具备的基本技能,包括了解学生、确定教学目标、制订教学计划与方案、设计教学程序、课堂讲授与板书、演示与实验、课外活动组织以及激发学生学习积极性、教会学生学习、评价教学效果等教学技能。

三、教师职业的创造性

教师职业特点的创造性至少源于以下三方面的原因并体现在教育教学的全过程。

(一)教学本身是面向实践的职业

虽然每一种职业都需要创造,但教师职业对创造性的要求更高。入职前的教师可能掌握了学术性的学科知识体系和示范性的教育理论知识,但是,在面对教育实践时,这些知识不会自动地转化为一系列有效的教学行为,没有创造性,新任教师可能连基本的教学任务都无法完成。教师工作的创造性是由学生这一特殊的教育对象和变动不居的教学情境所决定的。随着社会的多样性的增加,人口流动越来越成为一个影响教学的重要问题。学生的学习背景、家庭背景、语言背景、身体状况或精神状况等都是教师教学必须首先考虑的因素,而这些具体工作,又是没有一本教育学著作能够事前准确预测的。教师必须创造性地工作,有效地运用现有的教学条件,通过自己的合理组织和加工创建一个使所有学生都能学业有成的学习环境、学校与学生家长或监护人能够自由沟通的交流环境。

(二)变革是教育的永恒主题

近二十年来,由于社会变革的带动,教育的变革超出了以往的所有年代。在我国,

---

① [日]市川昭武. 作为专业的教师[M]. 明治图书,1969:75-78.
② 陈桂生. 普通教育学纲要[M]. 上海:华东师范大学出版社,2009:347.

1993年中共中央、国务院印发了《中国教育改革和发展纲要》①提出了要"加快教育的改革和发展",改革教育思想、教学内容和教学方法在不同程度上脱离教学实际的状况,并且结合时代发展指出:"当今世界政治风云变幻,国际竞争日趋激烈,科学技术发展迅速,世界范围的经济竞争、综合国力竞争,实质上是科学技术的竞争和民族素质的竞争。从这个意义上说,谁掌握了面向21世纪的教育,谁就能在21世纪的国际竞争中处于战略主动地位。为此,必须高瞻远瞩,及早筹划我国教育事业的大计,迎接21世纪的挑战。"1998年,在《面向21世纪教育振兴行动计划》②中再一次提出了要"实施'跨世纪素质教育工程',整体推进素质教育,全面提高国民素质和民族创新能力。改革课程体系和评价制度,2000年初步形成现代化基础教育课程框架和课程标准,改革教育内容和教学方法,推行新的评价制度,开展教师培训,启动新课程的实验。争取经过10年左右的实验,在全国推行21世纪基础教育课程教材体系"。

在美国,随着1983年《国家处于危机中:教育改革势在必行》的发表,教育问题得到了全社会的广泛关注,自此展开了对教育的全面改革。在改革中,重新设计了教师的职责,对教学和学校计划也提出了综合的解决方案。这些内容包括③:(1)管理安排;(2)教材的特性;(3)学生家庭提供的支持度;(4)教师选择适合学生需要的教学方法的自由度;(5)教室和学校环境的一般状况。在英国,1985年3月和5月英国政府向议会提交了《把学校办得更好》的白皮书和《20世纪90年代英国高等教育发展》的绿皮书。在日本,1984年9月5日,日本临时教育审议会接受中曾根首相的咨询,咨询题目是《为使教育适应我国社会变化和文化发展而进行的各项改革的基本方针》,1987年8月,临时教育审议会共发表了4份审议报告,确定了教育改革的指导思想和基本原则。

教育的变革对教师的创造性提出了前所未有的要求。联合国教育、科学及文化组织总干事在《关于国际劳工组织/教科文组织实施〈关于教师地位的建议书〉的联合专家委员会(CEART)第八次会议的报告及公约与建议委员会就此问题提出的报告》中指出,"如果在教育目标和教育政策的关键问题上没有站在改革第一线的教师和教师组织的充分参与,教育系统将不可能有实现全民优质教育的希望"④。教育已进入全面改革时期,而所有改革的实现,依赖于教师的思想政治素质和业务水平,需要教师在不断的变革中创造性地参加教育改革,完成教育改革的目标。

(三)当前的社会变革深刻地影响了教师职业

技术的变革已经成了社会变革和教育变革的巨大推动力。1998年国务院批准,教育部制定的《面向21世纪教育振兴行动计划》指出:"当今世界,以信息技术为主要标志

---

① 中共中央,国务院. 中国教育改革和发展纲要 [EB/OL]. [2010-06-19]. http://www.moe.edu.cn/edoas/website18/34/info3334.htm, 1993-2-13.

② 中华人民共和国教育部. 面向21世纪教育振兴行动计划 [EB/OL]. [2010-06-19]. http://www.moe.edu.cn/edoas/website18/37/info3337.htm, 1998-12-24.

③ [美] 大卫·G·阿姆斯特朗,肯奈斯·T·汉森,汤姆·V·赛威治. 教育学导论 [M]. 李长华,李剑,汤杰琴,译. 北京:中国人民大学出版社,2007:50.

④ 联合国教育,科学及文化组织总干事. 关于国际劳工组织/教科文组织实施《关于教师地位的建议书》的联合专家委员会(CEART)第八次会议的报告及公约与建议委员会就此问题提出的报告 [EB/OL]. [2010-06-15]. http://unesdoc.unesco.org/images/0013/001336/133692c.pdf.

的科技进步日新月异,高科技成果向现实生产力的转化越来越快,初见端倪的知识经济预示人类的经济社会生活将发生新的巨大变化。"① 21世纪的今天,现代信息技术在教育中广泛应用并导致教育系统发生深刻的变化。教师和教科书已经不再是学生知识的唯一来源,学校也不是学生接受教育的唯一机构。教师的职责和教师角色也在发生变化,具体体现在以下四个方面②:(1)由文化知识的传授者转变为学生发展的促进者;(2)由课程计划的忠实执行者转变为课程开发的缔造者;(3)由教育教学活动的权威转变为师生关系的协调者、合作者;(4)教师即终身学习之学习者。在每一次变革来临之前,教师的教育教学行为的转变不可能有既成的模式,都需要由教师的创造性工作予以实现。

第三节 教师的专业素养

素养(quality)是指构成事物的要素,反映这一事物的本质属性的成分或特征。教师的专业素养是指作为教师所具备的各种要素,包括专业精神、专业知识、专业技能和专业情意等。教师的专业素养结构,归根结底是由时代决定的。要做好一名称职的新时期教师必须具备多方面的素养,归纳起来有以下几个方面。

一、专业精神

教师的专业精神(professional spirit)是现代教师素养的核心成分,是教师在专业活动中充分表现出来的风范与活力,是教师专业发展得以巩固、深化和发挥的动力,是教师内在素养在专业活动中的外在表现,是教育教学质量稳步提高的重要保证。教师的专业精神在教师的专业素养中不仅有其相对独立的地位,更有其独特的作用和意义。教师的专业精神是教师专业价值与功能能够充分发挥的保证,是促进教师个人成长与完善的精神力量,也是影响学生的最主要的因素之一。教师的专业精神包括以下五个方面。

(一)专业道德

教师的专业道德是指教师在教育教学活动中应当遵循的道德准则和行为规范。人的思想品德决定了人的行为,教师也一样,因此,教师专业道德是教师专业精神的核心。正如古德森(Goodson)所说:"教学首先是一种道德的和伦理的专业,新的专业精神需要重申以此作为指导原则";"在新的教学道德规范中,专业化和专业精神将围绕对教学和学生学习的道德定义而达到统一"③。1966年国际劳工组织/教科文组织《关于教师地位的建议》也明确指出:"教师组织应制定道德准则或行为准则,因为这样的准则非常有助于确保职业声望以及按照已定原则履行职业义务。"教师专业道德是教师专业的基本规范,关于教师职业道德的具体内容,我国中央教育行政部门和全国教育工会联合颁布《中小学教师职业道德规范》中提出:依法执教、爱岗敬业、热爱学生、严谨治学、团结协作、尊重家长、廉洁从教、为人师表八项要求。

---

① 中华人民共和国教育部. 面向21世纪教育振兴行动计划 [EB/OL]. [2010-06-19]. http://www.moe.edu.cn/edoas/website18/37/info3337.htm, 1998-12-24.
② 冯文全. 现代教育学新论 [M]. 成都:电子科技大学出版社,2007:143-145.
③ 联合国教科文组织国际教育局. 教育展望 [R]. 2001,114(2):44.

(二) 专业认同

专业认同是指教师对自己从事的专业活动的态度或价值倾向性。教师的专业认同的具体表现就是对教育事业的伟大意义和教师职业的社会地位的深刻理解。它是对教师职业社会定位的一种认同。教师是如何看待自己所从事职业的，是否认同和追求自身职业的社会价值，是职业道德观念的核心。如果一个教育者没有认同自己所从事的职业，就不会产生热爱和忠于职业的敬业精神，而认同的方面不同，也会产生不同的敬业态度。因此，教师职业道德建设的第一环节，就是要从职业认同入手，培养教师对自身职业的认识，以产生敬业意识。

(三) 专业责任

由于教师的工作是一种个体性的隐蔽性的工作，因此，"教师的职业地位在很大程度上取决于教师自己，所有教师应力图在本职工作中尽可能达到最高标准"，"应该在教师组织的参与下制定和保持有关教师表现的职业标准"①。教师的专业责任意识是教师专业精神的重要组成部分，它包括对社会的责任感、对学校的责任感、对学生的责任感、对同事的责任感、对家长的责任感、对文化传承与创造的责任感等。教师专业是具有较大自由和较强自制的职业，长期严格的专业规范使教师形成了对专业规范的尊重和服从，并进而内化为教师的专业责任意识。这种责任意识使教师通过不断追求自身提高和专业发展来维护专业尊严、赢得社会尊重。

(四) 专业创新

现代人最主要的就是要具有探索和创新精神，教师职业更是如此。教师职业之所以被视为一种专业，在于教师每天面临的是同样具有创新精神和创新能力的学生，每天面临的是不断变化的环境，没有创新，根本无法完成基本的教学工作。目前，我们社会正处在一个开放的时代，创新是时代的特征和主旋律，也是教师素质能力结构的核心，追求专业创新是教师专业精神的内在要求。

(五) 专业合作

教师的专业合作是教师专业化素养的基本内容，也是教师专业活动的基本载体。教师的专业合作包括教师与教师间的合作、教师与家长间的合作以及教师与学生间的合作等。教师的专业活动是"合作性集体劳动"，每个教师的工作只是整个专业活动的一部分，教师与教师之间构成一种分工协作关系。教师专业活动的对象是学生，教师作为一个专业工作者，要履行自己的职责，完成自身的使命，首先必须强化师生合作精神，在合作和尊重中寻求建立自己的专业权威。同时，教师必须争取家长的配合和协作，共同做好青少年的培养和教育工作。

二、专业知识

教师的专业知识（professional knowledge）是教师研究中开始较早的一个研究领域。舒尔曼（Shulman, L.S.）把教师的专业知识结构分为学科内容知识、一般教学法知识、课程知识、学科教学法知识、有关学生的知识、有关教育情境的知识和其他课程知识七个

---

① 1966年国际劳工组织/联合国教科文组织. 关于教师地位的建议 [EB/OL]. [2010-06-25]. http://unesdoc.unesco.org/images/0016/001604/160495c.pdf, 2010-6-15.

方面。而斯滕伯格（Steinberg, R. J.）则将教师的专业知识结构分为内容知识、教学法的知识（具体的、非具体的）和实践的知识（外显的、缄默的）三个方面。我国学者叶澜认为，教师的专业知识应由三个层面构成①：（1）有关当代科学和人文两方面的基本知识，以及工具性学科的扎实基础和熟练运用的技能、技巧；（2）1~2门学科的专门性知识与技能；（3）教育学科类知识，主要由帮助教师认识教育对象、教育教学活动和开展教育研究的专门知识构成。这三个层面的知识是相互支撑、渗透于有机整合的。从这些分类可以看出教师知识结构和体系的多样性与复杂性。总体来说，每一种分类都包含申继亮和辛涛从哲学认识论的层面将教师的知识结构概括的主体性知识、实践性知识和条件性知识三个方面。

（一）本体性知识

本体性知识（subjective-involved knowledge）是指教师所具备的特定的学科专业基础知识，如语文知识、数学知识和必备的科学文化知识和文化素养等。

1. 扎实的专业基础知识

这是教师从教的基本素质。专业知识主要是解决教师教给学生什么样的问题，它要求教师对所教学科要掌握其基本理论和方法，了解其历史、现状、发展趋势和社会作用。掌握重点、难点，不仅要知其然，而且还要知其所以然，抓住要领，举一反三，触类旁通，运用自如，激发学生的兴趣。也就是说，教师必须掌握扎实的专业基础知识才能高屋建瓴、把课讲好、讲活。对于专业基础知识，教师不仅自己要懂得，要准确、深刻地掌握，还必须能够给学生讲解清楚，熟练灵活地应用，能够引导学生认识、理解、领悟、会用。

2. 广博的科学文化知识和良好的文化素养

面对瞬息万变的信息时代，面对层出不穷的新观念、新知识、新学科、新技术，面对新课程全新的设计思路、全新的目标、全新的内容、全新的实施策略，面对急剧发展变化的教育对象，教师必须有精深广博的知识、才学。广博的知识不仅是专业的必要延伸，也是对教师工作的有力支撑。一方面，虽然按教学大纲的要求直接传授给学生的知识是有限的，但教师要把握好所教知识在知识体系中的地位，处理好所教知识与其他相关知识的关系，必须具有广博的知识；另一方面，在现代教育条件下，电视、广播、报纸、书刊等媒介为学生吸收知识提供了多方面的信息源，这不仅扩展了学生的知识视野，也启迪了学生的智慧，他们随时都有可能向教师提出这样那样的问题，但在回答中给学生以有益的启发、用广博的知识引导学生学会思考、培养他们对未知世界的兴趣却是不可或缺的。另外，与掌握广博的科学文化知识相联系的还有教师良好的文化素养，包括尊重科学文化的态度，读书与探索的兴趣和习惯，参加文化活动的主动精神，以及艺术修养等，都是教师应该具备的。

（二）实践性知识

实践性知识（practical knowledge）是指教师在面临实现有目的的行为中所具有的课堂知识、情境知识及与之相关的知识，具体地说，这是教师教学经验的积累。教师的实践知识是教师个人在具体的教育教学实践中，通过自己的体验、沉思、感悟和领会并总结出来的有别于"理论知识"的实效性知识，它具有强烈的个人色彩，是教师在教育教学实践

---

① 叶澜. 新世纪教师专业素养初探［J］. 教育研究与实验, 1998（1）: 43-48, 74.

中实际使用和表现出来的知识，如自我知识、人际知识、情境知识、策略性知识和批判反思知识等。实践知识一般具有不可传授性，但它却对于教师的教育教学活动具有重要的价值。有研究表明，专家教师同新手教师的主要区别之一就在于实践知识的有无和多少。因此教师的知识结构中实践知识理应占一席之地。

（三）条件性知识

条件性知识（conditional knowledge）是指教师所具有的教育科学知识。教育科学知识是教师实践教育任务的一项重要保证。教育是一种创造性活动，是科学性与艺术性的高度结合。仅仅具有广博的科学文化素养的专业知识的人，不一定能成为一名好教师。教师必须要有强烈的教育意识，必须恰当地运用教育教学规律，掌握较娴熟、较科学合理的教学技巧和教育规律，掌握教育理论，用教育学、心理学、教育史、教学法等理论来武装自己，教师只有按照科学育人的规律办事，讲究科学性和艺术性，才能使自身在摸索过程中避免可能犯的错误，使教学少走弯路，达到事半功倍的效果。

以上三个方面的知识是相互结合和交融的。在教学过程中，教师把他们已具有的学科知识与具体的课堂情境结合起来，形成一种与行为有关的知识。也就是说，教学的中心任务是对学科作出教育学的解释，同时把学科知识"心理学化"（即考虑学生已有的认知结构等），以便学生能理解、掌握。

三、专业技能

专业化的教师需要拥有从事教育教学工作的基本技能和能力。教师的专业技能（professional skills）是指教师在教学过程中运用一定的专业知识和经验顺利完成某种教学任务的活动方式。它可以分为教学认知能力、教学操作能力和教学监控能力三个方面。

（一）教学认知能力

教学认知能力（cognitive skills of teaching）指教师对所教学科的定理法则和概念等的理解，以及对所教学生的心理特点和自己所使用的教学策略的理解水平。学生是教育的对象，了解学生是进行有效教育的前提。了解和研究学生德、智、体、美诸方面发展的情况以及个性和家庭教育等，能够帮助教师选择切实可行的教育教学方式，并预见教育行为的结果。一名教师，无论掌握了多么广博深厚的知识，如果不注重对学生的研究，就无法准确地选择教育教学的方法，也很难达到良好的教学效果。因此，教师必须善于观察学生，对学生的思想行为、智力活动、情感表现有敏锐的观察力，通过学生的眼神、动作、表情等表现揣度学生的情绪体验、认知水平和努力程度，及时调整教育教学的措施和方法。

（二）教学操作能力

教学操作能力（operative skills of teaching）是指教师在教学中为完成教学任务所使用策略的水平。其水平高低主要看他们是如何引导学生掌握知识、积极思考、运用多种策略解决问题的，它所要解决的不是做什么，而是如何做的问题，具体包括课前的教学设计策略、课堂教学的传导策略、课堂管理策略、教学效果评价策略等。教师综合应用各种策略解决各种问题和冲突的能力常常表现为教育机智，这是教师面临复杂教学情况所表现的一种敏感、迅速、准确的判断能力。例如，在处理事前难以预料而又必须特殊对待的问题时，以及对待处于一时激情状态的学生时，教师所表现的能力[1]。它是教师面对教育情境时所表现出来的机敏、迅速而准确的判断和反应能力，它源于教师敏锐的观察、灵活和果断的意志，也源于他们教育经验和知识的积累以及对学生的了解和关爱。

（三）教学监控能力

教学监控能力（regulated skills of teaching），是指教师为了保证教学的成功、达到预期的教学目标，而在教学的全过程中，将教学活动本身作为意识的对象，不断地对其进行积极、主动的计划、检查、评价、反馈、控制和调节的能力。教师教学的监控能力可以分为三大方面：（1）教师对自己教学活动的事先计划和安排；（2）对自己实际教学活动进行有意识的监察、评价和反馈；（3）对自己的教学活动进行调节、校正和有意识的自我控制。由于教学活动极其复杂，包括的方面和涉及的因素多种多样，因此，教师的教学监控能力也具有多方面的内容和多样化的表现。

我国的研究者在综合国外有关教学监控能力的研究后指出，教师教学监控能力可以包括以下方面[2]：（1）计划与准备。即在课堂教学之前，明确所教课程的内容、学生的兴趣和需要、学生的发展水平、教学目标、教学任务以及教学方法与手段，并预测教学中可能出现的问题与可能的教学效果。（2）课堂的组织与管理。即在课堂上密切注视学生的反应，努力调动学生的学习积极性，随时准备有效地应付课堂上的偶发事件。（3）教材的呈现。这个过程是教师课堂教学的一个核心，在这一过程中，教师应对自己的教学进程、教学方法、学生的参与和反应等方面随时保持有意识的反省，并能根据这些反馈信息及时地调整自己的教学活动，使之达到最佳效果。（4）言语和非言语的沟通。在课堂教学中，教师与学生之间的言语与非言语的沟通是很重要的，教师在这方面应努力以自己积极的态度去感染学生，以多种形式鼓励学生，并保持对自己和学生之间交流的敏感性和批判性，一发现沟通过程中的问题，就立即想办法纠正。（5）评估学生的进步。教师教学的效果最终要落实到学生对知识的掌握程度和他们能力的发展速度与水平上，因此，教学监控能力高的教师必然会非常认真地了解学生的掌握情况，采用各种方法评估学生的进步程度，以便于改进自己的教学。（6）反省与评价。在一堂课或一个阶段的课上完后，教学监控能力高的教师会对自己已经上过的课的情况进行回顾和评价，仔细分析自己的课在哪些方面上得成功，在哪些方面还有待改进，分析自己的教学是否适合于学生的实际水平、是否能有效地促进学生的发展等，相反，教学监控能力差的教师一般就不认真地考虑这些问题，课上过就完事了，不考虑学生是否能接受，不反思自己教学的得失。

第四节 当代教师的专业发展

1986年美国卡内基教育促进会和霍姆斯协会分别发表了《国家为21世纪准备教师》、《明天的教师》两份报告，报告认为教育改革的重点在于师资水平的提高，在于教师专业素养的提升，并提出在教学专业化的基础上实现教师的专业化。由此，教师专业化成为世

---

[1] 顾明远. 教育大辞典（增订合编本·上）[M]. 上海：上海教育出版社，1998：716.
[2] 申继亮，辛涛. 论教师教学的监控能力 [J]. 北京师范大学学报：社会科学版，1995（1）：67-75.

界教师教育发展的趋势和潮流。2004年联合国教育、科学及文化组织总干事《关于国际劳工组织/教科文组织实施〈关于教师地位的建议书〉的联合专家委员会（CEART）第八次会议的报告及公约与建议委员会就此问题提出的报告》进一步强调："如果在教育目标和教育政策的关键问题上没有站在改革第一线的教师和教师组织的充分参与，教育系统将不可能有实现全民优质教育的希望。"① 教师参与教育改革并决定教育改革的成效成为世界性的共识，教师的专业发展成为促进教育发展、提高教学质量和教师社会地位的重要保障。

教师专业化发展既包括教师个体专业化也包括教师职业专业化。教师个体专业化是指教师在整个专业生涯中，依托专业组织，通过终身专业训练，习得教育专业知识技能，实施专业自主，表现专业道德，逐步提高自身从教素质，成为一个良好的教育专业工作者的专业成长过程。教师职业专业化是教师群体专业化的发展和社会承认形式，主要体现在教师专业制度上。

一、教师专业制度

教师专业制度是从教师职业的专业化角度来说的，它是教师专业化的内在保障。教师专业制度包括教师专业组织、教师资格证书制度、教师任用制、教师进修制度等。

（一）教师专业组织

专业最显著的特征之一是存在专业组织。专业组织是由具有共同理想或志趣的人组成的团体或协会，它能够给其成员提供支持或其他资源，出版相关资料，为本专业的发展和专业标准的制定而努力。世界上许多国家均有种类繁多、性质功能不尽相同的教师专业组织。教师专业组织的共同主张是改善教育与代表教师的利益，其主要活动包括：促进优质公共教育与促进教育专业成长，代表成员以集体行动来协商，影响政策与立法，以法律行动保护教师受公平的待遇等。我国的教师组织以"中国教育学会"（Chinese Society of Education, CSE）为代表；在美国，全国性的教师组织则以全美教育协会（National Education Association, NEA），美国教师联盟（America Federation of Teachers, AFT）为代表。英国的教师组织历史悠久，组织形态相当多元，依其规模之大小，重要的教师组织包括："全国教师协会"（National Union of Teachers, NUT）、"全国男，女教师协会"（National Association of School Masters and Union of Women Teachers, NASUWT）、"教师与讲师协会"（Association of Teachers and Lecturers, ATL）、"教师专业协会"，（Professional Association of Teachers, PAT）、"教学总会"（General Teaching Council, GTC）5种。法国早在1880年即有教师组织的出现，最大的组织团体是"初等与中等教师全国联合会"（National Union of Elementary and Middle School Teachers/Syndicat National des Instituteurs et des Professeurs d'Enseignement Général de College, SNI-PEGC）和全国教育联盟（Fédération de l'Education Nationale, FEN）等。

---

① 联合国教育、科学及文化组织总干事. 关于国际劳工组织/教科文组织实施《关于教师地位的建议书》的联合专家委员会（CEART）第八次会议的报告及公约与建议委员会就此问题提出的报告[EB/OL]. [2010-06-15]. http：//unesdoc. unesco. org/images/0013/001336/133692c. pdf.

（二）教师资格证书制度

教师资格证书制度是以法律的形式规定教师的任职资格，确立教师的法定地位，保障资格证书持有者的权利和学校的教育教学质量，掌握行业准入权，保证教育活动的专业性和标准性。因此，实行教师资格证书制度是当今世界教师任用制的重要一环，也是促进教师专业化的基本策略。美国佛蒙特州在1782年起就对教师任职资格做出了规定。之后，教师资格证书制度在西方资本主义国家兴起。凡欲从事教学工作的人，除应具备相应的学历证书外，还要取得教师资格证书。对于申请教师资格的人员，除要求学历达标外，还要求修完规定的学分并参加全国的统一考试，考试合格者才能获得任职资格。我国在1994年的《教师法》中就明确了教师的专业地位，1995年国务院颁布《教师资格条例》，确立了教师专业的行业标准。2000年教育部颁布《〈教师资格条例〉实施办法》，教师资格制度在全国开始全面实施，从法律上开启了教师专业制度化的征程，从形式上结束了我国一直以来未曾真正实行明确而严格的教师任用标准的历史。

资料2-7

各国教师资格考试

在德国，教师资格的申请者要通过两次"国家考试"。第一次考试是一种学术性考试，参加者必须在大学修完6个学期的规定课程，通过第一次国家考试后，申请者还要参加一年以上的教学见习和教育实习，实习合格后，才有资格参加第二次国家考试。第二次考试是实践性考试，考试形式有教育论文、笔试、口试及授业考试。申请者只有通过两次考试，才可能获得教师资格证书。

在法国，教职申请者也要通过严格的资格证书考试才能获取任职资格。

在日本，教师许可证分为临时教师许可证（有效期为三年，只能在授予此证书的都道府县内使用）和普通教师许可证（分为二级许可证、一级许可证和专修许可证）。在此基础上，教师许可证还分为幼儿园教师许可证、小学教师许可证、初中教师许可证、高中教师许可证、盲人学校教师许可证、聋哑学校教师许可证和特殊学校教师许可证等。

美国的中小学教师资格证书分为三类，即基础证书（一般颁发给临时教师或信任教师）、标准证书（表明教师任职的专业领域）和终身证书（表明教师资格年限）。另外各州还有一些不同的教师资格证书种类。

（资料来源　张桂新，杨玉良. 教师专业化与教师专业素质发展. 长春：东北师范大学出版社，2002：307-308）

（三）教师任用制

教师资格证书制度和教师任用制度密切相关，但是两者是不同的。教师资格证书是获得教师职位的必要条件，但有了教师资格证书，并不意味着可以得到教师职位，决定是否获得教师职位还取决于教师聘用制度的筛选。这种情况在发达国家比较普遍。我国在1993年颁布《中华人民共和国教师法》过后，逐渐开始在全国推行教师聘任制。这与之前的教师任命制相比，前者是基于学校与教师之间的行政命令关系，而后者则体现为教师和学校在法律关系上是以共同的意愿为前提，以平等互利为原则，双方的权利和义务对等的，双向选择、各具相应权责的合同法律关系。在"教师聘任制"之下，从业者的行业准入标准得以确立、教师评价拥有了专业评价的性质、竞争机制得以建立和强化，这有利于维护行业的严肃性、优化教师队伍、提高教师专业素养，有利于促进教师专业发展。

二、教师专业发展的内容

教师专业发展的核心问题是知识问题，基于对知识的类型、知识的性质和知识获得方式的不同看法，学术界把关于教师专业发展的内容归为理智取向、实践-反思取向和生态取向。

（一）教师专业发展的理智取向

教师专业发展的理智取向的知识论假设是，教师知识是纯粹理性抽象的产物，不是教师创造的，而是专业外部的专家研究的，这种研究产生的知识是普遍的，对各种教学情境都适用。基于此假设，教师专业发展就是学习别人创造的知识，掌握各种专业知识，培养其传送知识和传递技能的过程。教育、教学过程和课程是传送知识的系统，教师是这个知识系统的操作人员。这种观点的倡导者注重对教师专业发展内容进行客观、理性的分析，建构教师专业知识、能力结构，并形成可测量、易操作的指标体系。

资料 2-8

教师专业发展的内涵与指标

教师专业发展的内涵：

1. 教师的基本能力：包括通用知识、教师人际关系的培养、沟通能力的训练、创造与批判思考的能力、问题解决的能力，甚至于教师与同事、家长之间的对话沟通等均是教师所应具备的基本能力。

2. 专门学科能力：依教师所任教学科，分别具备的各学科专业素养，也就是教师所要传授给学生的专门学科知识，教师必须充分理解学科知识、逻辑与因果关系以及新的研究发现与知识。

3. 教师的专业能力：包括课程与教学的能力（一般课程能力、一般教学能力、学科教学能力）、班级经营的技巧、学生辅导的能力、认知教育环境的脉络与教育政策、教学与评量的技巧、课程的设计与选择、教育的目标与组织的需求，乃至于教育的理论与概念等均属于教师专业能力的部分。

4. 教师的专业精神：包括教师的专业精神与态度，教师个人的研究与发展，教师不断进修的精神，教师对教育的热忱，都可以是教师专业态度的表现。

5. 研究能力：了解各种研究方法与步骤，能于教学情境中拟定研究计划、实施研究；发现问题与探索解决方法；将研究结果应用于改进教学与辅导中。

教师专业成长的 18 个指标：

1. 能建构自己的教育理念；
2. 能了解教育改革的趋势；
3. 能了解学生的发展与学习心理；

4. 能了解课程设计原理与发展趋势；
5. 能正确掌握教学目标；
6. 能精通所教学科的教材；
7. 能有效进行教学活动；
8. 能活用适当的教学方法；
9. 能善用进步的教学媒体以辅助教学；
10. 能充分利用教学资源；
11. 能有效进行教学评量；
12. 能做好学生辅导工作；
13. 能有效经营班级；
14. 具有良好的表达与沟通能力；
15. 能熟悉并参与学校经营；
16. 能从事行动研究；
17. 具有良好的教育专业态度；
18. 能做好生涯规划。

（资料来源 吴焕洪．教师专业发展的内涵与指标．现代教学，2005（Z1）：19）

（二）教师专业发展的实践-反思取向

与理智取向寻求教师普遍的知识、能力结构不同，实践-反思取向在教师的知识领域中明确区分了教师的信奉理论（espoused theory）和使用理论（theory-in-use）。信奉理论是指那些教师宣称他所遵行的理论，使用理论则指那些由实际行动中推导出来的理论。在教师的教育实践中，教师所做的一定和他所具有的使用理论相一致，但却不一定和他的信奉理论保持一致。这种使用理论就是教师个人依凭其生活经验、人生哲学以及人生信念，高度综合并内化学科知识、教育心理知识并运用于具体的教学实践情境中的知识形态，也就是教师的实践知识。实践知识是教师知识结构中最有价值最有效用的知识，是教师专业属性的基础。教师专业发展的核心就是教师实践知识的丰富、情感的丰富与深化，它们来源于实践，指向实践，并为实践服务。实践知识常常是隐含在影响和指导教师行为的缄默认知图式之中，不易被教师自己和他人所察觉，但是实践知识可以经由教师对自己的教育教学行为进行"反思"而得以显露。"反思"将教师个人生活与其职业生活相关联，更清晰地理解自己，理解自己的实践，进而形成影响教师行为的新的实用理论，促进其实现专业发展。

（三）教师专业发展的生态取向

生态取向的教师专业发展理论认为，文化生态是影响教师发展的重要因素，教师发展是与文化进程相互建构的一种"参与中转变"，因而应该将教师发展整合到文化和社会情境中来考察和分析，以更深入地理解文化和个体发展的内在关系，尤其是教师作为人的发展的文化本质。生态取向的教师专业发展与以上两者的最大区别在于：它超越了理智取向、实践-反思取向中主要关注教师本身的局限，强调教师发展的过程和成功与它所产生的环境十分相关，关注包括学校、社会在内的多种因素的和谐发展，尤其是文化的发展。教师专业发展的生态取向对教师专业发展的具体内容讨论不多，而是从更为宏观的角度，它更关注教师专业背景及专业发展的环境脉络,关注专业发展的方式和途径。这种观点认为,教师和其所处的环境是相互嵌套、相互依存的,并组成一个多元嵌套的、层次递进的、有结构和秩序的、能够自动调节的生态系统,影响教师的专业发展。

三、教师专业发展的模式

(一)职前教育与在职培训

职前教育是由各级各类师范院校承担培养中、小学,幼儿园教师;在职培训是现有师资的在职教育,主要由教育学院、教师进修学校负责。由于历史的原因,我国教师培养与培训形成机构并存、分离的二元结构。我国在20世纪末,逐渐将师范学校纳入高等教育的范畴,同时也在逐渐整合历史形成的教师职前教育与在职培训的二元分立。在教师培养方式上,正在逐渐打破师范院校一统天下的局面。1999年,中共中央、国务院《关于深化教育改革,全面推进素质教育的决定》中提出:"调整师范学校的层次和布局,鼓励综合性高等学校和非师范类高等学校参与培养、培训中小学教师的工作,探索在有条件的综合性高等学校中试办师范学院。"在国际社会上,以国际劳工组织/联合国教科文组织《关于教师地位的建议》为契机,对教师的专业性关注逐渐提高,教师专业发展趋向从"基础知识型"向"复合素质型"转变,这一转变直接影响到师范院校培养目标、课程结构、培养层次和规格。另一方面,教育改革迫使教师自主地、能动地参与社会中的教育革新。这两个方面使终身教育、回归教育的主张深入人心,形成了将教育培养与教师进修统一和连贯起来以求得教师的持续性、阶段性成长的国际动向。1975年,联合国教科文组织第三十五届国际教育会议在日内瓦召开,通过了《关于教师作用的变化及其对于教职的准备教育、在职教育的影响的建议》,这份建议书指出了教师培养与教师进修相统一的必要性,并且提出了付诸实施的可能措施。这种统一性又倡导学校领导与教师共同推进"以学校经营为中心的教师进修机制"。经济合作与发展组织在1974年的"教师政策"会议后,接着在1971—1979年又采取了一系列的行动,召开了六次以教师进修为主题的国际会议,把"以学校经营为中心的教师进修"作为中心议题。"以学校经营为中心的教师进修"的方式,正是教师在职培训的更有效的进修方式。

资料2-9

国际上的六种教师培养范式

知识范式:在教师培养过程中,人们首先认识到的是教师必须具备一定的知识,因此,教师教育中非常重视文化知识的传授,认为教师的专业化就是知识化。

能力范式:20世纪60年代,人们逐渐认识到教师不仅要有一般的知识,而且更要有综合的能力,要有把知识表达出来,传递出去,教会学生的能力,要有与学生进行沟通,共同处理课堂事务的能力,于是由知识范式转向能力范式。

情感范式:同样是在20世纪60年代,许多学者经过大量的调查研究发现,一个教师仅仅拥有知识和能力,也不足以成为好教师,"当教师的知识水平达到一定程度时,影响教师教学水平和教学质量的是"情感性因素",因而强调教师对学生的爱心,即教师能否注意和关心学生的情感发展,教师自身是否具备情感、人格方面的条件。

"建构论"范式：随着皮亚杰对人的认识发生机制的研究以及建构主义哲学思潮的影响，认为知识是不固定的，不断扩展的，是在学习者和教学者之间互动共同建构的。因此，强调教师是成长过程中的人，需要不断地建构自己的知识体系，把知识变成完全个人化的而不是外在于自己的东西。

"批判论"范式：强调教师不仅要关心书本知识，还要关心学科之外的社会政治、经济和文化的合理性。教师应当对课程之外、学校制度之外的整个社会保持一种关心、兴趣和审视的眼光，应当主动地介入社会生活，并保持一种独立立场，因而主张培养教师的独立思考能力。

"反思论"范式：主张教师的成长应该培植起"反思"的意识，不断反思自己的教育教学理念与行为，不断自我调整、自我建构，从而获得持续不断的专业成长。这种培养范式正逐渐成为国际教师教育的主流。

（资料来源 刘微. 国际上的六种教师培养范式. 中国教育报. [2002-01-03]：4）

(二) 合作学习与同伴支持

合作学习是以学习目标为导向，以小组为基本组织形式，以学习各动态因素的互动合作为动力资源，以团体成绩为奖励依据的一种学习活动和策略体系。教师合作学习有利于激发教师专业发展的积极性、主动性，有利于发掘和利用教师的群体资源。研究发现，当一个学校内教师时常谈论自己的教学，观察彼此的教学，一起设计和准备教材，以及教师互相辅导时，这种学校中学生一般会具有较高的学业成绩，同时大多数教师也显现出较好的专业成长特性。因此，教师寻求同事间的合作与互动，时常从他人那里获取有价值的信息来提升自己的专业内涵，这是新时期教师专业发展的重要理念和途径。

同伴支持是指教师结成伙伴关系，在一起工作，通过共同阅读与讨论、示范教学、课例研究，特别是有系统的教师观察与反馈等方式，学习并彼此分享新的知识、改进教学策略，进而提高教学质量，并促进教师的专业发展。同伴支持以实践中的教师为主体，视教师同伴是教师专业发展最重要的资源之一，认为教师应该成为也有能力成为教师教育者。教师同伴支持的形式就是实践中的教师采用结对子或组成学习小组，参与多种研究学习活动，通过相互支持获得专业发展。同伴支持的实质就是教师作为专业人员，对话、探究、合作。同伴支持的目的在于促进教师专业发展。同伴支持最典型的模式是合作备课、课堂观察和反馈所构成的一个过程。[1]（见图2-1）

(三) 学习型学校

学校本质上是一个学习型组织。学习型组织是一种不断在学习与转化的组织，其学习的起始点在组织成员个人、工作团队、整体组织，甚至亦发生在与组织互动的社群中。而学习是一种持续性、策略性的运用过程，并与组织成员平日的工作相结合。学习型学校的主要特征之一，即是校长与学校组织成员在系统性思考的基础之下，能透过自我超越、改善心智模式、共同学习成长，而共同探索学校组织文化的核心价值，共塑学校共同愿景。

---

[1] 王少非. 同伴指导——新课程背景下的教师专业发展 [M]. 上海：华东师范大学出版社，2005：175-178.

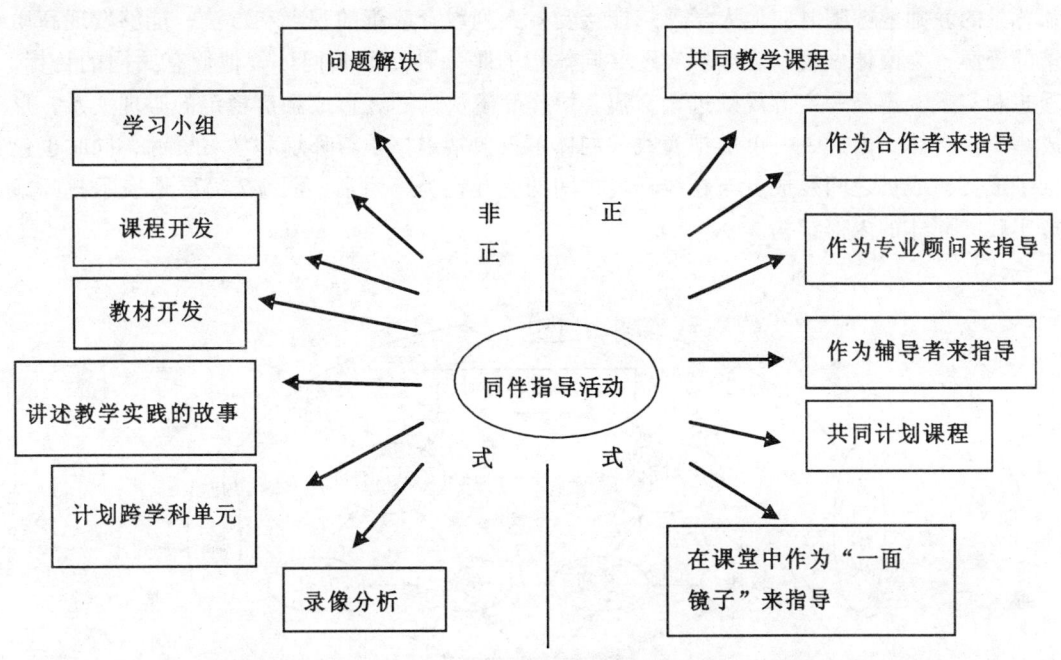

图 2-1 教师同伴支持活动

对于教师而言，学习型学校也是一种教师专业共同体，通过促进教师学习以及教师、管理者之间的互动，来最大限度地提高学校中的教学水平和学生的学习成绩。路易斯（Louis, S. D.）和克鲁斯（Kruse, K. S.）提出了对建立教师专业共同体至关重要的五个建构条件和五项人力/社会资源①。五个建构条件包括：（1）为教师提供充足的时间见面，并交换想法；（2）在地域安排上，教师相互之间比较接近，以便他们互相观察和互动；（3）保证教师的权利和学校自我管理的权利，这样教师就能自由地做他们认为对学生最有益的事情了；（4）建立学校范围的交流体制，包括专门为教学、学习和其他事务召开的日常会议；（5）采用诸如团队教学等需要教师们专门发挥他们技巧的教学方法。五项人力/社会资源包括：（1）支持那些乐于提高的教师，他们愿意分析、反思、尝试新的教学方法；（2）信任并尊重学习共同体中所有成员的能力；（3）管理者的支持；（4）使教师融入组织文化的社会化过程；（5）接受建立学习共同体所需知识和技能的机会。

（四）教师虚拟实践共同体

随着互联网和通信技术的迅猛发展，利用网络聚集的在线专业学习共同体成为教师专业发展的一种新的模式。这种学习共同体被称为虚拟实践共同体。教师虚拟实践共同体是一种教师与同伴进行有意义、持续交流的方便途径，参与的教师拥有共同的兴趣，关注同样的问题，面对类似的挑战，来自不同学校的教师参与到同一对话中，通过网络创设一个

---

① Kruse, S. D., Louis, K. S., Bryk A.. An Emerging Framework for Analyzing School-based Professional Community] [C] //Louis, K, S., Kruse, S. D., eds.. Professionalism and Community: Perspectives on Reforming Urban Schools. Thousand Oaks, CA: Corwin, 1995.

安全的环境来讨论工作中的挑战,互相学习。在虚拟教师共同体中,拥有不同兴趣、技能和背景的教师能够随时向他人学习;能接受一系列教育改革的观点和方法;能够发现高质量的资源,为团体做贡献。虚拟实践共同体指的是一种专业共同体,他们有共同的目标、理想和实践,遵循一定的规则进行交流、协作和解决问题,形成融洽稳定的心理关系,形成一个集合体。因此,一个虚拟实践共同体不仅包括虚拟学习环境和学习资源,同时也包括了成员与成员之间及成员与在线环境之间的交互行为等因素,图2-2简要地表示教师虚拟实践共同体的内部结构。

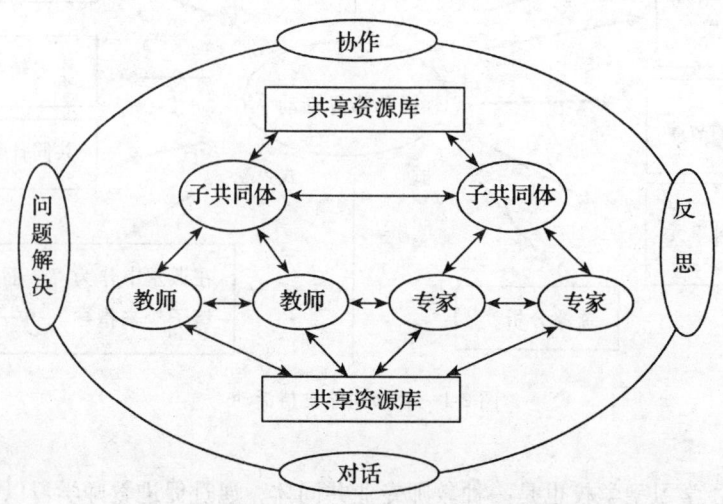

图 2-2 教师虚拟实践共同体的结构示意图①

四、教师专业发展的评价

(一)何谓发展性教师评价

教师专业发展的方向和质量是和教师专业发展的评价紧密结合的。我国的教师评价制度始于20世纪60年代,到20世纪80年代后渐趋正式。发展至今,产生了发展性、管理性、放任性和判决性四种典型模式。随着新课程倡导的"立足过程,促进发展"的评价理念的提出,发展性教师评价受到了国内外教育工作者的认可。

发展性教师评价并不是指某一种特定的教师评价方式,而是一系列能够促进教师素质发展与提高的评价方式的总称。总体说来,发展性教师评价就是根据一定的发展性目标,运用发展性的评价技术和方法,对教师素质发展的进程进行评价解释,使教师在这种评价活动中,不断地认识自我、发展自我、完善自我,使之不断积淀、发展、优化其自我素质结构,促进教师在专业理念、教学技能、专业服务精神等方面得到和谐自然的发展。发展性教师评价的基本理念是重视教师的个体差异,强调教师在评价中的主体地位、民主参与和自我反思,主张评价主体多元化,以促进教师的专业发展为根本目的。发展性教师评价

---

① 周跃良,曾苗苗. 生态取向下促进教师专业发展的新途径——构建教师虚拟实践共同体[J]. 教育信息化,2006(9):55.

秉持发展性原则、与行政奖惩制度脱钩的原则、全员评价与全面评价的原则、双向性原则、保密性原则、民主化原则、导向性原则、定性评价与定量评价相结合的原则、单向评价和综合评价相结合的原则、信息反馈原则。

📝 资料 2-10

发展性教师评价的指标体系

发展性教师评价的指标体系由三个维度的评价指标构成：素质评价指标（反映教师基本素质的指标）；职责评价指标（反映教师工作状况的指标）；绩效评价指标（反映教师的工作成效的指标）。其中素质评价指标是教师实施教育教学的基础，职责评价指标是教师实施教育教学的关键，绩效评价指标是教师实施教育教学的最终目标。

教师发展目标	教师素质指标	思想道德素质
		文化理论素质
		身体心理素质
	教师职责指标	育人管理职责
		教学科研职责
		协同工作职责
	教师绩效指标	育人管理成效
		教学科研成效
		协同工作成效

（资料来源　刘尧. 发展性教师评价的理论与模式. 教育理论与实践，2001（12）：28-32）

（二）教师发展性评价的主要环节①

发展性教师评价是一个持续的循环往复的过程。其具体实施包括评价双方的初次面谈、收集信息、评价面谈和总结复查四个主要环节。

1. 初次面谈

评价者与被评价教师的初次面谈是发展性教师评价过程的初始阶段。初次面谈一般安排在评价周期的第一年初。

2. 收集信息

收集信息是发展性教师评价的关键阶段。收集信息的类型主要有口头信息和书面信息；收集信息的渠道主要有课堂听课、教师自我评价、广泛征求第三方意见和查阅文献资料等。

3. 评价面谈

---

① 连榕. 教师专业发展 [M]. 北京：高等教育出版社，2007：238-243.

评价面谈是发展性教师评价的核心部分。在信息收集完备的基础上，评价者与评价对象在相互信任和相互尊重的气氛中面谈。在面谈的基础上，依据评价面谈的讨论记录以及讨论后制定的发展目标，由评价者与评价对象共同撰写评价报告，或者先由评价者起草，再由被评教师修改审定。评价面谈一般在评价周期的第一年末进行，时间1至2小时。

4. 复查面谈

评价双方在本轮评价后的一定时间内（一般1~2年）应举行一次复查面谈。目的是回顾评价过程，探讨评价报告确定的发展目标是否妥当，了解教师是否有支持参加进修和提升业务的内在动力，以便给予教师新的指导与建议，落实实现教师发展目标的各项措施。

分析思考题

1. 教师的教学权利与学术自由之间的关系是什么？
2. 教师的惩戒权的界限在哪里？各个国家在有关教师的惩戒权方面的规定有什么不同？我国中小学教师的惩戒权应该限定在什么范围？
3. 如何理解教师职业的复杂性与教师专业化之间的悖论？中小学教师在发挥创造性的时候受到哪些限制？
4. 学习化和信息化时代对教师素养提出的新的要求是什么？
5. 促进教师的专业化发展有哪些有效的评价方法？

第三章 作为教育对象的学生

☞ **本章提要**

学生是什么？学生在教育过程中的地位如何？教育与学生之间存在什么样的关系？这些问题直接影响着教育工作者对学生的定位，也直接影响着教育活动的目的、方式和效果。

第一节 学生是什么

作为教育活动的一个基本要素，一切教育教学活动都是围绕着学生开展的，教师的教学质量与效果也只能从学生身上体现出来，如果没有学生，也就没有组织教学活动的必要与可能。纵观中外教育发展史，每一个教育流派的产生，每一种教育教学理论的出现，每一项教育改革方案的出台，无不围绕着对学生认识及价值观的演变展开。可以说，对学生的认识和研究是教育领域亘古弥新的话题。

一、学生的含义

学生是什么？这个问题似乎无需回答。然而，这又是一个必须回答清楚的问题，否则，我们的教育教学活动便会盲目、无所适从。

《辞海》中对学生的解释主要有以下几种：一是指学习养生之道；二是指在校学习的人；三是指向人家学习某种知识或经验、技能等的人；四是指晚辈；五是指明、清读书人或官场中自称的谦词；六是指男孩子。在这里，我们更倾向于第二种解释，即学生是在教师的指导下从事学习的主人，主要是指在校的儿童和青少年。在学校教育中，人们习惯于把学生称作是"受教育者"或"被教育者"，这是对学生的一种片面认识，今天，我们需要站在更全面更客观的角度去理解学生这个概念：首先，学生相对于教师而言，是教育活动中的一个基本要素；其次，学生是学校教育的客体，所有教育教学活动都是围绕学生展开的，并通过学生的发展而实现教育价值；最后，学生是学习者，学生的身心发展不仅体现在学生对知识的掌握方面，更体现在学生对学习方法的掌握以及知识的运用上，这也是终身学习理念对学生个体的期待和要求。

二、学生观的历史演变

学生观是指人们对学生的基本认识和根本态度，它直接影响着教育活动的目的、方式和效果，或者说，是人们在哲学层面上对学生的认识。在不同的历史时期，人们对学生的认识和态度无不打上时代的烙印。

（一）从古代到文艺复兴前

在西方，古希腊哲学家苏格拉底（Socrates）把哲学转向了人类学，"哲学的对象，在苏格拉底看来，不是自然，而是心灵，是自己，认识自身中的善，即人的德性"。① 苏格拉底以"我自知我无知"的态度与学生展开真诚的对话与交流，交流的双方处于同等的地位，苏格拉底把自己的方法形象地比作他母亲从事的"助产术"。作为一种教学方法的助产术，他强调在与学生对话时并不宣布问题的正确答案，正如助产者的任务是帮助产妇生育，她自己不生育，对话的结果是对话者在自己内心中发现真理。苏格拉底认为学习不是单纯教授知识而是学生在教师引导下共同获取真理的过程，这一思想导致了西方启发式教学的形成，同时也开创了一种平等的、主体自觉的学生观。

柏拉图（Plato）认为知识是灵魂固有的，是先天存在于灵魂之中，但又处于潜在状态的，学习的作用在于触动、提示或唤醒知识。柏拉图认为儿童自出生就应该接受教育，并提出奴隶制国家公民的子女为国家所有，由国家选择最优秀的公民进行教育，按照儿童天赋的差异在不同的年龄阶段接受相应的教育，以此为国家培养人才。

亚里士多德（Aristotle）认为求知是人类的本性，教育要与人的自然发展以及人的心理活动特点相适应，倡导促进儿童体、智、美全面和谐发展的自由教育以促进人的各种高级能力和理性的发展，使人从愚昧和精神的束缚中解脱出来。

古罗马教育家昆体良（Marcus Fabius Quintilianus）主张教育者要注重儿童的个别差异，反对体罚，重视儿童的智慧和发展的潜力，坚信每个儿童都有巨大的培养前途。

不难看出，西方古代教育家都比较重视学生，在理性主义思想的影响下，儿童多被看做是尚未长大的"小大人"，需要成年人的培养和训练，学生的学习和成长完全要依靠成年人的教育而无视学生的个性和特性。尤其是到了中世纪，教会权威和神学思想占统治地位，强调人生而有罪，强迫学生盲目信仰，绝对服从，对学生进行残酷的体罚和训练，严重阻碍了学生的身心发展。

与西方哲学不同，中国古代哲学更注重从人性论和道德方面来论述学生观问题。先秦教育家孔子首次提出"性相近，习相远"，指出后天环境和教育对人的发展的影响，并倡导"有教无类"，肯定了人人平等地享有受教育的权利。在教育方法上，孔子主张热爱学生，启发诱导，因材施教，这些都为后世的教育奠定了坚实基础。

孟子全面继承和发展了孔子的教育思想，提出"性善论"，主张尊重学生，对学生负责，同时注重发挥学生的主观能动性，鼓励学生自求自得，在教学方法上要求根据学生的不同情况采取多种多样的方法，正所谓"君子之所以教者五：有如时雨化之者，有成德者，有达财者，有答问者，有私淑艾者，此五者，君子之所以教也"②。

荀子则从"性恶论"出发，强调后天环境和教育对人的影响，把学习解释为接触外界、掌握知识、见诸行为、以美其身的过程，认为一个人只要努力向善，"涂之人可以为禹"③，表现了在人性与教育问题认识上的平等观念。在师生关系上，荀子明确提出"天地君亲师"，认为师是礼义的化身，学生应当无条件地服从教师，但荀子同时又指出学生

---

① 苗力田，李毓章. 西方哲学史新编 [M]. 北京：人民出版社，1990：53.
② 孟子·尽心上 [M].
③ 荀子·性恶 [M].

可以超过教师，留下了"青出于蓝而胜于蓝"的千古名言。

汉代的董仲舒总结了先秦孟子和荀子两人关于人性善恶的争论，认为人性只是"天"创造人类时赋予的一种先验的素质，这种素质具有善的可能性，也具有恶的可能性，只有通过教育才能使它进而为善。董仲舒吸收了先秦以来关于人性差异论的观点，明确地提出了"性三品"说。他把人性划分为"圣人之性"、"中民之性"、"斗筲之性"三个不同的等级。"圣人之性"是绝对的善性，不需教育；"斗筲之性"为天生的恶性，虽教难善。这两部分人在现实生活中都是比较罕见的。"中民之性"代表万民之性，方可"名性"。"中民之性"就是"有善质而未能善"，只有通过王者的教化才能成善。因此，教育对绝大多数具有"中民之性"的人的发展具有决定性作用，他们是教育的主要对象。而教育的目的便是将这些具有中民之性的阶级加以教化，使之成为统治阶级利益的坚决维护者，而贫苦的劳动人民是被排除在教育之外的。在董氏儒学中，教师的社会地位是至高无上的，现实权力最高的天子也必须尊敬教师，中国古代尊师重教的传统在董仲舒这里奠定了理论基础。

审视中国传统的学生观，孔子时代注重学生与教师平等对话，然而在荀子"师云亦云"观念的影响下，这种精神渐趋消逝，如汉代的师法、家法对学生的严格要求以及宋代以来呆板的八股教育对学生的态度日趋专制与保守。

(二) 文艺复兴到19世纪末

14—15世纪，与生产力和生产关系的发展相适应，一场以反映新兴资产阶级利益和要求的文艺复兴运动爆发了。当时的时代巨人高举人性、人道、人权的大旗，肯定人的价值、人的尊严、人的地位。新的人生观沉重打击了中世纪基督教会所谓儿童生来有罪的"原罪说"学生观，并为近代学生观的诞生铺平了道路。

荷兰伟大的教育思想家伊拉斯谟（Desiderius Erasmus）奉劝教师们要研究学生的自然能力和才智，对待儿童"首先是爱。然后渐渐随之以某种自然和温柔的尊严，而不是畏惧，前者比后者更有价值"[1]。

捷克教育家夸美纽斯（Johann Amos Comennius）认为在人的身上自然地播有知识、道德和虔诚的种子，通过教育便可以把它们发展出来，即著名的"种子论"，在著作《大教学论》中，夸美纽斯明确指出"一切儿童都可以造就成人"。另外，夸美纽斯还提出儿童的发展具有阶段性，教师必须尊重这一自然发展的顺序和特点，针对不同年龄特征和个别差异采取灵活多样的教学方法。

17世纪英国的洛克（John Locke）在《教育漫话》中提出了"白板说"，认为人类在没有感觉、经验之前的心理状态就像一张白纸一样，上面没有任何字迹，可以随心所欲地做成什么式样。他还主张给儿童自由，"应允许儿童有适合他们年龄的自由和自主，不要用不必要的约束去限制他们"[2]。

18世纪法国启蒙思想家卢梭（Jean-Jacques Rousseau）发表了令人瞩目的关于儿童和

---

[1] [英] 伊丽莎白·劳伦斯著. 现代教育的起源和发展 [M]. 纪晓林，译. 北京：北京语言学院出版社，1992：43-44.

[2] [英] 伊丽莎白·劳伦斯著. 现代教育的起源和发展 [M]. 纪晓林，译. 北京：北京语言学院出版社，1992：95-96.

儿童教育的见解,提出了"儿童期"概念。他认为儿童是真正意义上的人,儿童具有独立的存在价值,人们应当尊重儿童,尊重儿童期,"儿童是有他特有的看法、想法和感情的;如果想用我们的看法、想法和感情去代替他们的看法、想法和感情,那简直是最愚蠢的事情"①。与洛克的观点不同,卢梭认为儿童不是"白板",而是生来便有自然赋予的冲动,教育应当遵循儿童内在的自然法则。洛克和卢梭的不同观点,后来发展为两种不同的儿童教育传统,一直影响着迄今为止世界各国的儿童教育。

继卢梭之后,教育领域中出现了"教育心理学化"的运动,主张教育应以心理学规律作为依据,这当然也包括对儿童心理的认识。这一运动主要发生在19世纪,裴斯泰洛奇(Johann Helnrich Pestalozzi)、赫尔巴特(Johann Friedrich Herbart)、福禄贝尔(Friedrich Wilhelm Frobel)是其中的主要代表,他们都认为教育的前提是认识和研究学生,根据学生的心理发展特点进行教育,对科学学生观的建立奠定了研究基础。

这一时期,德国教育家赫尔巴特提出了"教师中心说",他认为人有不驯服的种子和天性,在教育上应特别重视对儿童的管理,在教育过程中学生必须对教师保持一种被动状态,强调教师的权威,用威胁、监督、命令、服从、惩罚等方式管理学生,无视学生的积极性和主动性。这种学生观强调人的理性的重要性和规则的权威性,对中外教育影响深远,直到今日在学校教育中仍占有一定的市场。

纵观这一时期的学生观及其演变,可以看到,多样化的学生观成为典型,各教育家不仅在理论上论述了其学生观的基本论点,还试图在实践中寻求各种方法,达成在学生观下的教育理论的建构。

(三) 20世纪以来

20世纪新教育运动的兴起带来了学生观的重大发展。新教育运动主张尊重学生,以学生为中心,开始了新学生观与教育实践相结合的创造性的工作,例如在英国,爱伦·凯(Ellen Key)提出"20世纪是儿童的世纪"的响亮口号。在我国,自"五四"以后,新文化运动也呼吁新的儿童教育,促进新的学生观的产生。美国实用主义教育家杜威(John Dewey)可以说是这一时期新的学生观的集大成者。杜威认为"教育即生活",教育是儿童现在生活的过程,而不是将来生活的准备,教育过程要适应儿童自身的生长要求,关注儿童自身的体验、独立发现和独特性。他反对传统的"教师中心说",主张师生关系以儿童为中心,鼓励学生进行探究、发现学习。杜威的"儿童中心说"让我们认识到学生是有主观能动性的独特个体,学生应成为学习过程的主动参与者,从某种意义上说,这些思想对于我们科学地处理师生关系提供了新的视角。

此时世界范围内"尊重儿童"的呼声愈益高涨,儿童成为全人类共同瞩目的焦点之一。20世纪初期国际联盟通过的《日内瓦儿童权利宣言》首次向全世界提出了"保障儿童权利"这一儿童观的核心问题。1989年11月联合国大会通过的《儿童权利公约》为儿童权利保护订立了一套全面的国际法律准则,把儿童作为行使自己权利的主体,代表了当代学生观的最高水平。我国从国情出发,制定了《未成年人保护法》、《义务教育法》等在内的一系列法律及法规政策,形成了较为完备的保护学生权益的法规体系。

综上,每个历史时期对人性认识的不同带来了教育领域中不同的学生观,但是从学生

---

① [法] 卢梭著. 爱弥儿 [M]. 李平沤, 译. 北京:商务印书馆, 1994: 91.

观演变过程中，我们不难看出，一些永恒的思想如对学生的尊重和热爱、师生关系的和谐、强调学生的学习等成为人类教育历史上永恒的旋律，对任何时代的学生观都具有普遍意义。

第二节 学生的属性

唯物辩证法认为，事物的性质及其相互间的关系构成事物的属性，在众多的属性中凡决定该事物之所以成为该事物并区别于其他事物的属性就叫做本质属性。了解学生的本质属性有助于我们树立正确的学生观和教育观，进而有效地开展教育教学活动以实现学生的健康和谐发展。

一、学生是人

高扬人的主题是当今的时代潮流，也是对科学工具理性的批判。随着基础教育课程改革的日益深入，"学生是人"、"尊重学生作为人的自由与尊严"的教育理念已成为大家的共识。然而"人"的内涵非常丰富，究竟如何理解"学生是人"这一概念呢？

（一）学生是一种生命存在

📝 资料 3-1

"撒谎作文"

"五一"快到了，河北省石家庄市初一学生陈天宇却越来越头疼，"总有写不完的作业，根本没时间做其他的事情，哪写得出什么作文？只能自己编了"。

回忆自己读小学时写作文的情景，"80后"大学生黄明说，"我觉得小时候作文大部分是编的。像'难忘的一件事'这个题目，不知写了多少次，哪有这么多难忘的事啊？只好虚构"。小学三年级时，黄明还编过自己去农村钻窑洞、荡秋千，还偷偷爬到树上摘香蕉。"后来被老师批评了，才知道香蕉不是长在树上的。我当时还觉得挺委屈，因为大家的作文都是编的，我恰好被逮到了。"

据《成都商报》报道，成都某小学四年级学生的作文中，班上40多个孩子有30多个写的是自己如何智斗人贩或小偷，其中26个同学承认自己是瞎编的。近日韩寒也在博客中指出："中国人第一次被教会说谎是在作文中。"中国青年报社会调查中心通过民意中国网和互动百科网进行的一项调查发现（2 639人参加，其中51.0%是"80后"，32.5%是"70后"），83.3%的人承认自己在上学期间也曾经编过作文，只有10.8%的人明确表示没有，还有5.9%的人表示"不记得了"。

（资料来源　庄姝婷，韩妹.83.3%的人承认上学时写过"撒谎作文".中国青年报，[2010-05-11]）

对于为何出现上述现象，有些学生认为自己的生活实践太少，只能闭门造车；有些学生认为是作文评分标准有问题；有些学生则认为是教育体制的问题。"撒谎作文"究竟说明了什么？谁又应该为"撒谎作文"负责呢？事实上，学校教育中的作文教学更多是一种模式化、标准化教学，老师要求学生用同样的套路，比如用什么样的修辞、引用什么名言、表达什么观点都是规定好的,学生要做的只是机械地套用,套用的标准就是好作文。长期以来,在工具理性主义统治下,学校就像一个庞大的工厂,在流水线上生产的是"标准件"而不是"人",学生被看做是"学习的机器",学生的培养过程就是一个产品的生产过程,人存在的无限可能性消失在抽象的理性规律之中,学校教育出现了见物不见人的怪现象。事实上,人是以生命的方式存在的,没有生命的存在也就没有人的存在。生命存在是实现人生价值和理想的前提条件。人的生命,首先表现为一种自然存在形式和物质复合体,也就是指人的自然生命。

但是,人之为人,不在于他有自然生命,而在于他还有着特定的人格,在于他的"价值生命"。"价值生命"作为对自然生命的否定,是人的自为之有的存在状态。在生命的类化过程中,人扬弃的是自然生命的自在性,超越的是生命的内在性和主观性,获得的是一个新的以意识自觉为前提的个体性的生命,即价值生命的创生。按照马克思的说法,"动物和它的生命活动是直接同一的。人则使自己的生命活动本身变成自己的意志和意识的对象。正是这一有意识的生命活动把人同动物的生命活动直接区别"①。学生是人,学生是一种生命存在,现代教育要以学生为本,要以提升学生个体的生命质量为宗旨,服务于学生的生命成长和发展,关注学生生命存在的价值。

(二) 学生是有人格的个体

人格是在一定社会历史条件下具体的人所具有的意识倾向性以及经常出现的较为稳定的心理特征的总和,包括兴趣、爱好、信念、性格、气质、能力等。人格对一个人的成长与发展具有重要的作用和影响,多种调查研究都证明,成功者和失败者之间最大的差异不是智力上的差异,而是非智力方面的差异,其中人格因素起着重要的作用。虽说人生都平等的观念已深入人心,但许多教师仍把学生看做是年幼无知需要教育的对象,因而把学生看做是人格不完整的人。不可否认,师生之间确实存在着"闻道有先后、术业有专攻"的实际差别,但是同为大写的人,师生都是有着人格尊严的人,他们都是有血有肉、有着思想情感的人,他们也都有着自己的需要和愿望。《中华人民共和国未成年人保护法》就明文规定:"尊重未成年人的人格尊严。"《中华人民共和国教师法》也指出:教师应当履行"关心、爱护全体学生,尊重学生人格,促进学生在品德、智力、体质等方面全面发展"的义务。每个学生都有其独特,完整的人格特征,尊重学生,首先就是尊重学生的人格,尊重学生的态度,兴趣,动机,情绪情感,气质及性格类型等。

(三) 学生是有创造力的个体

与生产劳动的对象不同,教育的对象是活的能动体——人,其独特的价值在于人有智慧,具有创造价值物的积极作用。美国建设性后现代主义哲学家大卫·雷·格里芬(David Ray Griffin)提出的创造性人性观认为:"从根本上说,我们是"创造性"的存在物,每个人都体现了创造性的能力,人类作为整体显然最大限度地体现了这种创造性的能量(至少在星球上如此)。"② 处于学习期间的学生虽然尚未进入创造价值的过程,但是教育可以使他们对社会、对人类做出积极的贡献和创造。因为学生是最富有想象力、最富有创

---

① 马克思.1844年经济学哲学手稿[M].北京:人民出版社,1979:50.
② [美]大卫·雷·格里芬.后现代科学.科学魅力的再现[M].北京:中央编译出版社,1995:121.

造精神的，同时学校教育本身就是一种创造性的活动，教育的最高理想在于使所有学生的创造潜能得到最大程度的开发，并使学生在创造性活动中创造出自己。

二、学生是发展中的人

资料 3-2

发现学生的闪光点

黄同学，是我在高一下学期所教的一个男生。他当时的学习情况是：活泼好动，接受能力较强，但是对生物学科无兴趣，感觉生物课难，有惧怕心理，不努力，对生物学习也没什么兴趣，上课不认真听讲，也不回答问题，作业经常不交，生物成绩比较差。

一次上"DNA 的粗提取"实验课，学生对于看不见摸不着的 DNA 充满着神秘和好奇，听说要提取 DNA 都兴奋不已，可是实验材料是鸡血，很有限，只能做演示实验，面对学生的好奇，我改变策略，决定讲完实验原理后，请学生上台演示，体验一下这个魔术般的神秘过程。可当时正值禽流感时期，尽管我再三打消同学们的顾忌，可是面对鸡血还是畏惧了，没人响应！面对这帮"叶公好龙"的家伙，我准备还是自己演示。一声"怕死不是共产党员"，只见黄同学一下子就上台救场了。我连忙鼓掌："欢迎我们的英雄上场！"台下掌声雷动。接下来的气氛轻松了，可我对他能否根据实验指导顺利地做下来没有底。我就坐在讲台的右侧微笑地看着他，一边提示一边要求同学纠错。完全出乎我的意料，实验操作很规范，几乎没有什么错误。而且态度沉着冷静，不急不躁，有条不紊，最后实验圆满成功，后来还有几个同学也踊跃上台争当助手。高中学生自己上台动手操作的实验课能做到如此成功，真的很难得。我深深地被这个孩子的勇气和举动感动，当场对他的表现进行表扬，并告诉学生这是我从教以来看到的最精彩的一次实验。他又一次获得了同学们的掌声。最后 6 个班的实验全做下来，就数他做得最好。

这不就是学生身上的闪光点吗？下了课我还在回味着实验课的一幕幕。为了进一步挖掘出他的潜能，课后我又同他谈心，再一次由衷地告诉他，他是目前我看到的做实验做得最好的同学。他谦逊地问我："真的吗？"脸上早就乐开了花。接着我指出了他理论课上的不足，告诉他动手能力在学习和工作中非常重要，并告诉他生物和化学不分家，很多地方都是相通的，生物实验做得好，化学实验更加能做好。如果能好好把理论课上好的话，那就两全其美了。我还建议他联系自己的实际情况改进学习方法，记忆和理解相结合；从做基础的题目着手，边练习边发现问题，重在归纳总结解题思路。

从此，我发现黄同学的目光特别透亮，上生物课也特别专心，作业也按时交了，回答问题也积极起来了。在学校后来的科技节生物探究性实验中，我鼓励他参加课题，结果取得了不错的成绩。慢慢地，他有了成就感，课后还经常和我交流在网上看到的生物知识。

高二学期初始，文理分班，很高兴他又在我班上。当时该班科代表还没定，考虑到他平时好运动，集体荣誉感强，平时话也不多，人缘很好，同学们都很喜欢他，如果让他当科代表的话，或许可以带动一批同学好好学习，同时也可以进一步督促他好好学习，增强他对周围事物和同学的责任心。于是，我决定委以重任，选定他当生物科代表，希望他能把其他同学都带动起来。结果在他的带动下，其他同学学习生物的热情普遍提高了，期中考试全班同学都取得了很不错的成绩。

  后来专业分班，他告诉我他要学生物专业，虽然我不教他了，但是他每次见到我都会主动热情地问好，并且和我交流学习体会，他很高兴地对我说："我就是因为生物老师您而喜欢生物专业的。"我再一次告诉他，他的实验能力很强，已经有了当生物学家的优势，但是要实现这一梦想，必须把理论课学好，老师等着这一天。不管这个目标有多远，看着他充满自信的脸，我想他一定可以走好他今后的人生之路。

（资料来源　廖昱泓. 学生发展潜能的个案分析）

  上述案例向我们展示了一个学生的成长，也向我们展示了一位教师的成就。这位教师的成就在于促成了学生的成长，他用自己的期待、肯定、鼓励和真诚促成学生的逐步完善和成熟。其实，我们每一个人都是处在发展中，人的"发展过程总是从一个比较简单的结构向一个更复杂的结构的过渡，而这样的一个过程是按照没有止境的后退过程进行的"①。学生发展是人生发展最明显的时期，不仅表现在身体的发展，还表现在心理的发展；不仅表现在发展的速度，也表现在发展的广度与深度上。学生的发展有其自身规律和特点，但同时更需要教师的呵护与促进。

（一）学生具有巨大的发展潜能

  脑科学的研究证实，人的潜能是无穷尽的。从大脑神经细胞数量上说，在140亿个脑细胞中，人们开发运用的只占8%左右，90%以上的脑细胞则处于"休眠"状态。从细胞衰亡的速度上看，人脑神经细胞每小时以1000～2000个的速度衰亡，按此推算，人即使活到100岁，才损失10亿个左右的脑细胞，只有一小部分衰亡。现代脑科学研究还证实：人越使用大脑，脑细胞的新陈代谢速度越快，大脑细胞衰亡的速度也就越慢②。

  罗杰斯的人本主义学习理论认为，人类生来就有学习的潜能，人天生就对世界充满好奇心，学习者总是渴望发展和学习。在合适的条件下，每个人所具有的学习、发现、丰富知识与经验的潜能和愿望是能够释放出来的。这种心理倾向是可以信任的。学生无论在知识、技能、思维、能力方面，还是在思想、道德、行为方面，都具有不成熟性，他们身上所展示的各种特征都还处在变化的过程中，潜藏着各方面发展的极大的可能性，施以适当的教育就能使这种发展的可能性转化为现实性。

（二）学生的身心发展是有规律的

  长期以来，我们习惯于把教育看作儿童的未来生活做准备，以成人的标准来要求儿童，忽视了儿童自身生活，把儿童的成长看作填补未成熟的人和成熟人之间的空缺。现代生理学和心理学研究都表明，学生的身心发展有其自身的特点，无论是认知领域、情感领域，还是动作技能领域，都表现出与成人不同的特征。学生的身心发展既是一个连续的过

---

① 皮亚杰著. 结构主义［M］. 倪连杰，等译. 北京：商务印书馆，1984：4.
② 沈德立. 脑功能开发的理论与实践［M］. 北京：教育科学出版社，2001：207.

程，同时又有阶段性，不同年龄段有不同的年龄特征，一定阶段的年龄具有相对稳定性，同时又有一定的可变性。认识并遵循学生身心发展的规律是开展教育工作的前提。

（三）学生是处于发展中的人

作为发展中的人、未完成的人，学生身心发展的不完善与不平衡是发展过程中的产物，是发展过程中的不成熟，因此在学生身上存在这样或那样的问题是正常的现象，这就要求教师对学生不能求全责备，要正确地对待学生身上存在的问题，同时要用发展的眼光而不是静态的思维方式去看待学生成长过程中出现的种种问题。教师不仅要允许学生犯错误，还应该将学生的错误看成是教育的财富和教育的契机。例如在一节语文课上，教师要求学生区分"连续、陆续、继续"三个词的意思，并要求用其他学科的知识来理解。有位学生用三种线段表达了词的意思：陆续是画了一条直线，连续是画了两条线段，继续画的是一条虚线。显然他画错了。老师把他的画放在实物投影仪上，先让这位学生说为什么这样画，之后请别的同学改正，最后，老师指出这位学生对这三个词语的理解错误，但大力表扬了他学习中的创意，即用数学知识来理解和学习语文知识。① 新课程改革明确提出"一切为了学生的发展"，学生的发展作为一个进步的过程，总是与克服原有的矛盾联系在一起的，发展中的学生会出现错误，出现错误的学生也意味着一种发展。

三、学生是独特的人

现实生活中各个具体的人都是各不相同的，生理结构的独特性、生长过程的独特性以及心理活动的独特性共同构成了每一个人自然属性的独特性，而思想意识的不同又形成了人的社会属性的独特性。在教育过程中，每个学生都是一个独特的人。

（一）学生是整体意义上的人

基础教育课程改革强调"为了每位学生的发展"，这一理念在课程目标上的具体体现就是使每位学生发展成为一个"整体的人"。"整体的人"包括两层含义：人的完整性与生活的完整性。从本质上说，人是一个智力与人格和谐发展的有机整体，而人的完整性植根于生活的完整性。在教育活动中，作为整体的人存在的学生不仅具备全部的智慧力量和人格力量，而且体验着全部的教育生活。把学生作为整体意义上的人就要谋求学生智力与人格的协调发展，统整学生的知识学习与精神建构，在追求个体、自然与社会的和谐发展过程中，培养人格完整的人。

（二）学生具有自身的独特性

捷克教育家夸美纽斯曾指出"有些人是伶俐的，有些人是迟钝的；有些人是温柔和顺的，有些人是强硬不屈的。有些人渴于求取知识，有些人较爱获得机械技巧"②。每个人都有自己的独特性。学生的发展在各个年龄段既有普遍的共同特征，又在智力、非智力等因素方面体现出鲜明的个体差异，从而导致每个学生在身心发展的速度、水平及发展优势等领域呈现极强的独特性。独特性是个性的本质特征，珍视学生的独特性和培养具有独特个性的人，应成为我们的基本学生观。学生的独特性也意味着差异性，我们要尊重学生的独特性、差异性，使每个学生在原有基础上得到全面的、自由的、和谐的发展。

---

① 赵桂芹. 把学生作为发展中的人实施教育［J］. 现代教育科学：普教研究，2006（6）.
② 夸美纽斯著. 大教学论［M］. 傅任敢，译. 北京：教育科学出版社，1999：55.

（三）学生与成人之间存在着巨大的差异

美国存在主义学者赫舍尔（Heschel）曾指出，"人的存在从来就不是纯粹的存在，他总是牵涉到意义……对意义的关注，即全部创造性活动的目的，不是自我输入的，它是人的存在的必然性"①。每个学生都是作为意义的创造者而存在于这个世界的，也总是在世界和自我之间思考这个世界对我"意味着什么"，由此每个学生眼中就有一个世界。学生不是"小大人"，作为求知者和思考者，他们以自己的方式建构着对世界和自我的认知。

四、学生是以学习为主要任务的人

学习是人类生活的普遍现象。在终身学习理念指导下，每个人都应成为学习者，而学生的学习有其自身的独特性。

（一）学生以系统学习间接经验为主

《中华人民共和国义务教育法》第四条规定："凡具有中华人民共和国国籍的适龄儿童、少年，不分性别、民族、种族、家庭财产状况、宗教信仰等，依法享有平等接受义务教育的权利，并履行接受义务教育的义务。"以学习为主是学生质的规定性，学生的主要职能就是学习。学生进入教育过程的前提是要缩小个体知识经验与人类认识之间的差距，从而不断实现个体社会化。在学校教育中，学生学习的内容是经过严格挑选的、为人的发展和社会发展所必需的优秀文化遗产，包括自然科学知识、社会科学知识、思维科学知识、人文科学知识。学生之所以以间接经验的学习为主，一是由教学活动的任务决定的，教学要解决学生的认识问题，即使学生从不知到知，从知之不多到知之较多，尽可能缩小与人类认识的差距，就必须先掌握人类文明的精华；二是由学生的学习时间决定的，对于学生而言，不可能事事都亲身体验，学生的学习时间是有限的；三是由学生的发展过程决定的，学生在教师的指导下系统学习前人的优秀文化历史经验，可以在很大程度上缩短学生个体的不成熟期，为学生的整体发展创造更好的发展空间。

（二）学生是学习的主体

在教育教学中，学生是具有主体性的人。作为人的素质的核心，学生的主体性体现为学生个人的主观能动性，具体包括独立性、选择性、调控性、创造性、自我意识性。奥苏伯尔（AuSubel, D. P.）的有意义学习理论、建构主义学习理论、多元智力理论等观点都充分说明学生的学习过程是学生基于自我意识、态度、兴趣、价值观的自我建构过程，学生是自己学习的主人。学生应从"边缘地带"进入教学的中心，教师应正视学生的多元化发展特征，引导学生在主动参与、乐于探究、勤于思考的过程中实现主体性的发挥。

第三节 教育对学生的培养

学生的发展是个体从出生到生命的终结，其身心诸方面所发生的一切变化，表现为个体的潜在素质转变为现实特征的过程，而教育则以其独特的形式和丰富的内容实现着学生个体身心的和谐、全面发展。

---

① ［美］赫舍尔著. 人是谁［M］. 隗仁莲，译. 贵阳：贵州人民出版社，1994：46.

一、影响学生发展的因素

学生的发展包括生理、心理和社会性三个方面,生理发展指有机体的正常发育和体质的增强,心理发展是指认知、态度、情感、意志、需要等心理品质以及个性心理方面的和谐发展。社会性的发展主要是指个体对社会的认知、适应、交往、沟通、创造等方面能力的发展。这三个方面的发展相互影响、相互制约,表现出种种复杂的状态。学生的发展受诸多因素的影响,其中最主要的因素包括遗传素质、社会环境、学校教育以及学生个体的主观能动性。这四个方面的因素相互联系,共同作用于人的发展,从不同侧面促进或制约着学生发展的进程与质量。

(一)遗传素质:学生发展的物质前提

遗传素质是指人从祖辈继承下来的解剖生理特点,主要包括有机体的形态、构造、感觉器官和神经系统方面的特点。遗传素质为人身心发展提供了可能性。

首先,遗传素质提供了学生发展的前提条件。人的发展总是要以从遗传那儿获得的生理结构为其前提的,特别是神经系统的解剖特点,没有这个前提,任何发展都是不可能的。

其次,遗传素质制约着学生身心发展的过程及阶段。人的遗传素质是逐渐成熟的,它为一定年龄阶段的儿童身心发展特征的出现提供了可能和限制。儿童心理学研究证明,儿童思维与他们大脑的重量、脑电波和脑神经结构的发展有关。例如人的平均脑重量的发展在新生儿期为 390 克,8~9 个月时为 660 克,2~3 岁时为 990~1 011 克,9 岁儿童为 1 350 克,这与儿童思维发展在这些年龄阶段上为智力加速期是一致的。

再次,遗传素质是构成学生身心发展个别差异的因素之一。人的遗传基因的不同组合构成了人的先天方面的差异。遗传素质的差异性制约着人身心的发展,如由于人的高级神经活动的兴奋与抑制过程在强度、平衡性和灵活性方面的特点不同,人也就有不同的气质和性格。

最后,遗传素质对人的发展虽有重要作用,但不能起决定作用,它必须在一定环境和教育的影响下才能转化为现实性。比如说,人们的知识、才能、思想、观点、兴趣、爱好等都是在后天的环境和教育影响下形成的。高尔顿(Francis Galton)、霍尔(Granville Stanley Hall)等人提出的遗传决定论认为儿童的智力和品质在其生命刚诞生时的生殖细胞中就已经被决定了,后天的环境和教育对于儿童的影响只能起到延迟或加速这些先天遗传能力的实现而不能从根本上改变他们。这种理论看到了遗传因素是人的身心发展的物质前提,但又过分夸大了它的作用。

(二)环境:学生发展的重要外部因素

环境,一般指直接或间接影响个体形成和发展的全部外在因素。这些外在因素主要包括自然环境和社会环境。

自然环境是人赖以生存与发育的物质基础,为人的生理及其机能的发育提供必需的能量。在生产力水平固定的情况下,自然环境在一定程度上决定了人的生活方式及其生活质量,进而影响人的发展水平。过去,我们比较忽视自然环境对人的身心发展的影响,实际上,自然环境对人的兴趣、性情、性格的影响是很大的,如南方人和北方人在性格、身体结构特征等方面的差异与其所处的自然环境有着一定的联系。

但自然环境对人的身心发展的影响只能是基础性的,在环境因素中,起关键作用的是社会环境。社会环境是人类在自然环境基础上创造和积累的物质文化、精神文化和社会关系的总和。简言之,即个体所接触的物质文明、精神文明,以及在社会实践中接触到的经济、政治、文化生活和家庭生活,还包括同邻里、亲戚、朋友的交往等。社会环境是影响学生发展的重要外部因素。

首先,经过人改造的自然具有一定的社会意义。人类社会在历史发展的长河中,创造了极为丰富的社会文化,它不断以观念的形态移植于人脑中,成为人的心理发展的内容和重要源泉。人们接触的社会文化的不同,也就形成不同的心理内容和心理发展水平。

其次,人一生下来就处在一定社会关系中,在人与人之间的交往中,他人的思想、言论、行动都对人的发展产生影响。在人与人结成的社会关系中,不同的关系、地位将对人的需要、兴趣、情感、道德品质、智力及体力的发展水平和方向产生影响。

再次,社会意识形态也对人的发展产生影响。人类历史借助语言文字,以科学、哲学、道德、艺术、宗教、风俗等形式保存的社会意识,通过直接或间接方式影响着个体意识,成为心理发展的重要源泉。

在环境的作用下,人逐渐实现从"自然人"向"社会人"的演进。但是,我们同样不能夸大社会环境对人影响的决定性作用。行为主义心理学家华生(John Watson)是环境决定论的典型代表,他曾谈道:"给我一打健康的婴儿和一个我自己可以给予特殊培养的世界,我保证在他们中间任意选择一个,训练成我想要培养的任何一种专家:医生、律师、艺术家、大商人,甚至是乞丐、小偷,而不管他的天赋、爱好、能力、倾向性以及他祖宗的种族和职业。"[①] 外界环境条件无论怎样,它对人的发展的影响都要通过人的主观努力和实践才能实现。

(三)学校教育:学生发展的主导因素

学校教育是环境的一个组成部分,它也可视为一种特殊的环境,具有一般环境所没有的优越之处,在人的发展中起主导作用。美国心理学家纽曼(Newman)等人发现隔离抚养的同卵双生子在智力上存在差别,这是由教育的环境形成的。

首先,学校教育是有目的、有计划、有组织地培养人的工作,它对人的影响深刻且系统。学校根据一定社会的需要,按一定方向,选择有培养价值的教育内容,采取有效的组织形式和方法,对学生进行系统的教育训练,引导学生在知识与技能、过程与方法、情感、态度与价值观等方面积极健康发展。

其次,学校的教育人员是受过专门训练的专职教师。"闻道在先、学有专攻"的教师根据教育的目的和任务,遵循学生身心发展规律,在充分发挥学生主体性的前提下,以帮助者、促进者、合作者、支持者的身份引导学生主动发展。在教师的指导下,年轻一代能够在德智体诸方面均得到良好发展,并实现社会化发展与个性化发展的统一。

再次,学校教育能对社会环境自发的、消极的影响予以控制和调节,通过因势利导,"长善救失",引导学生朝着积极健康的方向发展。

最后,教育的主导作用是相对的,有条件的。它需要家庭、社会的配合,需要教育工作者遵循教育的规律办事。教育只能利用开发青少年的遗传素质,却不能改变他们的遗传

---

① 刘金花. 儿童发展心理学 [M]. 上海:华东师范大学出版社,1997:7.

素质，只能利用社会环境的某些影响，却不能决定和改变整个社会大环境。因此，学校必须争取家庭、社会各方面的配合，使各方面的影响一致，只有如此，学校教育才能真正发挥主导作用。历史上曾经出现过教育万能的理论，认为学校在人的发展过程中起决定性的作用，甚至提出"教育救国"，这种教育万能论的观点显然是不正确的，过于高估了教育的作用。

（四）个体主观能动性：学生发展的内部动力

唯物辩证法告诉我们，外因是变化的条件，内因是变化的根据，外因通过内因而起作用。人的主观能动性是人的身心发展的动力。遗传、环境和教育的影响，只有与人的主观能动性相结合才能起作用。没有人的主观自觉活动，遗传素质、环境和教育所赋予的一切发展条件都不能成为发展的现实。许多研究表明，一些遗传素质相似、所处的环境与教育条件等基本相同的学生，在个体发展上却有很大差异，其重要原因在于主观能动性的发挥程度不同。这反映了主观能动性作为内在动力在人的身心发展中的重要作用。人的主观能动性是在环境和教育影响下形成的，随着人的自我意识的提高和社会经验的丰富，人的主观能动性也随之逐渐增强，使人能有目的地去发展自身。但是，我们在强调发挥的主观能动性的同时，也要驳斥精神或意志万能论的主观唯心主义的错误。

二、教育对人培养的必要性与可能性

在学生的发展过程中，学校教育起着主导作用。18世纪德国著名哲学家康德（Immanuel Kant）说，"人只有靠教育才能成人"、"人完全是教育的结果"①。这一观点指出了学校教育对学生培养的可能性。

（一）教育对人培养的必要性

对于人受教育的必要性，台湾著名心理学家张春兴提出两点：一是人类幼稚期长，可变性大，在漫长的幼稚期如不借教育使其身心成长产生良性变化，其人生全程将不易获得完美的发展；二是人类社会生活日益复杂，个人如不接受教育，势将因缺知能少教养而无以为生。② 这也正是教育对学生培养的必要性的基本涵义。

1. 人的未完成性需要教育去弥补与完善③

从生物学意义上讲，人生来便是未完成状态的或有"先天缺陷"的生命有机体，因而需要教育去弥补、修复、完善。德国生物人类学家格伦（Arnold Gehlen）认为，从人的生物学领域来看，人与动物的最大区别在于人的未特定化或非专门化。动物在体质上的特定化使它们可以凭借某种特定的自然本能在特定的自然链条上成功地生存，而人的体质和器官则呈现出非特定化的特点。非特定化的直接生物学原因就是人与一般生物相比在基因编码系统的开放程度上有很大差异。植物以及更低级的生物其DNA编码是特异的、封闭的，而动物的基因编码有两重性。动物的DNA编码有一部分是特异的、封闭的，而另一部分则是未特定化的、开放的。基因中的开放部分要通过与后天环境相互作用才能完成编码。特异性编码可以遗传，而开放性编码是不能遗传的。人的特异性编码与开放性编码相

---

① 王坤庆. 20世纪西方教育学科的反战与反思［M］. 上海：上海教育出版社，2000：11.
② 张春兴. 教育心理学［M］. 杭州：浙江教育出版社，2000：2.
③ 虞永平. 学前课程的多视角透视［M］. 南京：江苏教育出版社，2006：59-60.

比比较脆弱，以至于除了保障躯体发育的指令以及决定少量的本能行为的特异性信息之外，人的基因系统中绝大部分是开放的，都需要吸收后天的信息才能最终完成编码。自然的造化决定了人的未完成性，使得人不能像其他动物一样依赖天生的本能，人为了生存，必须在环境中展开自主的活动，通过自我完善走向成熟。因此，未特定化一方面使人的成长需要帮助，同时也使人摆脱了本能的控制而获得自由。因此，自由创造成为人的基本特征，也成为人可接受教育的基本条件。

2. 人的类群化需要教育去教化和引导

从社会学意义上讲，人是一种高度"类群化"、"团体化"、"社会化"的生命，更需要教育和社会实践去教化、引导和养成。个人具有自己的种种独特性，但同时又表现出人类种族的一切特征，人的个体人格取决于人人共有的人类存在的种种特性。马克思主义哲学在继承人类认识成果的基础上，主张从"从事实际活动的人"的角度去规范人的本质。① 作为"从事实际活动的人"，就是处在人类社会实践的历史发展阶段上的"具体的人"，这种"具体的人"是由许许多多独特的、丰富的个人组成的，其实质是将人的自然属性、社会属性、思维属性在实践活动中具体统一起来的人。而教育的本体价值在于提升人的主体素质，促进人的自然素质、社会素质和思维素质的协调发展，可以说，人类自身的发展、人类文明的演进主要是由教育来维系的，现代人类社会更需要通过教育实践不断提高人的价值，丰富人的意义，促使现代社会成员保持和发展人性的感受、激情、快乐、创造力与人格尊严。德国哲学人类学家兰德曼（Michael Landmann）曾指出文化是人的第二天性，人具有学习的潜能，通过学习可以获得超越个体第一自然和第二自然，即类群体的能量——文化。教育是文化保存、传递、交流、创新的重要手段，同时也是实现人的文化的重要途径。

（二）教育对人培养的可能性

人不仅具有接受教育的必要性，而且也具有接受教育的可能性，即接受教育的条件。

1. 完整的大脑是人学习的基础

从生理学上讲，人的大脑半球的皮质是一种层状组织结构，由数量极多、不同类型的神经细胞即神经元排列组成，而且神经元之间具有非常复杂的有机联系。人的大脑的各部分通过神经元连续不断地相互交接，形成一个个非常复杂的神经通路网络，大脑内若干核团及其纤维束的协同作用组织和协调一切复杂的思维和行为，由此构成生命的基础，也构成人学习的基础。

2. 丰富的智慧潜能是人学习的重要保障

从心理学上讲，人具有丰富多彩、无法估量的感知能力、观察能力、记忆能力、思维能力、想象能力，人的智慧潜能是无限的。我们可以对宇宙、人生、社会进行思考，可以将过去、现在、未来纳入自己的精神世界，这些都是依靠我们灵活的认知系统才成为现实，而我们因此成为"万物之灵"。人类丰富的、多元化的智能为人的终身学习与可持续发展提供了重要保障。

3. 便捷的教育条件是人学习的有效资源

从社会学上讲，人是社会经验的学习者，每一个人都可以而且必须学习同类的经验，

---

① 靖国平. 论人受教育之必要性、可能性和超越性[M]. 江西教育科研，2006（1）.

人受教育的过程就是学习同类经验的过程，正如美国实用主义教育家杜威所倡导的"教育即个体经验持续不断的改造的过程"。教育是一种系统、高效、快捷的经验学习和交流方式，它可以超越时间、空间、地域、环境等方面的限制，从而使每个人都能大量地获得人类的知识、智慧。

三、学校教育对学生培养的有限性

随着教育在社会中的地位从边缘到中心的转移，教育与社会发展的内在关联决定了社会对于教育的依赖性，教育的发展成为经济社会实现可持续发展的重要依托，新的社会形态观和社会发展模式极大提升了教育的地位。① 作为主导的现代教育形态，学校教育日益受到人们的高度关注，而由于人们对教育的有限性缺乏理性思考，把教育视为学校的"专责"，对学校教育给予过高期望、过分依赖，无限扩大学校教育的功能，甚至出现"学校教育神奇化"倾向，结果使得学校教育不堪重负、屡遭责难。

学校教育应当肩负起促进学生健康成长与全面发展的重任，应当成为促进社会文明进步的先导性力量。这既是教育的内在逻辑，也是学校的使命。但这并不意味着学生成长与发展中的所有问题都能在学校中并通过学校教育得以解决。在社会科学技术日新月异、人们的生存方式多元化、生活水平不断提高的今天，在终身教育从理论变为现实并迅速发展的现代社会，教育的价值已经不能完全由正规的学校教育来完成，学校教育对学生的培养具有一定的有限性。

（一）学校教育只是影响学生发展的因素之一

对于学生而言，影响其发展的因素包括遗传素质、环境因素、学校教育、个人主观能动性的发挥。具体而言，在这些因素中，遗传因素为学生发展提供物质基础；家庭因素影响着学生的主要性格特征和行为方式；学生社会化程度和水平主要依靠个体在社会生活和实践中通过与他人的交往形成和提高；学校教育对学生多方面素质发展起重要作用；而学生的主观能动性是其素质发展的关键，遗传、家庭和社会的影响、学校教育的作用最终都必须通过个体主观能动性的发挥来实现。因此，在促进学生发展的众多因素中，学校教育只是促进个体发展的一个部分或环节。

（二）学校教育的影响范围是有限的

从教育系统赖以运行的空间特性来看，我们可以把教育的形态分为家庭教育、学校教育、社会教育，学校教育以其自身的优越性成为主导性的现代教育形态，它不仅对学生的全面和谐发展中起着积极的导向作用，同时也对家庭或社会环境的教育或影响起着引导或整合作用。但由于学校、家庭、社会在教育理念、目标追求、价值取向及侧重点等方面各有不同，形成了学生在不同场所接受教育影响的显著差异。学生在知识学习、能力培养、健康人格塑造和良好行为习惯养成等诸方面的问题，绝不是学校所能完全解决的，也远非学校单方面的力量所能企及的。事实上，家庭或社会教育，无时无刻不在影响着学生，并不可避免地反映到学校教育的方方面面，构成对学校教育权威和教师角色感召力的现实挑战。而这种影响学生的家庭或社会教育往往是学校教育无力干预的，学校教育的影响力在学校之外的场合多有力不从心之憾。

---

① 刘生全. 教育批评的社会基础透析[J]. 华东师范大学学报：教育科学版，2003（6）.

(三) 学校的承责能力是有限的①

教育是一种广泛存在于社会生活中的现象，包括家庭、学校和社会教育在内的每一种教育都有其独特的作用和功能，仅仅依靠某方面的影响或力量，不可能完成所有对人的教育任务。学校决非教育责任的唯一承担者。学校教育要取得成功，需要两个先决条件：第一，学校教育体制的各级人员和学校的服务对象必须清楚地了解学校的使命。第二，必须建立一个与发展和支持现有的学校体制的联盟相似的新联盟，而且这个新联盟所支持的要超出学校的范围。它必须包括社区里提供和支持教育的所有单位，这不仅包括家庭、学校，也包括商业、企业、电视、新的信息加工手段和所有其他新兴的通信技术以及那些教育潜力还没有得到开发利用的文化资源。教育如此重要，涵盖面如此之广，教育的任务不能只留给学校。

(四) 学校教育过程是有限的②

引导人生命的成长和潜能的发展是教育的终极价值追求。从个体的生命发展历程看，个体成长发展各阶段活动的中心场域不断发生位移：即由家庭到学校再到社会。学校教育只是个体生命成长与发展历程中特定阶段的影响要素之一，只是个体生命历程中的一种经历和一个重要的阶段，而不是生命历程的全部，也不像家庭与社会影响一样伴随着个体的整个生命历程。空间上，个体生命的价值和意义是在家庭、学校和社会等多维空间中展现的；时间上，个体生命意识的培育、生命品质的提高、生命意义的实现是贯穿一生的事情。入学之前或步入社会之后的更长阶段是在学校之外的家庭或社会中生活。家庭、学校和社会教育对学生的影响互渗互透，共同构成学生成长和发展的力量。学校教育重在对学生未成熟期这一特定阶段的教育或引导，在引导学生成长与发展、在基于成全人或成就人意旨上所能发挥的作用是有限的。过高估计学校教育对学生成长与发展中的作用，容易误入"教育万能论"的歧途，使学校教育遭受不堪承受之重的窘境。

第四节 作为学习主体的学生

建构主义学习观认为，学习是学习者主动建构知识的意义过程，学生在学习知识时并不是一个经验的无产者，而是能够在已有知识经验的基础上，通过新旧知识经验间反复的、双向的相互作用过程建构起新的意义，从而充实丰富和改造了原有知识经验，他们是自己知识的建构者，是学习的主体。

一、学生在教育过程中的地位

学生在教育过程中的地位一直是教育史上争论的重大问题，其中有两种主要的对立观点：一种是"教师中心说"，这种观点把学生看做是被动接受知识的容器，认为教师在教育过程中居于中心地位，教师的教学决定了学生的学习，教师怎么教学生就怎么学。另一种观点是"学生中心说"，这种观点认为教育的一切措施都围绕着学生这个中心，学生的兴趣、需要决定了教育教学的全部，而教师处于辅助地位。这两种观点将教师与学生看成

---

① 刘春花. 学校教育的责任边界与有限性 [J]. 教育发展研究, 2009 (21).
② 刘春花. 学校教育的责任边界与有限性 [J]. 教育发展研究, 2009 (21).

是教育教学过程中的对立因素，要么突出教师的中心地位，要么突出学生的中心地位，割裂了教师与学生的相互关系，陷入了二元对立的错误观念之中。现代教育理论认为，在教育过程中，学生既是认识的客体，又是认识的主体。

"教育过程，对学生而言主要是一种特殊的认识过程，是教师引导学生掌握人类长期积累起来的科学文化知识（间接经验）的认识活动。学生在教育过程中主要是作为一个认识主体而存在的；对教师而言，教育过程主要是根据教育目的、一定社会的要求改造、影响受教育者，以使受教育者发生预期变化的活动，教师主要作为一个实践主体而存在。"① 也就是说，学生本来就是教育的对象，从教师施教学生受教这一角度来看，学生首先是作为教育的客体而存在的，教师根据社会的需要有目的、有计划、有组织地引导学生，将一定的社会要求转化为学生的内部需要，将新的教学内容转化为学生的素质。然而学生学习方法的掌握和运用、知识的获得与创新、能力的形成与发展、情感的陶冶与体验、品德的形成与提升、习惯的养成与表现等均取决于学生个体的认知水平、性格特点和思维方式。"学生并不因为教师把他们当成施加教育影响的对象而就成了完全被动的客体，相反，学生始终是自身意识与活动的主体。"②

二、学生是自由的学习主体

主体性是人的素质的核心，学生是有主体性的人。在学习过程中，学生以其独立性、选择性、调控性、创造性、自我意识性的充分发挥而实现着自身的成长和发展。无论从学生学习的特点，还是从人的发展过程来看，学生都应是自由的学习主体，即学生拥有自身的学习自由。

（一）学习自由的内涵

对于学习自由概念的界定，最早是洪堡（Humboldt, F. W. V.）提出来的，他认为"学习自由是指学生在专业学习上具有探讨、怀疑、不赞同和向权威提出批评的自由，有选择教师和学习内容的自由"。罗素将学习自由划分为3种："学与不学的自由"、"学什么的自由"、"（学生）观点的自由"。在杜威看来，学习自由就是学生在力所能及的和别人允许的范围内去自主探索什么事情能做、什么事情不能做的自由。

石中英认为学习自由是人类的自由精神在学习活动中的体现，是一种在教师帮助下自愿、自觉和自我指导的学习状态或权利。具体来说，学习自由包括：学与不学或继续与中止自己学习生涯的自由；选择适合于自己发展倾向的学校、班级和教师的自由；选择课程内容的自由；在具体学习过程中独立思考、理解、表达，免于被作为"灌输"、"训练"和"宣传"对象的自由；因为自己见解的独特性或不完善性，免于任何精神或肉体处罚以及不公正评价或对待的自由；质疑教师观点或教材观点的自由；作为平等的一员参与课堂教学并受到同等对待的自由；在任何情况下，哪怕生活陷入赤贫之中，基本学习权利不被剥夺的自由；在终身教育的时代，根据自己所处的不同情况在不同教育形式之间自由流动的权利；参与讨论和决策一切有关自己学习事务（如入学、转学、评价、奖惩、课程

---

① 张天宝. 主体性教育 [M]. 北京：教育科学出版社，1999：75.
② 邢永富. 现代教育思想 [M]. 北京：中央广播电视大学出版社，2001：74.

改革、教学改革等）的自由。①

（二）学习自由的必要性

1. 学习自由是学生的基本权利

学习是人之为人所必备的一种基本生活技能和生活方式，同时也是每个人与生俱来的一项自然权利与自由。每个人只有在理解外界环境、探索宇宙真理的学习过程中才能逐渐实现人格塑造和人格自律，并在追求"人的自我决定和自我实现"中树立人性尊严、形成世界观和人生观，从这个层面上讲，"学习自由"是公民的一项最基本的宪法权利。而每一个人在知识的获取和人格的塑造上，又依赖于外力的帮助、支持甚至是牵制，因此"教育，构成了个人为形成其人格，并在社会中过有意义生活不可欠缺的前提"②，教育成就和保障人的学习自由权，学习自由权又规定了教育的实施范围和道德边界。作为人之为人的基本权利之一，学习自由权具有固有性、不可侵犯性和普遍性。《中华人民共和国义务教育法》第四条、第五条就分别规定："凡具有中华人民共和国国籍的适龄儿童、少年，不分性别、民族、种族、家庭财产状况、宗教信仰等，依法享有平等接受义务教育的权利，并履行接受义务教育的义务。""各级人民政府及其有关部门应当履行本法规定的各项职责，保障适龄儿童、少年接受义务教育的权利。"

2. 学习自由是学生学习活动本身的必然要求

从个体的角度来看，学习活动是一种个体不断地建构和重构自己的经验结构从而提高自己适应和改造环境能力的活动；从人类的角度来看，学习活动是一种最基本的实践活动，其目的在于改造人类自身从而更好地改造外在的环境。但是无论是人类的学习还是个体的学习，都不是一种外在的过程，而是一种内在的过程，是一种内在的思想交流、对话、质疑以及达成新见解的过程。从这个意义上说，真正的学习是自由的学习。学习自由是人类学习活动的性质，体现人类特性的基本条件。学习自由的丧失意味着学生主体性的丧失，学生被异化成知识的奴隶和教化的对象。

3. 学习自由是促进学生发展的保障

发展是学习的目标，而发展是学生个体身心各方面潜能的自我实现，是沿着一种内在的独特的确定性进行的。只有给予每个学生以充分的学习自由，他们的身心各个方面潜在的发展倾向才能够表现出来，从而沿着一条自我实现的道路前进，并有利于教师的学习指导。正如自然主义教育家卢梭所说的："大自然希望儿童在成人以前就要像儿童的样子。如果我们打乱了这个次序，我们就会造成一些果实成熟，它们长得既不丰满也不甜美，而且很快就会腐烂；我们将造成一些年纪轻轻的博士和老态龙钟的儿童。儿童是有他特有的看法、想法和感情的；如果想用我们的看法、想法和感情去替代他们的看法、想法和感情，那简直是最愚蠢的事情：我宁愿让一个孩子到五岁的时候长得身高五尺而不愿他有什么判断的能力。"③ 教育要保证和促进学生天性的自然发展，其责任就在于为学生天性自然、自由的发展创造适当的环境，名义上是为了学生发展的强迫学习不仅无助于学生的发展，甚至会有害于学生的发展。只有在自由的学习活动中，我们才能培养出有着自己独到

---

① 石中英．教育哲学［M］．北京：北京师范大学出版社，2007：209．
② ［日］芦部信喜著．宪法［M］．第3版．林来梵，等译．北京：北京大学出版社，2006：238．
③ 卢梭著．爱弥儿（上卷）［M］．李平沤，译．北京：商务印书馆，1978：91．

见解、对他人观点具有理性的质疑精神、思想开放、充满探究欲望的人。

（三）学习自由的有限性

学习应该是自由的，然而学生的自由是有限度的，"儿童必须或多或少地听命于他们的长者，而不能使他们自己成为自己利益的保护人。在教育中权威在某种程度上是无可避免的，施教者必须找到按自由精神来行使权威的途径"①。

一方面，学生的学习自由需要教师的指导。对于学生而言，无论是对学习内容的选择，对学习方法的选择，还是在学习过程中发表自己的见解，都会受到自身已有认识水平的限制。尽管学习自由意味着学生可以自由学习、讨论、质疑、发言，但是受到自身身心发展水平和经验的限制，他们实际上是不可能做到完全自由的。作为"闻道在先，术业专攻"的教师有责任也有义务为学生的健康发展以及学习自由权利的正当行使提供理论和实践方面的指导，从而使学生真正成为自由的学习主体。

另一方面，学生的学习自由还受到学习纪律的限制。普遍的自由意味着普遍的限制。在学校教育中，每个学生都必须遵守一定的纪律要求，这是对学生学习活动的基本要求。纪律的意义不仅是防止欺小凌弱，维持必要的教学秩序，而且纪律本身也是教育的一部分。"教育者的任务之一，是要改变儿童的愿望，包括在质量和稳定性方面。为了改变儿童的愿望，对他们的愿望的限制是必要的。……同时，一些强制的教育行为，以发展学生新的兴趣。比如，要求学生就他们毫无兴趣的问题写一篇论文，结果，他们可能会对这个问题产生兴趣"②。因此，教育中对学生的自由的限制必不可少，但是并不意味着对他们的限制越多越好。事实上，对学生的纪律约束是与教育目标联系在一起的，学习纪律应建立在学生自觉自愿的基础上，应成为学生学习自由的保护者，学校与教师应检讨所有的纪律措施，选择与学习自由精神相一致的学习纪律，从而使纪律不仅能保障学习自由，而且能够促进学习自由，使学生的学习活动真正成为符合人的本性的自由自觉的活动。

那么，在学校教育中，学生学习的自由又体现在什么地方呢？

资料 3-3

教学片断

片断一：汇报采访体验

师：上节课，我们每一个小组都选好了"探趣臭豆腐"的活动小主题，并根据活动小主题制定了活动计划。你们的活动开展了吗？今天老师想了解你们小组初步开展活动的情况，在调查采访中，你们有些什么经历和体验呢？

学生汇报：

生1：我们是青草莓小队，我们这组选择的小主题"臭豆腐的制作"。我们去采访了南门口做臭豆腐的人，我们看中了一个叔叔，于是就上前问他，一上去，他就说："一块钱四片，买不买？"我们就说我们不买，想问问他臭豆腐怎么做？我们一说完，那个叔叔就板起脸对我们说："没空，没空喽！"之后我们还采访了许多人，

---

① 罗素著.自由之路（下）[M].许峰，等译.北京：文化艺术出版社，1998：530.
② 马凤岐.自由与教育[M].北京：北京师范大学出版社，2008：119.

他们都说没时间！

生2：我们是臭豆腐小队，我们这组活动小主题是"臭豆腐的市场"。我们在南门口、坡子街采访了许多路人。采访过程中发生了两件尴尬的事：一件就是我们问路人喜不喜欢臭豆腐的时候，一个叔叔以为我们要卖给他吃，他连忙说："不吃，不吃！"还有一件事就是在采访时，路人都像看热闹一样看着我们，一个奶奶还问我们是不是闲着没事！

生3：我们是飞鹰小队，我们选择的小主题是"臭豆腐卫不卫生"。我们的采访基本上成功。就是我们问："臭豆腐卫不卫生？"卖臭豆腐的都说很卫生，而路人却都说不卫生。我们都糊涂了，不知道到底卫生不？

生4：我们是开心小调查队，我们这组选择了"关于臭豆腐的趣事"。我们采访了很多人，在采访时，我们这组总结了个经验：采访时不要采访那些打电话的、走路急匆匆的人。要采访那些老爷爷、老奶奶等走路较慢的人。

师小结：看来调查采访可不是件轻松事，大家都碰上了难堪事，有的小组还在采访过程中发现了问题。活动开展不顺利啊！怎样才能让采访顺利进行，达到我们的活动目的呢？学会采访！今天我们就一起来学习如何采访！（板书课题）

片断二：学习采访提纲

师：我们的采访屡屡失败，是因为我们没有做好采访前的准备！进行采访，第一步先要设计"采访提纲"。（板书：采访提纲）今天，老师带来了一份案例，我们一起来看看：（出示案例）

师：看了这个案例，你认为"采访提纲"应具备哪些要素呢？

生1：采访目的

生2：采访时间、地点

生3：采访问题设计、采访对象

生4：还有采访的人员

片断三：采访记录指导

出示采访记录表

师：采访之后，除了做好记录，我们还应该做什么呢？

生1：整理好资料。

师：整理什么资料？

生1：照片、表格、统计表等。

生2：要将自己的收获写下来。

师：其实就是活动后自己的各种体验。

师：在采访的过程中，我们可能会产生新的问题！如刚才一组同学采访老师一天的工作，发现老师的工作非常繁重！那在那么疲劳的环境下，老师的健康状况怎么样呢？这就产生了一个新的问题。那在采访过程中，出现了新问题，我们就可以把它记下来，作为下次综合实践活动的主题。

教师多媒体板书：（1）做好记录，整理资料。

(2) 做好采访体验（趣事、收获等）。

(3) 记录采访中产生的新问题。

片断四：讨论设计重点

师：要想使采访达到目的，你觉得哪一项的设计要精心考虑？

生1：我觉得"采访目的"要精心设计。因为没有目的就不知道去干什么。

生2：我觉得"采访对象"要设计好！如果对象选得不好，也不行！

师：说得好！采访对象非常的重要！比如：采访臭豆腐的制作，如果在街上随便喊个人问，会有好结果吗？不一定！

生3：我觉得"问题设计"要精心考虑。有了问题就知道去了后要问什么？

师：有自己的见解！这个问题设计就像写作文的提纲！它的设计非常重要！采访目的能不能达到，就要看你的问题设计是否直系目的！

片断五：讨论完善采访提纲

小组汇报

飞鹰小队：

采访目的：臭豆腐卫不卫生　　　　采访对象：卖臭豆腐的人

采访时间：周六上午　　　　　　　采访地点：南门口

采访人员：全组人员

问题设计：(1) 臭豆腐这么黑，到底卫生吗？

(2) 炸臭豆腐的油，你们一般用什么油？

(3) 做臭豆腐的佐料是什么？卫生吗？

生1：老师，我觉得他们的采访对象不能选卖臭豆腐的人！因为问卖臭豆腐的人关于臭豆腐的卫生问题，他为了多卖几块，会一致回答：卫生！

师：是的！有些商人赚黑心钱！他为了多赚钱，什么都不管！那这组的同学应选择什么对象呢？

生2：可以采访路人啊！

师：大家认为呢？

生3：我认为不行！臭豆腐在路边小摊上，路人可能都会回答：不卫生！

生4：我也觉得不行！到头来还是不知道臭豆腐到底卫不卫生！

师：怎样做才能找到答案呢？

生5：可以去质检中心啊！

生6：还可以自己做实验观察！

师：对了，质检中心是最有权发表意见的，也是最准确的！自己做实验可能就要请教科学老师了！这些都是解决的办法。

片断六：讨论中学习采访技巧

师：刚才每一个小组都汇报了采访提纲。大家听得很认真，也提出了许多好的建议。好了，"采访提纲"都设计好了，采访一定会成功了吧！老师告诉你们，这次再去采访还不一定会成功，因为采访还有许多需要注意的问题。采访应注意什么呢？

学生汇报：

生1：我觉得采访时首先要有礼貌。

生2：采访时要选择好对象，忙的人你就不要采访他。

生3：采访时，问的问题不要太多，问多了他就烦躁了！

生4：进行采访时要分好工，不要一窝蜂地上前问。那样他会被问糊涂的！

生5：我觉得在采访之前，可以先买几块臭豆腐，他心情一好就会接受你的采访了！

生6：采访时还要做好记录。

生7：采访之前，最好进行练习采访。那样真正采访时就不会紧张了！

师：刚才同学们说了很多，这些其实都是采访的技巧。（板书：采访技巧）采访技巧还有很多，同学们可以上网查找，也可以向记者叔叔们学习。

（资料来源　周静.方法指导，学生依旧是主体——《学会采访》教学实录及反思）

不难看出，上述案例中的学生是课堂的主人翁；教师是课堂的欣赏者、发现者、组织者、开发者和引导者。在"片段一"中，教师扮演一位欣赏者、发现者，倾听学生的各种感受，欣赏学生在活动中的各种表现。同时教师又扮演着一位发现者，发现学生活动中遇到的各种困难，应学生之所求，给学生及时的指导，使得学生对方法指导有迫切的需要，并产生强烈的乐学情绪。在"片断四"、"片段五"、"片段六"中，教师又成为学生讨论活动中的组织者和引导者，在"采访提纲设计重点、完善采访提纲、学习采访技巧"三个环节中，教师没有进行知识灌输，而是设计讨论环节，让学生在讨论中总结方法，课堂学习气氛轻松活跃，学生们其乐融融。为了调动学生学习的兴趣，教师还让学生现学现用，进行现场采访。在轻松快乐的氛围下，学生不仅灵活运用了课堂上的所学知识，而且还发现了自己采访活动的不足，及时进行了修改完善。可以说整个课堂上，学生始终是学习的主体，学习的兴趣格外浓厚，学习效果事半功倍，而这也恰恰是"以学生为本"教育理念的真正践行。

分析思考题

1. 谈谈你对从古至今的学生观变化的认识。
2. 如何理解学生的本质属性？
3. 结合自己的体会，谈谈教育对学生的培养的必要性与可能性。
4. 到一所学校去做一次调查，分析当前学生的学习自由现状并提出自己的看法和见解。

第四章 教育功能

☞本章提要

教育功能是教育学研究的一项主要内容，其基本观点是研究教育所具有的作用。纵观当代教育学研究，大致可以将教育的功能限定在对社会发展和人的发展的功能上。但是，由于研究者的地位、研究视角的差异，导致对教育功能的认识有所不同。

教育功能问题与教育本质问题息息相关，教育功能是教育本质属性满足主体需要的表现形式。在一定意义上，教育本质决定着教育功能。同时，教育功能也受其他社会因素的影响。

第一节 教育功能的概述

所谓教育功能，即教育活动和系统对个体发展和社会发展所产生的各种影响和作用。教育功能涉及"为什么办教育"或"教育干什么"的问题，包含着三个层面的问题，即："教育应该干什么"，"教育能够干什么"和"教育实际干了什么"。"教育应该干什么"，是对教育的价值追求问题；"教育能够干什么"，指教育能够发挥的作用，即教育的功能问题；"教育实际干了什么"，指教育功能发挥的结果，即教育的效应问题。我们认为，教育功能主要是指"教育能够干什么"这一层面的意思。社会与个体需求的发展变化，制约着教育功能的范围。因此，教育的功能可分为个体发展功能与社会发展功能。个体发展主要表现为个性化、社会化和享用等方面，相应地，教育的个体发展功能包括教育的个体个性化功能、个体社会化功能和个体享用功能等方面。教育的社会发展功能主要是教育的经济功能、政治功能、文化功能和人口功能。教育的个体发展功能与社会发展功能是辩证统一的，前者是教育的本体功能，后者是派生功能。

一、教育功能的历史演进

教育作为一种人类特有的社会实践活动，可以说是同人类社会的发展共始终的。教育随着人类历史的发展而发展。不同的历史阶段产生出与之相适应的教育形态，教育功能也因教育形态的不同而有所变化，人们对教育功能的认识也经历着历史性的变化。尽管各阶段对教育功能的认识是多样的，但每一历史时期内，人们对于教育功能的探讨，总有一些具有影响性和代表性的认识。这些理论探讨对当时教育的改革和发展及教育功能的发挥起着至关重要的导向作用。

（一）古代教育的政治伦理功能观

古代的教育功能观具有浓烈的政治伦理色彩。如中国古代社会的"学而优则仕"的思想就体现了中国两千多年的教育价值观与功能观,教育为政治服务,为维系当时"君权神授"的封建统治服务。西方的古代社会亦如此。古希腊、古罗马的教育均是为培养奴隶社会的统治者与保卫者服务。柏拉图在其著作《理想国》中也强调了教育的教化作用。欧洲中世纪的宗教教育更突出了教育的教化作用,由于宗教和政权的紧密结合,使宗教教育也带有浓厚的政治色彩。

(二)近代教育的发展个体功能观

欧洲文艺复兴运动激起了近代教育"崇尚个性"的历史变革。英国斯宾塞在《教育论》中的论述就体现了这一变革。书中深入批判了传统教育只重虚饰而不重实用的弊病,明确主张教育目的应切合实际需要,从多方面为人的物质和精神生活做准备,教育的功能是为个体完满生活做准备。其教育理论从实利主义的道德观、人性观出发,提出知识教学必须顺乎自然,重视发展儿童的心智和身体健康,认为道德教育应遵循"自然惩罚"的教育原则。

(三)现代教育的改造社会功能观

近代教育功能重在发展个体,而现代教育功能则重在改造社会,代表人物美国教育家杜威在《学校与社会》、《民主主义与教育》等书中对该功能论进行系统阐述:教育着眼于儿童个体的进步无疑是正确的,但教育的目的不仅限于此,儿童个体发展应该与社会需求相一致,教育功能应扩展为作用于社会;明确提出学校教育是改造社会、推进社会进步的重要手段;把教育和生活联系起来,并提出了一系列改造学校教育的目标和方案,试图通过这些变革使学校教育真正发挥改造和变革社会的功能与作用。

(四)当代教育的功能主义观

当代教育家们对教育的功能进行了更为广泛而深入的研究,并由此形成了功能主义、社会冲突论、解释主义等不同流派,其中功能主义的教育观点颇具代表性:该理论认为结构决定功能,教育由多种相互联系又相互区别的部分组成,结构的每一部分对整体都发挥着特有的功能和作用。因此,教育结构的多样化也决定了教育功能的多样性;教育功能虽然是多方面的,但这些功能又存在相互依存相互协调的关系,它们是"整合"式地发挥作用;强调保持社会的稳定,教育应该促使社会成员对不断变化的社会在思想、态度方面保持和谐。

二、教育功能的分类

教育功能受多种因素的制约,表现形式复杂,可以依据不同标准对其进行分类①。

(一)从作用的对象看,教育功能可分为个体功能和社会功能

促进人的全面发展是教育的根本目的。这一目的在教育实践中运行的实际表现,构成教育的个体功能。教育的个体功能,是由教育活动的内部结构决定的,如师资水平、课程的设置及内容的新旧、教育物质手段的现代化水平及其运用等,都是影响个体发展方向及其水平的重要因素。教育的个体功能是在教育活动内部发生的,所以也称为教育的本体功能或教育的固有功能。

教育作为社会结构的子系统,它通过培养人进而影响社会的存在和发展,这构成了教

---

① 全国十二所重点师范大学联合编写. 教育学基础[M]. 北京:教育科学出版社,2002:30-32.

育的社会功能。严格地说,它不是教育自身的功能,而是教育所培养的人参与社会生活而发生的功能。因此,教育的社会功能是教育的本体功能在社会结构中的衍生,是教育的派生功能,也称教育的工具功能。教育在不同的社会,表现出社会功能的重点不同、方向不同。如在古代社会,教育的社会功能主要是政治功能,维护统治阶级的既有利益;而到了现代社会,教育社会功能的重点则转向经济功能。

(二)从作用的方向看,教育功能可分为正向功能和负向功能

美国社会学家默顿在20世纪50年代末提出功能分析的另一个维度。他指出,社会功能系指可见的客观结果,而不是主观意向(目标、动机、目的),若不能区分客观社会后果与主观意向,则必然导致功能分析上的混乱[①]。既然是客观的结果,社会功能本身就无所谓好坏。所以,他提出正向功能和负向功能的分类。正向功能是指有助于社会进步和个体发展的积极影响与作用;负向功能是指阻碍社会进步和个体发展的消极影响与作用。

(三)从作用的呈现形式看,教育功能可分为显性功能和隐性功能

显性和隐性也是默顿分析功能的一个维度。默顿指出,显性功能是主观目标与客观结果相符的情况;而隐性功能与显性功能相对,指这种结果既非事先筹划,亦未被觉察到。显性功能是依照教育目的,教育在实际运行中所出现的与之相符合的结果。隐性功能是伴随着显性功能所出现的非预期的功能,如,学校除了教育儿童,学校还在照管着儿童;在学校教育中,也体现出一定的社会关系,再现了社会的不平等。但显性与隐性的区分是相对的,一旦隐性的潜在功能被有意识地开发、利用,就转变成了显性功能。

资料4-1

教育功能分析框架

日本学者柴野昌山以默顿的正向、负向功能及显性、隐性功能这两对功能概念为基轴,将学校教育的功能分为四大类,即A类:显性正向功能,B类:隐性正向功能,C类:隐性负向功能,D类:显性负向功能(见下表)。

学校教育功能的分析框架

类别		主观意向	
		显性	隐性
客观结果	正向	A	B
	负向	D	C

柴野昌山还举例说明了这四类功能现象的存在。譬如,在他看来,考试作为教师评价学习效果、强化学生学习欲望的工具来说具有显性正向功能,但若教师仅凭考试成绩来评价学生,便会导致学生产生书呆子型成就中心的偏向,此可谓隐性负向功能;又如,学校中的表扬制度及晨会之类的仪式性活动的本来目的只在于帮助学生区

[①] [美]默顿著. 论理论社会学[M]. 何兴凡,等译. 北京:华夏出版社,1990:104-105.

分正误,但也可能会产生增强学生对学校的归属意识,促进群体整合等预料之外的副产品,这些副产品便是隐性正向功能;至于显性负向功能,学校从一开始就竭力避免,但由于学生群体的反学校、反教师的亚文化而导致的各种不良行为或越轨行为则属于负向功能。

(资料来源 吴康宁. 教育的社会功能诸论评述. 华东师范大学学报:哲社版,1996(3))

第二节 教育的本体功能

促进人的发展是现代教育所预期的正向功能,即显性正向功能。这一功能是教育本质和教育目的的体现,因此也被称为教育的本体功能,成为派生其他功能的源泉,在教育功能系统中处于基础性地位。

一、教育的个体社会化功能

(一)个体社会化的含义

每个个体都是从自然实体转化为社会实体,每个刚出生的婴儿只具有自然意义,个体从自然实体到社会实体的变化,是通过个体社会化过程实现的。个体的社会化是个体学习所在社会的生活方式,将社会所期望的价值观、行为规范内化,获得社会生活必需的知识、技能,以适应社会需要的过程。人生活在社会上,不可能是孤立存在的,社会化是其生存和参与正常社会生活的必要途径。脱离人类生活环境的"狼孩",尽管有健全的躯体,却不能有人的思维、意识、行为方式,这充分说明了社会化是人之为人的根本。对人类社会而言,社会化使社会能够在社会学和生物学意义上进行繁殖,从而确保它世代延续下去。

社会化的过程是一个持续终身的过程。就其具体内容来讲,大致包括四个方面:(1)获得一定社会的文化价值与社会规范;(2)使个人追求的目标与社会要求相一致;(3)掌握个人取得社会成员资格所必需的技能;(4)学会认同身份以及知道在每一场合下自己所处的角色。

个体实现社会化的途径和方法是多样的,大致可以包括家庭、学校、同伴群体、大众传媒、职业组织、社区等。不同的年龄阶段,社会化的主导因素不同。幼儿阶段以家庭为主,青少年阶段以学校为主,成年阶段以职业组织为主。学校是青少年社会化的主要场所,学校对青少年的社会化是通过有目的、有计划、有组织的教育完成的。

(二)教育促进个体社会化的表现形态

教育是个体社会化的基本途径,教育在促进个体社会化过程中的功能主要表现为以下几个方面。

1. 教育促进个体观念的社会化

观念作为人的一种意识是社会的产物,它的形成受到社会文化背景和现实的社会实践活动的制约。人接受社会文化的过程其实质就是人内化社会观念的过程,而教育在其中起着十分重要的作用。教育在传播文化的过程中是有计划、有目的地按照一定社会的要求,帮助人们形成符合社会要求的观念,抵制社会所反对的观念,促进人的政治观念和道德观念的社会化。

2. 教育促进个体行为的社会化

人的行为要符合所属群体或社会的要求，这个要求就是社会规范。教育通过社会规范的传递，使人们认识到社会规范的意义和内容，认识到应该干什么，不应该干什么，从而规范人的行为，防止个体行为偏离社会的轨道。在日常生活中，教育还具有生活指导的功能。它授予人在社会生活中必需的知识技能，如处理人际关系的技能，帮助人们学会协调理想和现实之间的冲突，使人们首先学会生活、适应生活。

资料4-2

辛格博士挽救狼孩

1920年，辛格博士在印度加尔各答西南部森林的狼穴中救出了两个裸体小女孩。她们中大的约八岁，小的约两岁，分别被取名为卡玛那和阿玛那。辛格博士把她们带到米德纳坡尔孤儿院抚养。

刚入孤儿院时，她们每天晚上像狼一样嚎叫许多次，并竭尽全力寻找出路以便逃回丛林。起初，她们用四肢爬行，慢走时用手掌、膝盖着地；快走时半屈着腿，用手掌和脚掌着地。她们害怕强烈的光亮，在黑暗中却很自在，也会辨别方向。她们寻觅食物时，凭嗅迹追踪。她们常常撕破衣服，摆脱毛毯，扔开被子，即使天气寒冷也不怕。但是她们怕水、火，给她们洗澡时，她们竭力挣逃。她们用舌头舔饮生水和流汁，只吃放在地板上的生肉，从来不吃任何人手里的东西，啃骨头也能不用手来帮忙。

卡玛那对阿玛那怀着深厚的感情。她们俩像小狗一样互相偎依着睡在一块儿。一年后，阿玛那死去了，卡玛那流了眼泪，而且两天两夜不吃不喝。十天过后，她还经常嗅阿玛那生前常到的那些地方。但是卡玛那对其他人却怀有敌意，要是有人在她吃食时靠近，她就咆哮起来，显出凶狠的样子。其他的孩子也引不起她的兴趣。

辛格博士下了很大工夫，可是使卡玛那"恢复人性"的工作仍然拖得很久。不过，总还是有了一点儿成绩。两年以后（即1922年），她学会直立，但还得有人扶着。到1926年她已经能够单独直立行走了，但还不会跑，当她想走得快些的时候，仍像从前一样，四肢并用。至于在学习语言方面，几乎没有任何成效可言。四年以后，卡玛那只能听懂几句简单的话，仅仅学会了6个词；七年过后，她学到45个词，并勉强学了几句话。在她生命的最后三年中，卡玛那喜欢并开始适应人类社会了。人类文化的习惯取代了以前的野兽生活习惯。她已经习惯于晚上睡觉并开始害怕黑暗；她吃东西用手拿着，喝水也使用杯子；也能把时钟报时理解成作息的信号；她整天喜欢和辛格夫人在一起，还能从晾好的衣服中拣出自己的去熨平……但是在智力发展的水平上，卡玛那根本不能与同年龄的正常孩子相比。在刚被发现（8岁）的时候，她的智力只相当于6个月的婴儿；快到15岁时，相当于2岁婴儿；她在17岁那年死去，当时的智力才相当于4岁小孩的水平。

（资料来源 程正方.野兽哺育的孩子与隔离人世的儿童//瞿葆奎主编，雷尧珠，王佩雄选编.教育与人的发展.北京：人民教育出版社，1989：593-594）

3. 教育促进个体职业、身份的社会化

职业是社会化的集中体现。在现代社会中，个体谋求某种社会职业通常是以接受相关的教育和训练为前提的，教育是促进人的职业社会化的重要手段。对职业技术教育、高等教育和成人教育而言，培养人的职业角色意识、技能是其核心要求。基础教育作为一种全面的素质教育，也负有职业指导和职业定向的重要职责，要指导学生根据自己的兴趣、爱好和能力，结合国家的需要，确定自己的未来理想，帮助他们实现自己的职业理想。目前，一些高校开设有"职业生涯规划"等相关课程，有助于学生的自我定位和择业。人们在社会等级结构中的地位就是身份，人的身份常常与职业密切相关，因此，教育对人身份的社会化也起着至关重要的作用。

二、教育的个体个性化功能

（一）个体个性化的含义

个性是指一个人在人生舞台上所扮演角色的一切心理活动的总和。正如阿尔波特所说，个性是决定人的独特行为和思想的个人内部身心系统的动力组织。

个性化是个性形成和发展，其固有特征不断展现的过程。社会性反映的是人对社会的适应，是社会化的结果；个性是个体在实践活动中形成的独特性，它是个体个性化的结果。个性化是一个尊重差异性的求异过程，它反映的不是对社会的适应，而是在继承基础上的发展、变革和创造，因而个性化的核心是个体在社会实践活动中自主性、独特性和创造性的形成。

（二）教育促进个体个性化的表现形态

1. 教育促进个体主体意识的形成和发展

主体意识是人作为认识和实践活动的主体的自觉意识，它包括主体的自我意识和对象意识。主体意识是个体对主观能动性的自我认识。从个体的生存和发展来看，个体具有能动的、积极的作用于外界的能力。人的这种适应现实但又超越现实的特性就是人的主体意识的体现。人的主体意识不是与生俱来的，人要成为认识和实践的主体，必须通过接受教育，获得相应的知识、能力，从而达到变革客观世界的目的。因此，教育过程对个体而言，是一个提高自身素质、增强自我能力的过程。

2. 教育促进个体差异的充分发展

个体的独特性表现在人的个性心理上，诸如兴趣、爱好、理想、信念、世界观、能力、气质、性格等。人的遗传素质蕴涵着个体的差异性，如气质类型的差异、智能优势的差异等。个体由于后天的生活环境、教育影响的不同，即便是相同的遗传素质，也会形成不同的发展结果。教育作为有目的的活动，可以根据学生的不同心理发展特征，选择适合他的发展道路，设计适合他的教育。因此，教育能够尊重个体的差异，因材施教，帮助不同的学生充分开发其内在潜力，形成自己的优势智力领域和特长。

3. 教育促进个体价值的提升

每个个体在未来的社会生活中都具有潜在价值，它的展现过程就是个体价值不断提升的过程。个体的价值是相对于人对社会的贡献和作用而言的，取决于他在社会生活中所发挥作用的大小。个体要体现自身价值，一方面取决于他个人的整体素质高低，另一方面取

决于他赖以生存的社会环境。前者与教育直接相关，后者与教育间接相关。因此，在促进人的价值的提升中，教育的作用极为重要。

三、教育的个体享用功能

教育的个体享用功能，是指教育成为个体生活的需要，受教育过程是需要满足的过程，不是为了达到外在目的而受教育。在满足需要的过程中，个体可以获得自由和幸福，获得一种精神上的享受。

从广义的教育来讲，人的成长必须接受教育。人生来只具有自然的属性，教育教人"成为人"。因此，受教育对人来说，是生命中的最基本需要。对学校教育而言，受教育过程是一个通过促进个体发展不断追求自由的过程。现实中个体的活动要受到种种客观因素的制约，自由的活动不是否定或消除这些因素，而是在遵循这些客观规律的基础上，反映人的主观意志。所以，自由的活动是"外在的必然性"和"自我提出的目的"的统一。一个人受教育越多，对外界必然性的认识就越深刻，就越能按照事物本身的规律，体现自己的意志自由。教育通过知识的传授，教人"求真"、"向善"、"粹美"，促进人的知情意、德智体全面发展，从而造就一种自由人格，造就活动中的自由人。受过教育的人，是自由之人，也是幸福之人。幸福是完美人性的展示和表现，这种人性融智慧、情感、道德于一体，教育通过使受教育者人格的提升和完善，使他们体验到精神上的幸福。

教育固然教人知识，但获得的知识有外在和内在的不同价值。知识的外在价值在于转化为一种力量（知识就是力量）或一种生产力，成为谋生的手段。知识的内在价值在于促进人的身心和谐发展，造就完满的自由人格，使人成为自由之人、幸福之人。所以，教育的享用功能是教育个体发展功能的必然延伸。①

第三节 教育的社会功能

教育是社会的一部分，是构成社会诸要素中的一种，教育作为人类特有的社会现象与社会发展存在着复杂的联系。一方面，社会的发展制约着教育的发展，它既提供教育发展所需的物质条件和教育内容，又对教育发展的层次、规格提出要求，使教育表现出强烈的社会历史性；另一方面，教育对社会的发展具有巨大的促进作用，特别是在现代社会，随着科学技术的日新月异，科学技术对人类社会生活各个方面的影响越来越大，教育对现代社会的发展所起的作用也越来越重要，表现出强烈的社会发展功能。下面将分别从经济、政治、文化、人口等方面分析现代社会教育促进社会发展的功能。

一、教育的经济功能

在大工业产生之前的社会生产技术和生产方式是建立在手工操作的基础之上，这一时期无论是生产技术或是管理知识都还十分贫乏，劳动者通过父子、师徒相传的简单方式，就可以在生产劳动中获得相应的知识，劳动力是在社会生活中自然发展或通过师徒传授方式成长起来的，而不是通过学校造就的。工业革命开始后，机器的出现，使生产技术由经

---

① 全国十二所重点师范大学联合编写. 教育学基础[M]. 北京：教育科学出版社，2002：37.

验变为科学，生产方式由手工操作变为机器加工，社会生产的变革直接导致了对劳动力要求的变革，机器大工业生产要求大量掌握知识的工人和受过训练的工程技术人员和生产管理人员，这些劳动力不可能在生产中自然成长，而必须由学校教育承担起培养较高质量的、能适应社会化生产的劳动力的任务，教育的经济功能大范围地显现出来。随着科学技术的发展，现代社会生产要求劳动力高度智力化，由于劳动者的科学技术水平和智力发展直接依赖于教育，因此学校教育就成为现代生产发展的重要依托，其经济功能愈发明显地凸显出来。

教育的经济功能，不是表现为直接创造物质财富或经济利润，而是表现在对未来劳动力的培养和对科学技术发展的推动作用。对教育的经济功能，可以从以下几个方面加以认识。

（一）教育通过提高劳动者素质促进经济发展

劳动者是社会生产力要素中最重要的因素，其素质的高低直接影响着生产的发展水平，影响着劳动生产率的高低。但人的劳动能力并不是与生俱有的，不是靠遗传获得的，而是通过教育和训练获得的。正像马克思所说的那样："要改变一般的人的本性，使它获得一定劳动部门的技能和技巧，成为发达的和专门的劳动力，就要有一定的教育或训练。"[①] 在古代社会，这样的教育或训练主要在生产过程中进行。自近代资本主义社会起，由于劳动过程和技能的复杂化、知识化，对劳动者的素质（文化水平、技能和智能等）的要求不断提高，学校教育就成了劳动力再生产的重要手段。现代经济正逐步由劳动密集型向资本密集型进而向知识密集型转化，知识和智力在劳动者的劳动能力中所起的作用越来越大。知识密集型的工作更要求劳动者具有较高的科学文化水平，也就更需要接受较高水平的教育。所以，教育一方面能使潜在的生产力转化为现实的生产力，另一方面又可以提高劳动力的质量和素质，提高生产者对生产过程的理解程度和劳动力技能技巧的熟练程度，从而极大地提高劳动生产率，给社会带来极为明显的经济效益。

经济学家们的定量研究充分证明了教育的经济价值。苏联经济学家斯特鲁米林曾运用受教育年限的长短来确定劳动简化率的方法计算出教育程度的提高所产生的价值占国民收入的比率为30%。美国经济学家，1979年诺贝尔经济学奖获得者舒尔茨根据人力资本理论的观点，通过教育资本储量分析的方法推算出教育水平的提高对美国国民经济的贡献为30%。美国经济学家丹尼森运用经济增长因素分析的方法推算出教育对国民收入增长率的贡献为35%。

对于劳动者个体来说，通过教育和训练，他们劳动能力的增强主要表现在下列几个方面：

（1）提高生产者对生产过程的理解程度和劳动技能技巧的熟练程度，从而提高工作效率。前苏联经济学家斯特鲁米林通过统计分析得出结论：在20世纪20年代的苏联，劳动者每增加一年教育，比增加一年工龄对生产的贡献要大2.6倍。

（2）能合理操作、使用工具和机器，注意对工具、机器的保养和维修，减少工具的损坏率。只有懂得工具和机器原理、性能的人，才能合理地使用它们。教育为劳动者提供了这方面的基础知识或专门知识，至少是培养了劳动者用理智的态度来对待工具的使用，

[①] 马克思恩格斯全集．第23卷 [M]．北京：人民出版社，1972：195．

懂得不科学地使用工具可能带来的危害。因此，一般地说，工人的文化训练程度与工具的损坏率成反比。如1983年，有人曾对长春第一汽车制造厂底盘分厂做过有关调查，调查数据表明，在损坏工具的工人中，高中程度的占9%，初中程度的占91%。从农村来看，我国目前机械化程度不高，这一点表现得不突出，但在合理使用化肥等与科学文化知识有关的问题方面，已经表现出劳动者文化程度带来的差异。此外，生产的文明程度，包括生产活动的生态平衡、减少污染等意识与行为，也与劳动者的文化程度密切相关。

（3）提高学习知识和技能的能力，能缩短学习新技术或掌握新工种所需的时间。通过教育，个人获得的不只是具体的知识、技能、技巧，而且提高了人的一般学习能力。越是成功的教育，在提高一般学习能力上的作用越大。在当代社会，提高人的一般学习能力尤为重要，它能使人较快地掌握新技术、新工艺、新工种，以适应生产高速发展变化带来的职业或工种变换的需要。

（4）提高创新意识和创造能力。据国外一些企业统计，劳动者受教育年限每增加一年，合理化建议就平均增加6%。受过完全中等教育的工人在技术创造上的积极性，比没有受过同等教育而工龄相同的工人要多4~5倍。

（5）提高加强生产管理的愿望与能力。现代社会生产率的提高确实需要生产者对管理的参与。教育程度的提高能使人对自己的能力更富有信心，希望劳动安排得更合理和个人有更多的管理、自主权。

（二）教育是推动经济发展的重要因素

现代经济正逐步向知识密集型转化，知识和智力在劳动者的劳动能力中所起的作用越来越大。教育可以提高劳动者的知识水平和技术素质，是提高劳动生产率的重要因素之一，是现代经济发展的重要推动力。在现代化生产中，推动经济发展不再主要依托增加劳动力的数量或延长劳动时间、增加劳动强度，而主要依赖于提高工人的熟练程度和科学技术的转化应用程度。产业革命发生以后，随着机器大生产的快速普及，劳动复杂程度的大幅提高，对劳动者的科技素养和劳动技能的要求也相应提高。据国外学者的一般估计，在20世纪初，各发达国家在经济增长的各种主要因素（即劳动力的增加、资金的增长和技术的进步）中，技术进步的贡献只占到5%~20%，而到了20世纪70年代后，这个比例已增加到60%~80%。技术进步对经济快速发展的贡献已大大超过了资本和劳动力数量增加所产生的影响。美国学者舒尔茨提出了"人力资本"概念，他认为："有技能的人的资源是一切资源中最为重要的资源，人力资本收益大于物力资本投资的效益。"舒尔茨提出了人力资本收益率测算法：（本阶段毕业生与前阶段毕业生的工资差÷本阶段的教育费用）×100%＝本阶段教育收益率。据此，舒尔茨对美国历年教育收益率进行了计算，结果分别为：初级教育为35%，中等教育为10%，高等教育为11%。美国1929—1957年教育投资在增加国民收入中做出贡献的比率则是33%。舒尔茨还对美国"二战"后农业生产的增长进行考察测算，结果显示只有20%是由物力资本投资贡献出来的，其余80%主要依托教育和科技所发挥的作用。参照舒尔茨的方法，日本学者计算了1930—1955年教育投资的收益率。结果显示，国民收入的总增长大约25%是由于增加教育投资而取得的。斯特鲁米林的测算则表明，前苏联国民收入的增加部分，大约有30%是因为学历构成高度化获得的。每1卢布教育投资所取得的国民收入1960年为3.28卢布，1970年为4卢布，1975年为4.13卢布。而同一时期1卢布的农业投资收益率依次为5.12卢布，4.12

卢布，2.60卢布。大量的研究和测算结果都表明，人力资本的开发对经济发展所发挥的作用，大大超过增加物力资本和单纯扩充劳动力的作用。在知识经济时代，教育对经济发展的推动作用日益凸显出来。

（三）教育可以生产新的科学知识、新的生产力

学校是教学与科研的统一体。通过教学，可以实现高效率的科学知识再生产，完成培养人的光荣任务和使命。由学校教育过程实现的这种科学知识再生产是一种无限的、永恒的再生产。只要人类社会存在一天，只要人类需要进行劳动力的培养和训练，需要对年轻一代进行知识的武装、智力的开发、能力的培养、创造性思维的发展，需要向全体社会成员进行科学知识普及，以提高全体公民的科学文化素质，就需要教育进行科学文化知识的传播，需要把已经成形的科学理论传授给新的一代，为新的一代掌握和继承。科学知识的一次传授过程便是一次再生产的过程，只要人类社会发展下去，这种生产便将永远地进行下去。这种再生产也是一种扩大的再生产，因为由教育所进行的这种知识传授，可以使原来为少数几个人掌握的科学知识为众多的人所了解。不断扩大传播范围，形成原子裂变式的辐射。一个师范院校的教师，一生要教几千人，几万人，这些人又变成教师再次把知识传授给他们的学生。师生之间这种代代相传的信息传播，就使得科学知识的再生产扩大到无尽无休的范围和程度。同时，教育进行的科学知识再生产又是一种高效率的再生产，教师以最短的时间、最高的效率、最简便的途径去使年轻一代完成认识的任务。

通过科学研究，能生产新的科学知识、新的生产力。学校，特别是高等学校，有着雄厚的科研力量，有着齐全的学科门类，有着比较完备、先进的科研设备，具备着开展科学研究的诸多条件，在进行科学技术的创造发明方面正发挥着日益重大的作用。当代的高等学校已经成为生产新的科学技术的阵地，甚至科学研究已成为一流大学的重要职能。据1995年统计，我国普通高等学校共有教授28 034人，副教授80 830人，科技人员521 744人。如清华大学截至1995年有教授、副教授1 774人，全校有60个博士授予专业，30多个研究机构。高等学校学科多，设备齐，力量强，拥有科学研究得天独厚的有利条件和优势，能够不断在科学研究中获得新的成就。到1995年，国家发明奖共授奖2 586项，其中高等学校获821项，占总数的31.74%。国家自然科学授奖项目共522项，高等学校获259项，占获奖总数的49.62%。国家科技进步奖6 124项，高校获1 367项，占获奖总数的22.32%。以清华大学为例，1995年清华大学通过技术鉴定的研究成果146项，其中，达到国际水平的76项，国内首创的38项；申请专利的93项，批准专利的48项。[1]

教育的经济功能已被世人所认同和重视，我国从把教育作为经济发展的战略重点出发，提出了科教兴国的战略。

资料4-3

中国科教兴国的历史进程[2]

1995年5月6日，《中共中央国务院关于加速科学技术进步的决定》，首次正式

---

[1] 柳海民. 教育原理［M］. 长春：东北师范大学出版社，2000：56-60.
[2] 傅维利. 师德读本［M］. 北京：高等教育出版社，2003：33-35.

提出在全国实施科教兴国发展战略。

1995年5月26日,在全国科学技术大会上,江泽民同志指出:"科教兴国,是指全面落实科学技术是第一生产力的思想,坚持教育为本,把科技和教育摆在经济、社会发展的重要位置,增强国家的科技实力及实现生产力转化的能力,提高全民族的科技文化素质。"

1995年,党的十四届五中全会提出面向21世纪实施科教兴国的政策建议。在关于国民经济和社会发展"九五"计划和2010年远景目标的建议中,把实施科教兴国战略列为今后15年直至21世纪加速我国社会主义现代化建设的重要方针之一。

1996年,全国人大八届四次会议通过了关于国民经济和社会发展的"九五"计划和2010年远景目标,确立了我国中长期教育发展目标和改革的总体思路,其中把科教兴国战略作为我国的一项基本国策。

1997年9月,党的"十五大"重申加快实施科教兴国战略和可持续发展战略的重要性和紧迫性,强调要切实把教育摆在优先发展的战略地位,把发展教育和科学作为文化建设的基础工程。

1998年3月,在九届全国人大一次会议中外记者招待会上,国务院总理朱镕基在人民大会堂宣布:"科教兴国是本届政府最大的任务。"会后,新一届政府成立了国家科技教育领导小组,朱镕基总理亲自任组长。

1998年5月4日,江泽民同志在庆祝北京大学建校一百周年大会上的讲话中进一步指出:"全党和全社会都要高度重视知识创新、人才开发对经济发展和社会进步的重大作用,使科教兴国真正成为全民族的广泛共识和实际行动。"江总书记的讲话,再次向全党和全国人民发出了实施科教兴国战略的动员令。

1998年6月9日、10月28日、12月31日,国家科技教育领导小组先后召开三次会议,分别审议了中科院知识创新工程试点和教育部《面向21世纪教育振兴行动计划》,部署科教兴国战略的实施。

2002年9月8日,江泽民同志在庆祝北京师范大学建校一百周年大会上发表了重要讲话,深入全面地论述了教育创新的思想,对实施科教兴国战略提出了新的任务和要求,把教育创新提高到与理论创新、制度创新、科技创新同等重要的地位,成为实施科教兴国的重要途径。

2002年11月8日召开中国共产党第十六次代表大会。"十六大"报告提出:大力发展教育和科学事业。教育是发展科学技术和培养人才的基础,在现代化建设中具有先导性和全局性作用,必须摆在优先发展的战略地位。全面贯彻党的教育方针,坚持教育为社会主义现代化建设服务,为人民服务,与生产劳动和社会实践相结合,培养德智体美全面发展的社会主义建设者和接班人。坚持教育创新,深化教育改革,优化教育结构,合理配置资源,提高教育质量和管理水平,全面推进素质教育,造就数以亿计的专门人才和一批拔尖创新人才。加强教师队伍建设,提高教师的师德和业务水平。继续普及九年义务教育。加强职业教育和培训,发展继续教育,构建终身教育体系。加大对教育的投入和农村教育的支持,鼓励社会力量办学。完善国家资助贫困学生的政策和制度。制定科学和技术长远发展规划。加强科学基础设施建设。普及科学知识、弘扬科学精神。坚持社会科学和自然科学并重,充分发挥哲学社会科学在经济和社会发展中的重要作用。在全社会形成崇尚科学、鼓励创新、反对迷信和伪科学的良好氛围。

从上述资料可以看出，自改革开放以来，我国政府在教育发展方向上作出了较为重要的决策，教育也得到了优先发展，这对于促进我国经济建设起着重要作用。

不过，我们也应当看到，教育在促进经济发展上，由于对经济未来发展趋势的预测或者由于教育本身在课程设置、专业发展等方面存在的问题，也导致教育在促进经济发展上会走一些弯路。

📝 资料4-4

大学生"回炉"，是喜？是忧？

近来21岁的新疆小伙子阿合买提持着大专毕业证书往返于各类人才招聘会。阿合买提发现，相当数量的招聘单位需要技术人员，而且要求应聘者具备相应的证书，诸如会计证、电算证、英语水平证明、计算机水平证明、社会实践证明等。有些单位在学历方面并没有严格的要求，但是他们很看重应聘者的工作经验和是否具备一技之长。眼见着一些学历并不高的技校、中专毕业生找到了工作，而学历相对较高的大专、本科毕业生却和自己一样，依旧徘徊于人才市场。难寻工作的经历令阿合买提认识到，曾经被视为"敲门砖"的大学毕业证书已经不足以帮助自己顺利地找到工作，要想在人才市场中受欢迎，还必须拿出自己的看家本领。与其坐视别人找工作，不如自己也到技校去充电，为谋得令人满意的工作职位增添筹码。在经过一番思考和选择后，阿合买提决定到新疆保安技校去"镀金"。

阿合买提到技校"回炉"一事，一度引起社会的争议。有人指出，目前许多技校已经敞开大门广揽大学生，技校回炉已不再是新鲜事。有些大学生认为，技校回炉是对将来求职的"再投资"，同时也能提高自己的实践能力。除此之外，"回炉"也可以作为重新选择专业或职业的一条捷径。有些社会人士认为，大学生技校回炉正表明他们在就业压力日益严峻的情况下，开始主动摆脱"学而优则仕"的传统读书观，正视社会需求和自己的实际能力，树立新的职业观念。因此，对于大学生技校回炉应当给予充分的鼓励。有人则认为，大学生"回炉"是高校教育重理论、轻实践的突出表现，是一种教育资源的浪费。还有人认为，大学生技校回炉应当归咎于高校专业设置不合理以及学校就业指导的失误。

（资料来源　贺占军．大学生"回炉"，是喜？是忧？．中国教育报，2003）

二、教育的政治功能

学校教育自产生之日起，其政治功能就显得十分突出，而且长期以来一直成为传统教育的核心功能。到了近现代社会，学校教育的经济功能凸显，政治功能不再是教育的核心功能，但依旧是教育的一个十分重要的功能。在现代社会中，阶级之间、民族之间、多种政治势力之间的矛盾和斗争并没有结束，有些方面反而愈演愈烈，斗争方式也更加错综复杂，趋于国际化。在新形势下，教育的政治功能没有也不应该减弱，反而在某种程度上需要强化。

（一）培养未来公民的政治意识，为实现年轻一代的政治社会化奠基

一个社会，如果公民的政治意识和行为方式符合政治制度的要求，这一社会政治制度就能维持其存在。学生正处于人格的奠基和形成过程中，政治意识的培养十分重要，他们的政治意识一旦形成，就会成为衡量社会政治中的任何活动及任何变化的标准，并指导自己的行动。今天的学生是明天社会政治活动的参与主体，他们具有什么样的政治意识，会影响到他们对现存社会政治制度的态度是拥护或者反对，并进而影响到现存社会政治制度的生存与发展。

教育培养学生政治意识，促进年轻一代政治社会化，一般有三种形式：

（1）设立学生必修的政治教育课，公开灌输符合某一社会（或阶级）利益的政治观点和道德观念。各国在政治教育课方面都有明确的规定，如日本的道德教育课、德国的政治教育课、法国的公民教育课、美国的时事课和民主问题课。我国从中小学起就十分重视政治思想教育，中共中央于 1985 年 8 月发出《关于改革学校思想品德和政治理论课程教学的通知》，规定小学阶段要对学生进行以"五讲四美"和"五爱"为中心的社会常识（包括法律常识）和社会公德教育，指导学生从小培养良好的思想品德和正确的行为习惯。初中阶段，要进行道德教育、民主和法制教育、纪律教育，进行社会生活和社会发展规律以及社会主义建设常识的教育，使学生逐步培养其爱国主义精神，社会主义道德品质和高尚的审美情趣，了解和遵守社会主义民主、社会主义法制和民主集中制原则，树立遵守法律和纪律的观念，对我国社会主义的实际情况和发展方向有一个初步的认识，树立自己对社会的责任感。高中阶段，要进行初步的经济学和其他社会科学教育，使学生正确认识人生的意义以及个人和社会，权利和义务，主观和客观，自由和必然，幸福和牺牲，革新与传统，理想和现实等一系列的相互关系，初步学习运用马克思主义观点、方法分析和观察社会现象。高等教育阶段，要以马克思列宁主义、毛泽东思想、邓小平理论和"三个代表"重要思想为指导，深入贯彻科学发展观，坚持用发展着的马克思主义武装大学生，始终保持教育教学的正确方向；针对大学生成长过程中面临的思想道德和法律问题，有效地开展马克思主义的人生观、价值观、道德观和法制观的教育，使大学生成长为德智体全面发展的中国特色社会主义事业的合格建设者和可靠接班人。这些思想政治教育，旨在培养学生具有一定的政治意识，把学生的思想认识统一到符合一定社会政治制度要求的轨道上。

（2）通过隐性课程的影响力，潜移默化地影响学生政治意识的形成。政治意识的形成，不仅涉及思想认识的提高，也涉及情感的熏陶。政治理论课和各学科教学中的思想政治教育，是一种公开灌输的形式，更多的是解决政治认识上的问题。但若没有情感上的支持，不可能有稳定的政治意识。学校还有许多课程教学以外的教育因素，如教师自身的人格魅力、政治倾向、集体舆论、校风、班风、同学间的相互作用等，也对学生政治意识的形成具有潜移默化的影响力。我们将这些教育因素称为隐性课程，它的影响具有隐蔽性、弥散性和非强制性的特点，更能渗入学生的心田，成为稳定的情感性力量，对学生政治意识的培养具有重要而持久的意义。

(3) 组织学生参加一定的社会政治活动,在实践中强化他们的政治意识。学生通过政治教育课等途径接受一定的政治思想观点,但一般还不稳定,其政治意识只有在实践中才能得以强化并最终形成。学生在参加校内外政治活动中,其思想意识中各种矛盾暴露出来并受到考验,教育者及时帮助他们明辨是非,调整和强化他们的政治思想体系和道德观念。学生参与政治活动,是一种综合的过程,它不单是人的行为实施过程,其中也包括人的思想认识、情感态度、意志品质的参与和发展。应该指出的是,学生参加社会活动要适宜,在政治斗争激烈时或者采取重大政治措施时,学校成为重要的舆论阵地,学生成为一支政治力量,但在一般情况下,学校不宜过多采取运动的方式,否则会助长学校政治工作的形式主义,并误以为这就是教育为政治服务的唯一途径。

教育通过直接灌输与间接渗透相结合,理论指导与参与实践相结合,培养未来公民的政治意识,实现年轻一代的政治社会化。

(二)教育为选择和培养专门的政治人才奠定基础

在古代,国家统治者和重要官员的确立,主要依赖世袭制和等级制。在现代,随着政治民主化,通过系统教育方式来选拔和培养多级政治人才已成必然趋势,世界各国除了利用一些名牌学校培养和选拔人才外,还建立各级各类的专门院校,大量培养各种政治、外交、军事、党务等方面的人才为巩固国家政权服务。随着领导干部年轻化、知识化、专业化建设步伐的加快,政治人才需要具有较高的学历。有资料显示,居于社会领导地位的人,普遍有较高的学历,并且很多毕业于名牌大学。英国历史上50多位首相中毕业于牛津、剑桥两校的就达30位以上。据1979年统计,英国当年399位保守党议员中有94位毕业于牛津大学,75位毕业于剑桥大学。在美国,从1789—1953年,约有67%的高级政治领导人(包括总统、副总统、众议院议长、内阁成员、最高法院法官)是大学毕业,其中绝大多数毕业于哈佛、耶鲁、普林斯顿、阿默斯特等名牌大学。在日本,1937年在1 377名文职官员中,有1 007名即75.6%是东京大学的毕业生。

(三)教育能够制造和传播政治舆论和思潮,影响社会政治稳定和发展

政治舆论和政治思潮是政治稳定与发展不可缺少的因素。学校自古以来就是宣传、灌输、传播一定阶级的思想体系、道德规范、政治路线的有效阵地,对社会政治舆论和政治思潮的形成有重要影响。这是由于学校里的教师和学生本身就是社会成员的一部分,他们的思想意识是整个社会思想意识的一个重要方面。同时,学校尤其是高等学校是知识分子和年轻人相对集中的地方,他们知识丰富,思想活跃,眼光敏锐,批判意识强,一般都比较忧国忧民,有敢为天下先的勇气和冒险精神,具有强烈的爱国主义精神和政治责任感,这就使得学校是研究、探讨和传播各种政治思想,形成各种政治思潮比较集中的地方,往往是新思想、新思潮的策源地和"集散地",其对社会政治舆论和思潮有着广泛深远的影响。[1]

三、教育的文化功能

"文化"是一个使用十分广泛的概念,但迄今为止没有一个大家公认的定义。综合各种解释,广义的文化包含三个层面:(1)物质文化,如生产工具、器械、建筑物、文化

---

[1] 李保强,周福盛. 教育基本原理[M]. 济南:山东人民出版社,2008:99-100.

景观等,又称为物质财富;(2)制度文化,即典章制度以及维系个体生活与一定文化共同体的人类关系的法则,如经济制度、婚姻制度、政治制度、法律制度等;(3)精神文化,又分为客观精神文化(如科学技术、艺术作品、道德规范等)和主观精神文化(如思维方式、价值取向、宗教情绪等)。狭义的文化主要指精神文化,它是文化的深层,与学校教育关系密切的主要是这类文化。文化对教育有着广泛而深刻的影响,而教育对文化的继承和发展也具有十分重要的作用。

(一)教育具有传递、保存文化的功能

自有教育以来,教育就承担着传递人类文化的任务。教育通过教育者和受教育者的共同活动实现文化的传承。传递文化、培养人才是教育的基本职能,也是教育的本质所在。在教育活动中,教育者将人类积累起来的文化,经过选择、加工成教育语言和文字的形式,在与受教育者的互动中传递给受教育者。于是,上一代的文化被传递到下一代,为他们所继承、接受、理解、掌握,成为他们知识经验的新成分。文化的传承在教育过程中得以实现。由于学校教育过程是有目的、有计划、有组织的活动,教育过程中的文化传递具有系统化、集中化、高效化等特点,因此,教育在社会中成为传递文化的最重要的手段。人类通过教育不仅可以获得文化、继承文化,而且教育亦可使受教育者掌握获得文化的工具和手段。通过教育,受教育者首先掌握了语言和文字,这是获得文化的基本工具,也是创造和发展文化的重要手段。伴随着社会的前进和科学技术的进步,各种新的文化传媒不断涌现,教育利用这些传媒高质高效地进行文化传播,同时,也把使用这些传媒的方法教给了学生。于是,学生便可利用这些新的工具和手段,如电视、录音、录像、电子计算机等去获得课堂以外的文化。

(二)教育具有选择文化的功能

教育内容的传递,是在对文化的选择和重组的过程中实现的。面对人类千百年来积累的浩如烟海的文化宝库,文化体系中精华与糟粕并存,而且现代社会文化如此复杂化和多元化,教育在传递给学生文化内容上必须有所选择和重组。

教育选择和重组文化以构成学校教育内容,其依据是社会发展的需要和学生的身心发展的年龄特征。教育对文化的选择表现为肯定性选择与否定性选择两个方面。如果文化内容与教育目的和教育目标一致,则加以吸收,将其纳入学校教育内容和活动之中;如果文化内容与教育目的和培养目标相背离,则以摒弃或批判的方式将其排斥于学校教育内容和活动之外。但是,学生并非接受文化的容器,要将客体文化内化为学生主体的文化,选择文化时还要考虑学生身心发展水平,根据受教育者各年龄段的身心发展特点,对所选择的文化经过整理、加工、改造,以学生可接受的方式传递给学生并内化为学生主体的精神财富。教育通过对文化的肯定性选择与否定性选择,客观上也就具有了净化、提炼文化的功能。

(三)教育的文化交流、融合功能

文化是一定时期特定地域人们的思想、行为的共同方式,具有地域性。然而,现代社会生产力的发展和市场经济的形成,使政治、经济、文化等各方面已经打破了封闭的地域性而走向开放,文化的交流成为必然,文化的融合是文化交流的产物,它表现为不同文化的相互吸收、结合而趋于一体的过程。教育从两个方面促进文化的交流和融合:一方面是通过教育的交流活动,如互派留学生、教师的出国访问、学术交流等,促进不同文化间的相互吸收、相互影响；另一方面，教育过程本身通过对不同文化的学习，对文化进行选择、创造，对旧的文化进行变革、整合，形成新的文化，促进文化的不断丰富和发展。教育的过程，作为文化学习的过程，不是对文化的简单认可和复制，而是对文化的选择、重构和创造，这一过程实现了文化的融合。教育是促进文化交流、融合最积极、最有效的方式。

（四）教育具有更新、创造文化的功能

教育激活文化的功能，最根本的体现就是对文化的创新。一方面教育对文化的选择、批判和融合，总是着眼于古为今用，洋为中用，取其精华，弃其糟粕，适应社会发展变化的需要，构建新的文化特质和体系，使文化得到不断的更新和发展。另一方面，教育要创造一种新的文化。教育创造文化有直接和间接两种途径。直接途径是教育直接生产新的文化，包括新的作品、新的思想和新的科学技术。教师在教育活动中，不只是知识的传播者，而且是知识的创造者，他们是新的文化力的生产者。教师与知识的联系不只限于将知识转化为学生可接受或易于接受的形式，而且表现为通过科学研究创造知识。"教师就是研究者"，这是当代社会、当代教育对教师角色的新定位。教育创造文化的间接途径，也是最根本的途径，就是创造性人才的培养。教育通过传授作为人类精华的文化，培养人的个性和创造力，并将这种创造性的人才输送到社会的各行各业中去，他们在各自的岗位上直接从事文化创造活动，教育系统就像一个能量丰富的文化创造源，实现文化创造的"辐射"和"裂变"效应。

资料 4-5

网上学校挑战传统教育

统计资料显示，预计 2003 年网上学校会为办学机构带来 6.5 亿美元的收益。可见网上学习甚有市场发展空间。

E-School 业务发展经理彭楚夫表示，"以美国的经验来看，我相信香港的网上学习市场会很有潜力"。从筹备到推出只花了一年多时间，彭楚夫形容发展经过为"好难忘的经历"。他说："以前的话，都是从国外买一套现成的系统使用，但却发觉都没有中文支持系统，而且扩展空间有限，最后只有自己动手开发了。"彭楚夫有多年从事 IT 工作的经验，他曾在美国及日本的多家 IT 公司工作，有机会间接地结识各国 IT 界"强人"。

现时 E-School 所用的电脑系统，基础部分全靠"强人"帮助，才得以在短时间内完成。"在香港真的好难找到一个合适的人编写一套程序，好在有两位来自硅谷的朋友帮忙"。这套开发资金达数百万之巨的电仪系统，最后竟用了差不多九个月的时间才完成。现时 E-School 只提供初级普通话和英语写作课程，而后亦会陆续推出其他语言课程。"我们暂时推出一些中小学生的补习班课程，因为我们的目标是针对成年学生，我们多数会同大学合作，比如像现在的初级普通话课程，系衔接香港大学的中级普通话课程。我们正抓紧同一所国外大学的合作计划，迟些时候会公布。"

开业只有短短一星期，已成功吸引七十多名学生报读，彭楚夫预期年底前便可吸纳约两千名学生。"以现在的情况而言，两年之后大概可以做到收支平衡，因为除了学费收入之外,我们还会有广告及销售教科书的收入,但终究我们办教育的,赚钱不是我们的大前提,将网上教学推广出去是我们的目标。"

虽然彭楚夫预计网上学校不可能取代传统的教学模式,但他也表示,"网上教学同传统教学一样,都有自身的缺点与优点,我相信两者可以互补长短。"

(资料来源 李春生. 网上学校挑战传统教育. 世界教育信息,2000 (3))

四、教育的人口功能

人口是指生活在一定社会的一定地区、具有一定数量、质量和结构的人的总体。人口对教育有一定的制约性,一定人口的数量和结构对教育的规模和结构具有一定的影响;同时,教育对人口的数量、质量和结构也有一定的影响,表现为教育的人口功能。

(一) 教育可减少人口数量,是控制人口增长的手段之一

控制人口增长的手段很多,发展教育是其中之一,而且被认为是长远起作用的手段。一些人口学家研究后得出的结论是:全体国民受教育程度的高低与人口出生率的高低成反比。研究者在拉丁美洲做过的有关调查表明:有工作的妇女生育率低于家庭妇女;有专业知识的妇女生育率低于一般农村妇女;受过中等程度教育的妇女的婴儿死亡率低于文盲妇女。在我国的有些调查资料中也反映出同样的倾向,即人口的平均文化程度越高,人口出生率就越低,反之亦然。一系列资料表明,受教育程度不同的人有着不同的生育观:受教育水平较低的群体或个人倾向于不加节制的高数量的生育;受教育水平较高的群体或个人倾向于有所节制的比较合理的生育。据统计,70年代中期,欧洲发达国家成年人口的文盲率不足1%,其人口平均增长率约为0.72%;而非洲大多数国家的成人文盲率在70%以上(例如埃塞俄比亚为85%,尼日尔高达92%),其人口平均增长率为2.6%,1980—1984年又进一步升高到2.9%。另据统计,在美国,每百名受过中等以下教育的母亲,一生生育的子女数为124.1个,受过中等教育的约为118个,受过高等教育的为96.9个,我国的情况也大致如此。

教育的发展和人口受教育程度的提高能够有效地控制人口的增长。主要表现在:

教育程度的提高可使人们更容易理解人口增长与经济、社会发展间的相互制约关系,乐于支持政府计划生育的号召,他们比受教育较少的父母在保护环境生态平衡、有节制地利用资源、保证社会获得良好发展等方面,更具有责任心。

教育程度的提高可使人们更倾向于用现代的、科学的眼光看待传统的价值观和社会风俗,他们对生育子女的注意力主要集中在:孩子能否健康成长,能否受到良好教育以及孩子的未来发展和事业成就上。也就是说,他们主要关心的不是希望孩子给家庭增加多少收入和作为养老保证,而是在孩子的未来发展上,因此也就不再为"多子多福"、"重男轻女"等观念所束缚。

教育程度的提高可使人们往往更重视自身价值的实现和对人生幸福的追求,他们不愿意因多生育而耽误自身的发展和生活的美满。

随着受教育年限的延长,男女结婚和生育的年龄一般会往后推移,而妇女结婚越晚,生育子女的数量一般会越少。前苏联学者曾做过这样的推算,如果不加任何节制,一个生理条件刚刚成熟就结婚的妇女,一生平均可生育10个子女,20岁结婚,平均生育8.4

个，25岁结婚，可生育6.2个，30岁结婚，可生育4.2个。

教育程度的提高增加了妇女就业的机会，提高了妇女养育儿童的难度，这些都使人们愿意控制人口的增长。

由此可见，教育具有控制人口增长的社会功能。为了更有效地发挥这一功能，不仅要普遍提高社会民族的文化水平，而且应对成人和青少年进行专门的人口教育。对成人的教育可通过大众传播媒介进行，使人人懂得控制人口增长与国家发展、家庭幸福的关系，懂得怎样实现计划生育和优生优育。对青少年的教育主要通过学校来实现，在学校中增设人口教育课程，其主要内容是揭示人口变化、人口状况、人口发展以及与基本生活质量方面的相互关系。在我国，这门课程还包括我国的人口政策及青春期生理卫生等内容。

（二）教育可提高人口素质，是改变人口质量的手段之一

人口素质是由人口的身体素质、科学文化素质和思想品德素质三个方面的内容构成的，它们都与教育息息相关。

人口身体素质是指人的身体健康状况和大脑的功能状况。它取决于两个因素：一是先天遗传，二是后天的营养、保健和锻炼。一般说来，受过较高教育的人，大多容易掌握优生学和遗传学，懂得近亲结婚以及各类遗传病对新生一代的危害，能有意识地注意妇女孕期的保健卫生，尽量减少因用药不慎、疲劳过度、神经紧张等对胎儿带来的不利影响，从而大大减少了先天愚型儿和先天残疾儿的出生。受过高等教育的父母也更注重胎教，有助于胎儿的情绪和智力的健康发展。此外，受过教育的父母对人类自身生命发展的客观规律了解和认识也较深，在安排个人及孩子的饮食起居、卫生和体育锻炼方面更能符合科学的要求，这对提高身体素质也是非常重要的。

教育对人口文化素质的影响更为明显和直接，人口科学文化素质的高低主要取决于教育的好坏。世界上通常用下列具体指标来衡量人口的文化素质：文盲率或识字率；义务教育普及和提高程度；就业人口的平均受教育年限；每万人口中科技人员数等。显然，这些指标直接受制于教育。近些年，联合国已经把人口的科学文化素质的高低作为判断国家发达程度的重要标准之一。例如，如果一国的成年人口的识字率低于10%，就可把该国看成最不发达的国家。

人口思想品德的形成也依赖于教育，可以说，有什么样的教育环境就会培养出什么品质的人。马卡连柯说过："没有健全的教育环境而能养成真正可贵的品质的例子，我连一个也没有见过，或者反过来说，有了正确的教育工作而会产生堕落的性质，也是不会有的。"因此，一个文化素质较高、文化氛围较浓的家庭以及良好健全的学校教育和社会教育的环境，对提高人口思想品德素质的作用是不容忽视和低估的。

（三）教育可使人口结构趋向合理化

人口结构包括人口的自然结构与社会结构。自然结构指人口的年龄、性别等方面的比例。社会结构指人口的阶级、文化、职业、地域、民族等方面的比例。所谓人口结构的合理化就是指人口结构有利于社会生产和人口的自然平衡。

1. 教育影响人口的性别结构

受过一定教育的妇女生育观会改变，使她们摆脱了"重男轻女"的传统思想，从而降低了女胎流产率，进而调整着新生儿的性别结构。

2. 教育影响人口的年龄结构

主要体现在教育对生育率和死亡率的影响上。由于教育对人口数量的控制使得生育率大大降低，人口增长缓慢。另外，受较高文化教育的人群，具有较丰富的科学知识，因而常常比较了解营养、卫生、体育与身体素质的关系，按照较科学的方法生活、劳动和锻炼，降低了自身死亡率。同时也能按照科学的方法培养儿童，使婴儿和儿童死亡率较低。生育率与死亡率的改变，不可避免地要改变着人口的年龄结构。

3. 教育影响人口的城乡结构

人口的城乡结构实际上就是城镇人口的比重。城镇人口比重的大小是衡量一个国家经济发展水平特别是工业发展水平高低的重要标志。从1983年城市人口占总人口的百分比来看，全世界总平均为39%，发达国家和地区为70%，发展中国家和地区仅为29%。我国随着社会主义经济建设的进展，城镇人口比重有所上升，城镇总人口比重，1964年全国人口普查时达到18.4%，1982年上升到20.8%，但仍低于世界平均水平。因此，我们要赶超世界发达国家，必须加快农业国向工业国的转化，改变城乡人口比例，这就有赖于大力发展教育，特别是普及农村教育，提高农村人口素质。

（四）教育有利于人口的迁移

人口迁移是指人口从一个地点向另一个地点的迁居活动。人口有计划的合理迁移，对适应生产力发展和资源开发，促进地区间文化技术的交流、合作与发展，都具有积极意义。影响人口迁移的因素诸多，其中教育对人口迁移的影响主要表现为：

1. 受过教育的人口更容易作远距离迁移

受过较好教育的人不易受本土观念的束缚，他们更想到最适合发挥自己才能的地方去工作。另外，由于迁入城市大多是以资本密集型和知识密集型产业，或是第二、第三、第四产业为经济主体的城市，这就决定了迁入这些城市的人员必然是一些具有一定专业技术水平的人。以广州为例，在1990年的流动人口中，小学文化程度和文盲半文盲人口都较少，分别为93.04万人和13.06万人，占总人口的28.07%和3.94%，而初中以及以上文化程度的人口达206.44万人，占总人口的62.28%。与全省人口平均水平相比，流动人口的大学、高中和初中文化程度人口所占比重分别高出0.13个百分点、3.48个百分点、26.35个百分点，相反，小学和文盲半文盲人口所占比重分别减少12.4个百分点和6.62个百分点，流动人口总体文化素质高于全省平均水平。可见，发达的经济、先进的科技是吸引迁移人口的重要因素。

2. 教育本身就实现着人口的迁移

现代教育，特别是现代高等教育如同一个人才集散地，它把各地区的人才聚集起来，加以培养，然后根据社会发展的需要、学习者的志愿和特长，再把他们输送出去，从而实现跨区域的人才流动。这种由教育本身所实现的人口迁移，最显著的优点在于可使各个地区有计划地输入经过专门训练的技术人员和熟练工人，有利于各地区的经济增长和社会发展。

📝 资料4-6

教育帮助金寨县实现了人口与经济的良性循环

金寨县地处鄂豫皖三省七县两区结合处，辖29个乡镇（办事处），总面积3 814

平方公里，总人口63.5万，是安徽省面积最大、山区人口最多的县。20世纪80年代初，这个人多地少、人多粮少、山多林少的县，常流传着两句顺口溜"冬天晒太阳，吃饭倚门框，四季靠救济，贼来心不慌"。为了改变金寨县的落后状况，积极响应国家计划生育政策，1983年县政府率先喊出了"贫困山区要致富，少生孩子多栽树"的口号。

由于当地群众始终抱着传统的"多子多福"，"不生男孩不罢休"的观念，因此推行计划生育困难重重。于是，金寨县在控制人口数量的基础上，大力提高人口质量，力图通过宣传计划生育和普及义务教育的方式改变人们的生育观念。金寨县1980年成人受教育年限仅为3.7学年，1990年上升到4.5学年，2000年上升为8.3学年。1998年，全县扫除了青壮年文盲，普及了九年义务教育。高中升学率也由1978年的10%上升为30%以上。

在过去的20年里，随着群众文化素质的提高，他们的观念果真有了巨大的转变。他们把眼光从"生男孩"转到勤劳致富和改善生态环境上，真正实现了当年"少生孩子多栽树"的发展目标。2001年，全县人口出生率由1980年的25.3%下降到11.37%，全县无孩和一孩妇女占已婚育龄妇女的54%，多孩妇女仅占9.3%。按"三普"的生育水平推算，20年来全县少生了10万余人，少生人口减少毁林面积6.7万多公顷。同时，20年间，全县多造林13万公顷，森林覆盖率已由1980年的33.4%上升到目前的70%以上。而今，金寨县的顺口溜变成了"绿山绿岭绿村庄，多数农户楼瓦房"。

（资料来源 陈昌清．推行计划生育改善生态环境——金寨县实施"少生孩子多栽树"发展思路20年之调查．人口与经济．2002（5））

教育能积极地促进社会的进步和发展，积极地促进个体的成长与发展，这些都表现为教育的正向功能。但是教育也可能产生负效应，体现教育的负向功能，即对社会发展起着消极的阻碍作用，对人的成长起着消极的阻碍作用。例如，旧的政治制度消亡之后，旧的教育思想和教育内容可能残存一个时期，这些教育思想和内容对新的政治制度的建立和发展，就可能起着消极的阻碍作用；再如，日本、德国曾实行的沙文主义教育、军国主义教育，不但没有促进社会进步，反而给人类带来了灾难。这些都属于教育社会功能中的负向功能。某些教育也可能阻碍个体的成长和发展，例如，陈腐的传统的教育思想和僵硬的教学方法，可能窒息人的智慧和创造力；在片面追求升学率的怪圈中，学生心理得不到健全发展，社会应变能力低下，身心发展也可能受到负面影响。这些均属教育的负功能。

本章围绕教育对社会发展和个体发展的功能，回答了教育能够干什么的问题。这两大功能说明，教育是提高民族素质，关系社会主义现代化建设的基础工程，是关系人的一生发展的奠基工程。我们主要是从积极的意义上来分析教育的功能，这些功能能否得到充分发挥，取决于教育本身的运作和它所处的社会环境。

分析思考题

1. 什么是教育功能，教育功能有哪些不同类别？

2. 历史上有影响性和代表性的教育功能理论有哪些？
3. 为什么说教育对个体发展具有十分重要而又特殊的功能？
4. 联系我国当前实际，说明教育与社会经济、社会政治之间的关系。
5. 教育对文化的继承和发展有哪些重要的作用？
6. "北京已经成为全球资源最匮乏的首都？这是几年前外国对北京的判断。如今，面对'屡设屡破'的人口规划控制目标，北京的常住人口增长规模已经严重超过我们的预期。在2020年，我们将不得不接受北京2 100万常住人口的现实。这显然已经超出了北京人口控制在1 800万以内宜居的目标，作为一个资源稀缺型城市，北京目前的人口已经接近各种资源的承载极限。如果不加以有效的控制和引导，北京将面临巨大的人口压力，严重影响未来北京的协调发展。"

（资料来源　刘书艳.北京：备战人口爆炸来源.中华工商时报，[2010-06-18]）

结合以上内容说明教育与人口之间的关系。

第五章　教育的目的

☞ **本章提要**

教育目的是人们预期的教育活动的结果，是教育者在教育活动开始之前就已在头脑中观念性地存在着的教育结果。古今中外形成了多种教育目的观，就当代各国教育目的看，表现出多样化特征，但都以促进学生的全面发展作为基本的目的。

关于人类活动与动物活动的本质区别，伟大的人类导师马克思经典地说过这样一段话："蜘蛛的活动与织工的活动相似，蜜蜂建筑蜂房的本领使人间许多建筑师感到惭愧。但是，最蹩脚的建筑师从一开始就比最灵巧的蜜蜂高明的地方，是他在用蜂蜡建筑蜂房以前，已经在自己的头脑中把它建成了。劳动过程结束时得到的结果，在这个过程开始时就已经在劳动者的表象中存在着，即已经观念地存在着。他不仅使自然物发生形式变化，同时他还在自然物中实现自己的目的，这个目的是他所知道的，是作为规律决定着他的活动的方式和方法的，他必须使他的意志服从于这个目的。"① 由此可见，目的性是人类活动的根本属性，是将人与一般动物区别开来的标志。而教育，作为人类社会的重要活动之一，无疑也必然具有这样的目的性。无论是广义或者狭义的教育，都不是人类无意识的、盲目的活动，而是自觉的、有目的的。教育作为一种有目的、有意识、有计划的培养人的社会实践活动，是人类种族繁衍、文化传递、社会延续所必需的自觉活动。在进行教育之前，人们对于要把受教育者培养成什么样的人，已经在观念上有了某种预期的结果或者理想的形象。人们之所以进行教育活动，也就是要引起受教育者的身心发生预期的变化，形成他们的个性，使之成为社会所需要的那种类型的人。这种预期的结果或者理想的形象，就是我们所说的教育目的。

概而言之，所谓教育目的，就是人们预期的教育活动的结果，是教育者在教育活动开始之前就已在头脑中观念性地存在着的教育结果。它表明了教育要达到的标准或要求，说明培养出来的人要达到什么样的规格。教育目的是整个教育活动的出发点和归宿。它对教育任务的确定，教育制度的建立，教育内容的选择，以及全部教育活动的组织实施过程都起着指导的作用。教育目的确立之后，教育活动才能够有组织、有机会地向着预定的目的地前进。

第一节　各种教育目的取向

英国教育家约翰·怀特曾这样描述教育目的的纷纭变化，"一些人认为教育应当从其

---

① 马克思恩格斯全集．第 23 卷［M］．北京：人民出版社，1972：202．

自身出发提高学生的理解力（或者知识、推理能力以及智力）；另一些人则认为，教育应当帮助每个学生充分发挥自己的潜力。有些人把'个性'和'自治'看作头等重要的东西。有些人相信全面发展，相信在理论知识和实践成就之间，在艺术和科学之间达成某种平衡；另外一些人则更重视在一些专门领域中取得杰出成绩；有一些人提倡社会的需求，一些人强调艺术与文化，另一些人强调人的道德品质。总之，教育目的之多几乎无穷无尽"。由此可见，古往今来的学者们对于教育有多少种理解，有多少种向往，就会有多少种教育目的的存在。梳理各种取向的教育目的，有利于我们更加全面细致地认识这一教育话题。

一、"自然人"的教育目的观

让·雅克·卢梭（Jean Jacques Rousseau）是18世纪法国启蒙运动中最激进的思想家。在其经典著作《爱弥儿》中，卢梭提出了自然教育的最终培养目标是"自然人"。卢梭认为，从教育的角度来讲，其任务或是培养公民或是培养自然人，公民与自然人是两个完全不同的概念。自然人完全是为他自己而生活的，他是数的单位，是绝对的统一体，只同他自己和他的同胞才有关系。公民只不过是一个分数的单位，是依赖于分母的，它的价值在于他同总体，即同社会的关系。

卢梭笔下的自然人是相对于专制国家的公民而言的那种独立自主、平等自由、道德高尚、能力和智力极高的人，具有以下几种特征。

第一，自然人是能够独立的人，尤其是在独立中体现自己的独特价值。但公民不同，依赖于专制社会的公民，在天性发展上受到压制，失去了自身的独特价值。

第二，在自然的秩序中，所有人都是平等的。自然教育不培养等级的人，更加不造就王公贵族或奴隶阶层。卢梭认为，社会正处于难以预测的变迁的前夜，身份和地位是靠不住的，皇冠可能落地，爵位可能丧失。只有自然人无须为此烦恼，更加无须为维持地位和身份而施展阴谋诡计。

第三，自然人是自由的人，他无所不能、无所不宜。由于自然人的器官和才能都得到了很好的发展，他虽无专长，却善于取得知识；虽无规定职业，却什么都极容易学会。所以，卢梭这样刻画自然人的形象，"别人要我的学生做军人，做教士，或者做律师，我没有什么意见……生活，这就是我要教他的技能。从我的门下出去，我承认，他既不是文官，也不是武人，也不是僧侣；他首先是：一个人应该怎样做人，他就知道怎样做人"。

第四，自然人还是自食其力的人，靠自己的劳动为生。自食其力的人无须仰仗他人为生，这是自然人独立自主的可靠保障。

需要我们注意的是，卢梭在这里所说的自然人不是原始社会自然状态中的野蛮人，而是社会状态中即现实社会中的自然人。"虽然是我想把他培养成一个自然的人，但不能因此就一定要使他成为一个野蛮人，一定要把他赶到森林中去。"因此，社会中的自然人既具有社会人的特性，又具有原始状态中的自然人的特性。说他有社会特性，因为他生活在社会之中，他是现代社会中的一分子；说他有原始自然人的特性，因为他具有原始自然人最主要的特征，即对自由和平等的热爱。原始状态中的自然人是生而自由、平等的，这种自由、平等是原始状态中人们孤独生活的产物。而社会中的自然人，其所以称为自然人，是因为他首先应保持自由、独立的个性；自由、平等应是他性格的本质特点。他头脑清醒，知道怎样在城市中谋得生存，与他人共处而不为偏见、欲念、权威所控制，也不参与狂妄的事情，等等。他既能做到作为社会成员的职责，又能保持纯真的天性、自由发展，不受腐蚀侵蚀。因为他始终是在社会秩序中把自然的感情保持在第一位的人，所以他仍被称为"自然人"而不叫做"社会人"。

由此可见，卢梭的教育目的是：在封建专制政体中，以培养一个自然人为目的，教育的任务就是使人取得"人品"，教育的目的就是使他知道如何做人，在任何情况下，都能坚持做人的本分；他将可以为一个自由、平等的社会而奋斗；在一个合理的国家中，他将成为一个公民，具有公民应具有的各种品质。

自然人的教育目的的提出有其特定的历史必然性。这种身心协调发展、广泛适应社会情况的自然人形象是与自由资本主义社会相适应的、区别于封建专制社会的新人，它在反抗封建社会制度对人的压制、弘扬人的主体性方面具有不可磨灭的历史功绩。

二、"社会人"的教育目的观

简而言之，"社会人"的教育目的就是认为应该根据社会的要求来确定培养人的规格，社会的发展和稳定是教育的最高宗旨。

这种观点在我国古代社会就已经被提出。我国最早的教育论著《学记》中写道："君子如欲化民成俗，其必由学乎。""古之王者，建国君民，教学为先。"中国古代教育的思路是强调个人的修身的，但修身的目的也是为着"治国平天下"而来的。所以，中国古代教育是一种"出世"的教育目的，莘莘学子苦读圣贤书的目的就在于进入仕途进而改变社会现状，实现自己的社会理想和抱负。

与此相似的是，作为西方文化发源地的古希腊文明同样认同教育对于社会的作用和贡献。如柏拉图在其经典著作《理想国》中认为，教育应当因人而异，对平民阶级的教育重点在于培养他们具备勤劳和节约的美德；对军人的教育重点在于培养他们具备勇敢的精神；而对最高统治者的教育重点在于使他们具有把握世界的智慧，具有哲学王的特征。由此可见，柏拉图所主张的教育目的就是为维持奴隶社会的社会秩序服务。

到了19世纪下半叶，社会人的教育目的取向发展到鼎盛时期，一大批社会学家和教育学家在论述教育目的时，都站在社会的立场。其代表人物孔德、涂尔干、凯兴斯坦纳、纳托儿普等人，都强调社会的价值，个人仅仅是实现社会目的的工具。如涂尔干认为，人实际上因为生活在社会中才成其为人，因此社会的价值高于个人的价值，教育应当以满足社会发展的需要为首要的目的，教育的一切都应当服从于社会的意志。他说："教育在于使年轻一代系统的社会化。在我们每个人身上，可以说都存在着双重人格，这种双重人格尽管不可分离，但确有区别。一种人格仅仅由整个与我们自身、我们个人生活中的事件有关的精神状态所组成，可以把这种人格称为个体我。另一种人格是这样一种思想、情感和习惯的体系，即在我们身上表现的不是我们个人，而是我们作为其中一个组成部分的社群。宗教信仰、道德信仰与习俗、民族传统或职业传统以及各种集体信仰，就是这样的体系。这种体系的总和就是社会我。塑造社会我，这就是教育的目的。"[①] 孔德也认为，

---

① 涂尔干.教育及其性质与作用［M］//张人杰.国外教育社会学基本文选.上海：华东师范大学出版社，1989：9.

"真正的个人是不存在的,只有人类才存在,因为不管从哪方面看,我们个人的一切发展,都有赖于社会①"。纳托儿普也指出,"在事实上个人是不存在的,因为人之所以为人,只因为他生活于人群之中,并且参加社会生活②"。因而他认为,"在教育目的的决定方面,个人不具有任何价值,个人不过是教育的原料,个人不可能成为教育的目的"③。德国教育家凯兴斯坦纳的教育目的比较极端,认为国家的教育只有一个目的,那就是造就公民。在其"公民教育"和"劳作学校"的思想中,他主张把国民学校从读书学校的性质改组为劳作学校,对劳动人民子女施以劳作训练和沙文主义教育,使他们成为具有一定生产技术、绝对服从国家利益的工人和士兵。这一思想后来得到了法西斯教育家们的高度赞赏和认同。

综合起来看,社会人的教育目的取向站在自然人的对立面,他们认为:

第一,个人的一切发展都依赖于社会。在他们看来,人之所以为人,其根本原因在于社会的作用,如果一个人出生后即与世隔绝,他只能是一个生物学意义上的人,而不可能成为真正的人。即便一个真正的人,如果使其完全脱离社会,其人的特质也必将退化。所以,个体在社会面前是渺小的。

第二,教育的一切活动都应当服从或者服务于社会的需要,教育除了社会的目的之外,没有其他的目的。在教育中,个人不过是教育的原料,个人不可能成为教育的目的。

第三,教育结果的评价只能以其社会的功能来加以衡量。离开了社会,就无从对教育的结果加以衡量,为达到某种结果而提出的教育目的也必然成为一种没有意义的东西。

社会人的教育目的取向鼎盛于19世纪后半期。这一时期,资本主义已经基本掌握了政权,正寻求社会政权的巩固与秩序。同时,当时西方各民族国家的兴起及相互竞争,使国家利益的凸显成为必要。在这样的历史背景之下,社会人的教育目的应运而生。发展到20世纪,尤其是"冷战"时期两大阵营的竞争激化,更加为社会人的教育目的提供了历史舞台。

三、"生长"的教育目的观

这是20世纪人类历史上最伟大的教育思想家杜威的观点。这种"教育即生长"的目的观同时被认为是"教育无目的"理论。

所谓"教育无目的"论,其实是对杜威观点的一种误读。其真正的含义是,主张无教育过程之外的"外在"的目的。正如作者本人所说,"教育的过程,在它自身以外没有目的;它就是自己的目的④"。所以,探寻教育目的的过程不是一个外在寻找的过程,而

---

① 涂尔干. 教育及其性质与作用 [M] //张人杰. 国外教育社会学基本文选. 上海:华东师范大学出版社,1989:147.
② 涂尔干. 教育及其性质与作用 [M] //张人杰. 国外教育社会学基本文选. 上海:华东师范大学出版社,1989:148.
③ 涂尔干. 教育及其性质与作用 [M] //张人杰. 国外教育社会学基本文选. 上海:华东师范大学出版社,1989:149.
④ 杜威. 民主主义与教育 [M]. 北京:人民教育出版社,1990:54.

是从教育活动的内部去寻找，"我们假定教育的目的在于使个人能继续他们的教育，或者说，学习的目的和报酬是不断生长的能力①"。

杜威提出"生长"的教育目的观首先是与反对外在的、固定的、终极的教育目的观联系在一起的。这样的目的观由于违背了儿童的兴趣和需要，因此是僵硬和呆板的，不能适应儿童的变化。如果强制性的从外界硬塞一个目的观给教育过程，会对教师和学生都产生消极的影响。从教师的方面来说，"教师的智慧不能他们只许接受上级所规定的目的②"。从学生的方面来说，"学生通过由外面双重或三重的强迫接受他们的目的，他们经常处于两种目的（一种是符合他们当时自己经验的目的，另一种是别人要他们默认的目的）的冲突之中，无所适从③"。在这样的情况下，外在的教育目的观只能导致一种灌输的、无效的、虚妄的教育模式。

其次，强调教育过程的内在目的并不意味着否定教育的社会性目的。在杜威的观念中，社会性的要求与儿童的需要并不总是相互对抗的。在其经典著作《民主主义与教育》一书中，杜威系统论述了教育要为社会进步服务，为民主制度的完善服务。教育是社会进步及社会改革的基本方法，学校是社会进步和社会改革的最基本和最有效的工具。"社会是许多沿着共同的方向、具有共同的精神、为了共同的目标而并肩工作的人们的聚合体。……社会把它自己所成就的一切，通过学校机构，交给它的未来的成员④。"所以，在这样的社会里，民主政治比任何一种社会都更要热心于教育。教育是民主的工具，教育是为了民主的。同时，教育也应该是民主的。杜威认为，个人的各种能力的自由发展是民主主义的特征，民主主义的道德含义在于使每个社会成员得到全面的生长和发展。杜威将个人发展与民主的社会目标看做一致的进程。在民主主义的旗帜下，个人与社会的对立，个人本位论与社会本位论的对立都归于消失。个人的充分生长和发展既是民主主义的要求和体现，也是民主主义得以维持和发展的保证。有学者把杜威的这种理论观点比喻成一条直线，线的一头是作为教育出发点的儿童，线的另外一头是作为教育归宿点的社会。

不难看出，杜威的教育目的观是站在反对极端的个人本位和社会本位基础上提出的实用主义的观点。或者可以这样讲，它既是"个人主义的"，又是"社会主义"的，是二者的结合。正如杜威所说，实用主义的教育目的"对于个人主义和社会主义的理想都予以应有的重视。它是个人主义的，因为它承认某种品格的形成是合理生活的唯一真正基础。它是社会主义的，因为它承认这种好的品格不是由于单纯的个人的告诫、榜样或说服所形成的，而是出于某种形式组织的或社会的生活施加于个人影响⑤"。杜威的教育目的发人深省的地方在于，他将教育目的与教育本身联系起来，反映了教育活动主体的自觉；他注意到了真正有效的教育目的必须是内化了的教育，或者是通过教育过程去实现的目的。

---

① 杜威. 民主主义与教育 [M]. 北京：人民教育出版社，1990：106.
② 杜威. 民主主义与教育 [M]. 北京：人民教育出版社，1990：115.
③ 杜威. 民主主义与教育 [M]. 北京：人民教育出版社，1990：115.
④ 杜威. 新旧个人主义——杜威文选 [M]. 孙有中，等译. 上海：上海社会科学出版社，1997：200-201.
⑤ 杜威. 我的教育信条 [M] //现代西方资产阶级教育思想流派论著选. 北京：人民教育出版社，1980：13.

这一天才式的教育目的观也遭到了一些学者的质疑。如一些学者认为，单讲"教育即生长"还不够，因为生长有好坏之分，应当为"生长"建立一个标准，这个标准才能反映确实的教育目的观。对此，杜威承认人生长的不同方向，并提出以"继续生长"作为生长的标准。"一个人有可能生长成为老练的强盗、恶棍或腐化不堪的政客，这是毋庸置疑的。但就教育即生长、生长即教育的观点来看，问题就在这种方向的生长，一般说来，是促进还是阻碍生长。……只有当按照特殊方向的发展有助于继续生长时，才符合教育即生长的标准①。"但又有学者指出，一种坏的生长，并不因其导致了更多的生长或者好的生长而成为好的生长。同时，有学者认为，继续生长这种标准"没有把原来的生长说推动一步，假使你承认，在各种不同的生长之中，有着质的不同，即是有好有坏，那么你必须承认有一种可据之以决定好坏的标准或方向。杜威说，这标准就是'更多的生长'。这等于说：生长需要有一个标准，而这标准就是生长！②"这种同语反复的定义方式，不禁让人感到茫然。

四、为完满生活预备的教育目的观

这是英国教育家赫伯特·斯宾塞的主要观点。

在其代表作《什么知识最有价值》中，斯宾塞这样说道："为我们的完美生活做好准备，乃是教育所应完成的功能；一种教育课程是否合理的判断，就要看这种功能的完成程度如何为准。"

从当时英国资产阶级个人的生活内容出发，他论述了什么是完满的生活，并据此而确定教育的目的。他说："我们有责任把完满的生活作为要达到的目的摆在我们前面，……以便我们在培养儿童时能慎重地针对这个目的来选择施教的科目和方法。"可见，他非常重视要让教育与未来生活联系起来。斯宾塞认为教育的目的和任务在于，教导每一个人怎样去过完满的生活。他把人的活动分成五类，并依据活动的种类确定了教学内容。第一类是直接保全自己的活动。它要求了解解剖学、生理学及卫生学，获得生活资料。第二类是间接保全自己的活动。它要求除了掌握读、写、算等基本技巧外，还要掌握逻辑学、算术、几何学、力学物理学、化学、天文学、地质学、生物学、社会学以及外国语知识等。第三类是种族保存，即教养子女的活动。它要求研究生理学、心理学和教育学，以便正确地实施对儿童的体育、智育和德育。第四类是履行社会义务的活动。它需要研究历史、研究自然的社会史，即社会发展的现象。第五类是满足兴趣爱好和感情需要的休闲活动。它需要自然、文学、艺术乐趣，斯宾塞认为缺少了绘画、雕刻、音乐、诗歌，生活丧失了自己的一半精华。

斯宾塞的"教育为未来生活作准备"是针对当时英国古典人文教育严重脱离实际社会生活的空疏性质提出的。他指出，真正的教育目的与任务应该放在实际需要的基础上，使教育为人的完满生活作准备。他要求改变古典人文教育的那种虚饰大于实用的教育状况，主张在人事纷繁的现实中，力求把所有的时间和人的一切能力都用来做有益的事情。他认为，教育的真正目的就在于为完满的生活作准备。因此，他更为注重结果、强调科

---

① 杜威. 经验与教育 [M]. 北京：人民教育出版社，1991：29.
② 瞿葆奎等选编. 曹孚教育论稿 [M]. 上海：华东师范大学出版社，1989：28.

学、着眼于未来美满的生活。

五、人文主义的教育目的观

人文主义的教育目的观是一种融合了众多学说主义而成的一种观点。上承至欧洲文艺复兴时期的古典人文主义教育,下启至20世纪以来的永恒主义、新托马斯主义、存在主义和文化教育等诸多学派都可被囊括其间。其核心的教育目的观点在于:以人的需要,尤其是人的精神需求为出发点,以人自身的发展和完善为中心的主张。它以人道反神道,高举人的价值和尊严的旗帜,关注人的现实生命意义以及对世俗幸福的追求。在教育过程中,强调尊重儿童,追求自由、平等、解放,关注人的身心的全面发展。

(一) 永恒主义教育

永恒主义教育形成于20世纪30年代,是一种提倡复古的教育理论,其代表人物主要有美国的赫钦斯(Hutchins, R. M.)、阿德勒(Adler, M. J.),英国的利文斯通(Livingstone, R.)和法国的阿兰(Alain)等。

在永恒主义教育家看来,人是理性的动物。正如宇宙中的实在具有永恒不变性意义一样,理性就是人性中共同的、最主要的、永恒不变的特性。因此,建立在这种永恒不变的人性基础上的教育,在本质上也具有永恒不变的特征。阿德勒强调:"如果人是理性的动物,在全部历史的时代中,其本性是永恒不变的话,那么不管处在什么文化和时代,每一种健全的教育方案中都必须具有某些永恒不变的特点。"[①] 也就是说,无论哪个时代的教育、无论哪个地方的教育、无论哪种族群的教育,对于每个人的教育而言,在本质上都是一样的。教育的目的就在于,引出这种理性的人性特征,对人施以"人性的教育"。用哈钦斯的话来说,"如果教育是被正确理解的话,那么,教育就是理性的培养。理性的培养对一切社会里的一切人都同样是适用的"[②]。

为了达到这样的教育目的观,从"永恒真理"中引申出来的"永恒学科"就是发展理性的最好的途径。"有一些永恒课程,凡愿意自称受过教育的人应当予以掌握,如果那么课程构成我们理智的传统,那么,那些课程应当成为普通教育的核心。"这些"永恒课程",就是指历代伟大思想家的伟大著作,尤其是历经了许多时间仍经久不衰的古代经典名著。这些人类文化的精华可以超越时间和空间的限制,是人类知识与智慧的永恒宝库。因此,永恒主义的教育家主张大学生必须阅读古代作家的名著,从中汲取那些永恒的财富。在中学课程方面,他们主张重新开设古典语言课程,把希腊文、拉丁文放在重要的位置上,从而为学生研读古代著作打下基础。在小学课程方面,他们强调在进行读写算的基本训练的同时,也应该要求儿童熟记和背诵一些古典作品中的某些精彩段落。

📝 **资料 5-1**

从我国近些年出现的小学生"读经热"现象看永恒主义教育目的观的凸显

2005年10月,江苏省苏州第一家现代私塾开课。10月29日,"菊斋私塾"举行

---

① 陈友松. 当代西方教育哲学 [M]. 北京:教育科学出版社,1982:65.
② 哈钦斯. 民主社会中教育的冲突 [M]. 北京:北京大学出版社,1953:69.

开学仪式，传统汉服装束的主讲先生先点了一炷香，用以计课时，而后向学生介绍孔子生平，带领学生向挂在正前方墙上的孔子像三鞠躬，并朗读《开班文》："华夏文风，首开三代，校庠以传，孝悌以载……"6个6至10岁的学童面前的黑色小条桌仅1尺高，匹配的矮凳只能让孩子们挺腰盘腿端坐。随后，先生讲授《弟子规》。课堂上，学童回答踊跃，先生也不打断他们的话，任其发挥，但不时提醒学生发言时的站姿和音量。一炷香点完，一节课结束。学童顿时喧闹，在屋前的院子里，围着竹子和山石玩闹。据悉，这家私塾学制一年，周末上三节课，教授蒙学、经学、韵文，穿插古乐、书画、茶道等。

目前对开办私塾，还没有统一规范，因为私塾既不是学校，也不是培训机构，而是相当于家教，因此先是成立一个文化传播公司，取得合法资质，私塾是公司的业务。在"菊斋私塾"之前的一年，苏州就有三香幼儿园开设"读经班"。

前不久，走过上海愚园路一幢小洋楼，楼前挂着旧时招牌"张氏新私塾"。"曰南北，曰西东。此四方，应乎中……"楼里传来孩子的琅琅读书声。六七个10岁上下的孩子在屋子里围坐一张方桌前，听先生讲《三字经》。念累了，背烦了，先生又带着孩子们到屋前的小花园，听风声，闻花香，先生指着院落的东西南北，讲"朱雀、玄武、青龙、白虎"的典故。这家私塾目前正在学《弟子规》、《三字经》、《唐诗选》，第二学期将学习《论语》、《孟子》、《庄子》。私塾主人张先生承认，这些孩子对背诵的内容确实不太理解。他认为，这样的年龄段，不求甚解问题不大，只要多接触经典文化，接受国文熏陶，就能增加感性的传统文化积淀。

无独有偶，2005年秋季新学年开始，山东省济南市有50多所小学开始全面推广儿童经典古文诵读，其中有所学校定名为"古文经典诵读实验学校"。2005年5月，北京的中国人民大学组建中国内地高校里第一个国学院，聘请红学家冯其庸为院长……

时下，各地小学生纷纷加入读经行列，少儿读经热在中国内地持续升温。从浅显易懂的《三字经》，到晦涩难懂的《孟子》、《论语》，"四书五经"又重新走进课堂，成为一门要求学生熟读、背诵的必修课程。早在1998年广州市"五一"小学就试行"读经"；湖北武汉大学早在4年前就创办了国学试验班，小范围地作"打通文史哲"的国学人才培养试验。发展至今，中国内地至少有100多个城市的800万名孩子加入"读经"行列。新浪网刚刚公布的最新调查显示，96.4%的人认为，国学在现代社会的发展有危机；75.6%的人认为，国学修养对日常生活有帮助。

(资料来源　引自BBC中文网)

这种中小学生读经热的现象，是永恒主义教育目的观的凸显。在永恒主义教育者们看来，教育的目的不在于让儿童得到眼前生活的快乐和充实，要为未来生活做好准备，必须回到"古人那里去"。因为，古人的思想文化精华凝聚了几千年来的文化精髓，掌握了这些，也就掌握了适应于各种时代、各种条件下的永恒真理和理性训练。所以，传统文化的精华被永恒主义教育者视作瑰宝，也是提倡中小学生们应当掌握的课程内容。正如赫钦斯所言："教育包含着教学，教学包含着传授知识，而知识就是真理，真理各处都一样，因此，教育也应该各处都一样①。"

(二) 新托马斯主义教育

新托马斯主义教育产生于 20 世纪 30 年代的意大利、法国等西欧国家，"二战"以后，也曾在美国流行开来，是一种提倡宗教教育的理论。其代表人物有比利时哲学家梅尔西埃（Mercier, D.J.）和法国人马里坦（Maritain, J.）。

与永恒主义近似的是，新托马斯主义也崇尚复古，研习古代著作；但与其不同的地方在于，它以经院哲学为理论基础，崇奉基督教，主张把教会的权力提高到至高无上的地位，把宗教教育作为教育的最高目标。新托马斯主义教育家认为，教育应当以宗教为基础，以神性为最高原则。如果学校脱离了宗教，排除了宗教教育，就违背了教育的最高原则。针对"二战"结束后世界范围内出现的"文明危机"以及宗教与生活之间的分裂，他们强调应当通过宗教教育使人类的精神在神性的感召下获得解放。在这种理念下，学校教育就是自然和上帝为了培养人而提供的一种机构，学校教育的目的就在于培养虔诚的相信上帝、热爱上帝和服从上帝的人。正如教皇庇护十一世所言，"基督教教育的正当和直接的目的是与神恩合作培养真正的与完全的基督教徒②。"而这样的教育目的也并不与世俗公民的培养相矛盾，甚至会加强他成为一个好的公民。"一个好的天主教徒，正因为他的天主教原则，使他成为更好的公民，爱护他的国家，效忠于每一个合法的政府所构成的政治权威③。"

宗教教育是学校课程的核心。学校的每一个课程都应该贯穿宗教教育，每一级学校的教学与学校组织，以及每一部门的教师、课程内容和教科书都要受到基督教精神的约束。为了使各级学校的学生都接受宗教教义的教育，以培养自己具有基督教的虔诚信仰，学校必须开设神学课程。即使是那些宗教教义以外的学科，特别是人文学科，也必须以宗教原则为灵魂，在其中渗透基督教精神。只有这样重视灵魂和宗教的课程内容，才能弥补现代人信仰缺失所带来的痛苦和迷茫，才是治愈现代社会"文明危机"的一剂良药。

(三) 存在主义教育

存在主义教育是一种以存在主义为其哲学基础的教育理论，20 世纪中期流行于美国和西欧，存在主义教育的观点都肇始于存在主义哲学思潮。作为一种哲学流派，存在主义的创始人是丹麦的基督教哲学家克尔凯郭尔（Kierkegard, S.A.），主要代表人物有德国的雅斯贝尔斯（Jaspers, K.）和海德格尔（Heidegger, M.）、法国的萨特（Sartre, J.）、奥地利的布贝尔（Buber, M.）。第二次世界大战以后，德国教育人类学家博尔诺夫（Ballnow, O.）、美国教育家尼勒（Kneller, G.）把存在主义应用于教育理论，由此形成存在主义教育思想。

存在主义教育认为，教育的目的在于人的"自我生成"或者"自我创造"，"教育是发展关于自由选择以及对选择的意义和责任的认识的过程④。"存在主义反思西方社会在

---

① 赫钦斯. 美国的高等教育 [M] // 陈友松主编. 当代西方教育哲学. 北京：北京教育科学出版社，1982：66.
② 白恩斯，白劳纳. 当代资产阶级教育哲学 [M]. 北京：人民教育出版社，1964：92.
③ 白恩斯，白劳纳. 当代资产阶级教育哲学 [M]. 北京：人民教育出版社，1964：89.
④ 奥恩斯坦，A.C.. 美国教育学基础 [M]. 刘付忱，等译. 北京：人民教育出版社，1984：113.

物质文明不断繁荣和科学技术飞速进步的同时，一直面临着日益加剧的人的危机。在大众化、划一化和物化了的机械文明中，人越来越非人化，越来越沦为"非本质的人"。人格的异化使个人不是作为自我而存在的人，而是变成了丧失自我人格和主体性与个性的人，被自我所在的社会和经济职能所吞没。所以，把人从机械以及社会组织和制度的束缚下解放出来，提高人的存在的价值成为存在主义教育关注的核心，如果只让学生服从于外部力量，就会使他们丧失自我。在此基础上，教育者应该帮助学生认识到生活的价值，成为一个对自己负责的人，并且帮助学生过自己所选择的生活和作出自己的决定。所以，教育要使学生通过"自我表现"和"自我肯定"而意识到自我的存在，并能作为一个自由的人更好地生活下去，实现"自我完成"。布贝尔强调说，"教育的目的不是告诉后人存在什么或必会存在什么，而是晓谕他们如何让精神充盈人生，如何与'你'相遇"。尼勒也指出："对真正的自由和个人的独特性的坚决肯定是存在主义为今日的教育哲学提出的动人的使命。"在他们看来，教育具体要达成的目的是发展个人的意识，包括发展自我认识，发展自我责任感，为自由的、合乎道德的选择提供基础。

为了达成这样的教育目的，存在主义教育家尤其重视品格教育。他们认为，教材本身并没有价值，知识只是学生个人借以发展自我认识和养成自我责任感的工具而已，知识可以使人从无知和偏见中解放出来并养成自由选择的能力，"课程的全部重点必须从事物世界转移到人格世界[①]。"所以，课程的主要内容应当是关于文学、哲学、历史和艺术等方面的科目，因为这些科目更适合于学生"自我"发展的要求，更有助于学生实现"自我完成"。

为了达成这样的教育目的，存在主义教育家主张个别化的教育方法。由于传统大班化的教学方法趋于统一化和标准化，不能区别对待每个儿童，注重仪表、忽视个性和特殊，因此只会抑制和阻碍学生个人的发展，不利于学生认识"自我"和发展"自我"。所以，在教学中要采取多种多样的教学组织形式和教育教学方法，以适应儿童的个性和个别差异。他们推崇古希腊苏格拉底的问答法，认为那是理想的教学方法，是一种师生之间的真正对话。正如布贝尔所说，"如果把教师只认作是一个传道授业者，那么，教学就不可能是一种真正的对话[②]。"

为了达成这样的教育目的，存在主义教育家倡导平等、信任的师生关系。他们视教师为对学生自我实现的影响者，认为教师的作用是利用自身的人格和学识，引导学生认识"自我"和发展"自我"。"教师的任务是在学生走向自我实现的途程中帮助每一个学生个人。一个好的教师是自己作为一个自由的活动者；他的影响不是暂时的，而是要延长到成年生活。"[③] 所以，师生之间应该是平等和互相信任的、互相尊重的，并且有一种民主的气氛。

六、科学主义的教育目的观

文艺复兴时期，随着人的解放和对人的需要的肯定，人们开始摒弃中世纪强加于人身

[①] 华东师范大学教育系，杭州大学教育系编. 现代西方资产阶级教育思想流派论著选 [M]. 北京：人民教育出版社，1980：298.
[②] 白恩斯，白劳纳. 当代资产阶级教育哲学 [M]. 北京：人民教育出版社，1964：115.
[③] 白恩斯，白劳纳. 当代资产阶级教育哲学 [M]. 北京：人民教育出版社，1964：113.

上的苦行僧式的生活方式，鼓励人们满足自身的物质享乐方面的需要。19世纪以来，伴随着科学技术的发展以及由此带来的物质成果的凸显，科学主义逐渐演变为一种思潮，尊重科学、崇拜技术，并开始蔑视和贬损人文主义，从而造成科学主义和人文主义的巨大对抗，这种对抗在20世纪表现得尤为尖锐。有学者认为，科学主义的教育目的观主要包括有实用主义教育、学科结构主义教育和新行为主义教育[1]。其教育目的观表现为：科学的发展给教育提出了全新的要求和空前的挑战，学校教育必须从以往的以培养人文人才为主的教育目的转向以培养科学人才为主的教育目的，从而服务于人们对物质需求的更高追求和对增强国家竞争力的更高追求。

（一）新行为主义教育

新行为主义教育以行为主义心理学为理论基础，重视对学生行为的强化和塑造。其代表人物是美国的托尔曼（Tolman, E. C.）、赫尔（Hull, C. H.）、斯金纳（Skinner, B. F.）和加涅（Gagne, R. M.）。

从对动物的实验中，行为主义心理学家们认为有机体的一切行为都是由于反射构成的，包括基于刺激型条件反射的应答性行为和基于操作性条件反射的操作性行为。他们认为学习的过程就是操作性条件反射过程。不仅如此，人的一切行为几乎都是操作性条件反射和积极强化的结果。那么，人的任何行为也都是能够设计、塑造和改变的。教育的目的就在于塑造人的行为。

为了达到科学的塑造学生行为的教育目的，新行为主义教育家们重视两种研究：一是观察教的行为与学的行为的关系，以选择和判断哪一种教学方法更加有效；二是教育目的行为化后，可以从学生行为的改变程度来判断教育的有效性。根据这样的研究思路，斯金纳认为，传统的教育没有以对学习过程的精确分析为基础，所以没能形成所期望的学生行为。但只要控制好影响学生行为的可操纵因素，按照一定的程序进行教学，"逐步精心构成非常复杂的行为模式和每一阶段保持行为的强度"[2]，就能够提高教学效果。由此提出，在教学中教师要注意控制学生的行为：第一，安排好强化列联以塑造学生的行为；第二，提供强化，使行为在很长时间内保持在一定的强度水平上。斯金纳提出，程序教学的基本原则在于：一是积极反应；二是小步子逻辑序列；三是及时强化；四是自定学习步调。

为了达到科学的塑造学生行为的教育目的，必须要改进教学方法和技术，要通过运用教学机器使学生的行为得到及时和足够的强化。新行为主义教育家认为，由于人的行为不仅是动作而且是用言语反映的，因此对人类学习过程的最有效控制应该得到工具的帮助，提供积极的强化条件。这种工具就是依据程序教学理论设计的教学机器。"机器像一个优秀的导师一样，坚持要学生在进行下一步之前一定达到彻底的理解，一个个框面地理解或一套套地理解[3]。"这样，即使"一个很微小的强化，如果使用得好，在控制行为上可能

---

[1] 扈中平. 教育目的论 [M]. 武汉：湖北教育出版社，2004：122.
[2] 华东师范大学教育系，杭州大学教育系编. 现代西方资产阶级教育思想流派论著选 [M]. 北京：人民教育出版社，1980：324.
[3] 普莱西，等著. 程序教学和教学机器 [M]. 刘范，等译. 北京：人民教育出版社，1964：82.

产生极大的效果①。"至于教学机器的优点,包括能对学生正确的答案及时强化并有足够的强化次数和作用,能使学生按自己可以接受的进度前进,能使教师从批改作业等烦琐事务工作中摆脱出来等。斯金纳指出,应用建立在言语行为分析基础上的教学机器和程序教学,"只要用一半时间和一半精力就可以传授美国课堂里当时所教的一切知识。"②

资料5-2

"暴走学校"是否能有效减少学生的问题行为

一群8~18岁的孩子,在长达几个月的时间里,每天行走30多公里,风餐露宿。

隆冬时节,寒气逼人。浓雾中,200多号人全身迷彩装、身背军用水壶,行色匆匆,从简阳步行抵达成都龙泉驿区。浓雾渐渐散去,人们才发现他们竟然全部都是孩子。细问之下,方知这就是在教育界颇受争议的以行走为课程的学校的学生们。这所学校被人们称为"暴走学校"。

在一辆车身上印有"徐向洋教育训练工作室行走纵队"字样的大卡车边,记者见到了二纵队队长李中瑞。他告诉记者,这些学生的年龄从8岁到18岁不等,今年8月从江苏淮安出发,途经安徽、湖北、湖南、重庆,于本月初进入四川。问及下一站目的地,他说,行走路线是一边走一边定,下一站究竟到哪里,他们也还没有明确的目标。

据了解,这批学生一共200多名,分为两个纵队,其中两成是女生。李中瑞说:"到行走学校来的孩子大多是让老师和家长头疼的'问题学生',他们中有的迷恋网络,有的被家长娇宠成性,有的经常逃学。他们到校后每天的功课就是行走。我们制定严格的行走标准,每小时4~5公里。""年龄小的孩子要是走不动咋办?""走不动也得走,这是硬任务,通过强化训练,学生的坏习惯才能改掉。"

这所学校的创始人是江苏淮安的徐向洋。他于1996年办起专收"问题学生"的训练班,2002年开办"淮安市徐向洋教育训练工作室"。2005年3月6日,他带领孩子们开始了行走行动。

独特教育理念的萌发,起因于他儿子。因为喜欢玩,调皮,儿子的学习成绩不好,家长也因此受到老师的责难。徐向洋决定不让儿子再去上学,开始用自己的方法教育孩子。徐向洋对孩子进行一种坚持教育,从打乒乓球到弹钢琴,每当儿子想放弃的时候,就不断鼓励他,最后,儿子终于坚持了下来。

通过对儿子实施6年的特殊教育之后,徐向洋认为很多"问题学生",只要通过外部力量帮助他们改掉坏毛病,培养他们学习的兴趣和毅力,他们照样可以成才,由此他萌生了办学的念头。

这所学校里的老师被称为"管带",跟孩子们同吃同住,一同行走。管带们要24小时对学生进行"盯、管、抓、查",不但要保证孩子们在行走中的安全,更要防止

---

① 华东师范大学教育系,杭州大学教育系编.现代西方资产阶级教育思想流派论著选[M].北京:人民教育出版社,1980:323.
② 瞿葆奎主编,徐勋等选编.教育学文集教学[M].北京:人民教育出版社,1988:511.

他们中途逃跑。徐向洋认为,当学生体力耗尽以后,会产生一种对生活新的感悟、新的想法,坚持下去,同时会走出一个强健的身体、非常好的精神风貌。

在大队人马驻扎的社区广场,记者看到,稍事休息的学生们开始了分班训练,有的在练军体拳,有的在画画,有的在写字,有的在大声朗读文章……

(资料来源 河南特殊教育网)

不难看出,所谓"暴走学校"是一种用行为主义的奖励、惩罚和强化的方法来塑造人的行为的典型案例。有不少家长认同这样的做法,认为从效果上看的确有助于培养孩子良好的行为习惯。但也有很多教育和心理专家反对这样的做法,认为通过行走、锻炼孩子的毅力,有它积极的一面;但是,单一、阶段性的惩罚手段不能代替教育的全部。人的行为,是不是可以完全由外力塑造而成?这是每一个教育工作者应当思考的一个基本问题。行为的培养无疑是至关重要的,但与此同时,我们要考虑这是否与学生的情绪、情感、价值观相一致。一味地忽视学生的需要,不听从学生的声音和态度,外在铸模式的教育方式,无疑是与教育的本真相背离的。这也就是为什么暴走学校在经历了一段时间的红火以后,受到社会各界批评的原因之所在。

(二)学科结构主义教育

结构主义教育是一种在欧美国家广泛流行的、具有很大影响力的教育理论。它以瑞士心理学家皮亚杰(Piaget, J. P.)的认知心理学为基础,主要代表人物是美国心理学家布鲁纳(Bruner, J. S.)。布鲁纳把皮亚杰的关于儿童认知结构发展的理论应用到教学和课程改革上,创立了"结构主义教育"理论。结构主义教育家极其重视学科的结构,他们认为,教育的目的就是要让学生理解和掌握这门学科的基本结构,以及这门学科所特有的研究方法。

知识是人们赋予经验中的规律以及意义和结构而构造起来的模式。所以,学习就是要掌握这些知识的基本结构。所以,结构主义教育家既不赞成以学科为中心的"分科课程论",也不赞成以儿童为中心的"经验课程论",而是主张课程应以各门学科的基本结构为中心。布鲁纳提出了一个非常著名的假设,那就是"任何学科都能够以智育上是诚实的方式,有效地交给任何阶段的任何儿童①"。学生越是注重各门学科的基本结构,就越能容易的掌握整个学科,并且有助于知识的记忆,促进知识的迁移,缩小"高级知识"和"初级知识"之间的差距。

为了达到掌握学科基本结构的教育目的,结构主义教育家非常重视儿童的早期学习。他们认为,教育可以促进智慧发展,认为儿童完成"学习准备"的状态并不是随着生理年龄的增长而提高,而主要是随着环境和教育的作用而进展的。按照这种逻辑思路,教育不应当消极的静待儿童自然成熟的到来才开始教其学习,而应当积极的创造条件,使儿童尽可能早的开始学习某一门学科的基本结构。当然,为了便于儿童的学习,有必要把知识改造成一种与儿童的智力发展水平和理解水平相适合的形式,并且通过儿童自己能够触摸到的具体材料来学习。

---

① 华东师范大学教育系,杭州大学教育系编.现代西方资产阶级教育思想流派论著选[M].北京:人民教育出版社,1980:392.

为了达到掌握学科基本结构的教育目的，结构主义教育家认为学习是一种过程而不是结果。他们提倡"从发现中学习"，认为学习的过程类似于人类探求知识的过程。"发现"不仅仅指的是科学家探求人类尚未知晓的领域，也指的是用自己的头脑亲自获得知识的一切形成。为了实现"发现"，教师在教学中应该鼓励学生利用教师或教材所提供的材料，通过自己的"发现"来学习，亲自去"发现"应该学到的学科基本结构或规律，成为一个"发现者"。正如布鲁纳强调的那样，"教学就是引导学习者通过一系列有条不紊的陈述一个问题或大量知识，以提高他们对所学事物的掌握、转换和迁移的能力"①。这样，学生日后就能成为一个独立自主的会思想的人。

为了达到掌握学科基本结构的教育目的，结构主义教育家认为教师是结构教学中的主要辅导者，教师应该注意对教育和教学过程的动态研究，从儿童的心理能力出发，经常考虑一门学科的基本结构在学习中的作用，以及如何使学生理解和掌握该门学科的基本结构。

第二节　第二次世界大战后各国教育目的概览

第二次世界大战的结束，不仅仅意味着世界开始进入相对和平的历史时期，更加表明各主要发达国家在经济、军事和科技等领域新一轮竞争的开始。在这样的历史背景中，教育作为提升国民整体素质的重要一环，其重要性在世界范围内日益得到了重视。为了在世界竞争中取得优势，欧美强国以及日本都及时地酝酿了教育改革，这当中也涉及了教育目的的变化。在教育目标的表述上，我们可以从中归纳以下趋势。

第一，无一例外的，战后世界上主要的发达国家都用立法的形式规定了义务教育的目标和方向，从而保障义务教育的实施。普及义务教育成了各国发展教育的重要一项，也是提高国民素质的必然途径。

第二，主要发达国家在教育目的的表述上，几乎都以在国际竞争中取得优势为出发点和归宿。除了20世纪50年代末美国的《国防教育法》、联邦德国的《总纲计划》，是对前苏联卫星上天作出的一种反应以外，70年代和80年代的教育改革也都呈现出紧锣密鼓的架势，散发出浓浓的火药味，即是在教育改革的背后蕴藏着国与国之间在政治、经济、科技等方面的激励较量。谁都不愿意在这场竞争中处于劣势地位。所以，教育目标的厘定，与国际竞争的大背景是紧密联系在一起的。

一、美国的教育目的

参加第二次世界大战，使一大批美国青年告别学校，投入到战场中。战争结束后，长久告别书本和学校的退役军人甚至成为社会的新文盲。所以，提高青年人的整体文化素质，是战后美国面临的一个重要教育目的。另外，作为一个多元文化构成的移民国家，种族歧视问题在战后依然存在，不搞种族隔离、倡导平等的教育，是战后美国面临的另一个重要的教育目的。

---

① 华东师范大学教育系，杭州大学教育系编.现代西方资产阶级教育思想流派论著选［M］.北京：人民教育出版社，1980：405.

（一）20世纪50年代的《国防教育法》

进入20世纪50年代后，美国社会各界对教育问题的批评声不绝于耳，焦点在于教育质量差，在国际各项评估中美国学生的成绩都不高，这与他们战后迅速崛起的超级大国的地位形成了强烈反差。而当1957年，前苏联卫星上天后，素有忧患意识的美国朝野极为震惊，呼吁改革教育的声音日益高涨。

1958年9月2日，美国总统亲自批准颁布了《国防教育法》，该法案共计十章。作为美国改革教育、加快人才培养的紧急措施，该法案冠以"国防"二字足以说明美国当局对这次改革的重视程度，以及对教育目的的诉求，那就是：把教育作为与国家的安危存亡和前途命运息息相关的事业，要培养科技人才，提高教育质量，成功应对来自前苏联在空间技术、战略武器，以及日本和联邦德国等国家在科技、贸易等方面的"挑战"。

为实现提高教学质量的教育目的，该法案规定有如下内容。

第一，加强普通学校的自然科学、数学和现代外语的教学。为提高这些学科的教学水平，要求大力更新课程内容，设置实验室、视听设备、计算机室等现代化教学手段，充实教学参考资料。

第二，加强职业技术教育。要求各地区设立职业技术教育领导机构，有计划地开办职业技术训练，使更多的青年人成为具有一定科学技术的专门人才或熟练工人。

第三，重视"天才教育"。鼓励有才能的学生完成中等教育，攻读考入高等教育机构所要求的课程，并且升入该类机构继续深造，以便从这些学生中培养并挑选出拔尖人才。

第四，增加政府对教育经费的投入。该法案规定，从1959年到1962年，由联邦政府拨款8亿多美元作为对各级学校的财政援助。这些经费投入可用于贫困学生贷款、国防研究奖学金、加强职业教育、改善教学设备等方面[①]。

（二）20世纪60年代的《中小学教育法》

1965年，美国国会通过了《中小学教育法》。该法案内容丰富，在肯定20世纪50年代的教育改革所取得成效的基础上，强调了黑人、白人学生合校教育的政策，还制订了针对处境不利儿童的教育措施。

《中小学教育法》指出，小学的教育目标是加强普通文化科学知识的教育，为将来接受专业教育打下扎实的基础；中学的教育目标是为培养未来的学者、专家打下基础，使学生学习各种科学知识技能、扩大知识范围，同时学会钻研科学的方法，为高等学校输送合格生源做好准备。另外，该法案要求政府拨巨款推动黑人、白人学生合校学习、取消种族隔离。这些措施在一定程度上改善了黑人教育的状况，促进了中小学教育水平的整体进步。

这些对于教育目的的表述，在理念上与《国防教育法》是一脉相承的，仍旧致力于提高教育质量。

（三）20世纪70—80年代的生计教育和返回基础

生计教育是美国教育总署署长马兰（Marland, S. P.）与1971年开始倡导的一种教育模式。20世纪70年代的美国经济不景气，很多中学毕业生找不到工作，引起了社会和家庭的普遍担忧。在这样的背景下，马兰提出的生计教育的实质在于，以职业教育和劳动教

---

① 滕大春. 外国教育通史. 第6卷 [M]. 济南：山东教育出版社，1995：89.

育为核心的适应瞬息万变的社会的教育。生计是一种广义的职业,是一生中所能从事的所有职业。而生计教育是扩大了的职业教育,这种教育要求以职业教育为中心重新建立教育制度。根据这样的教育目的,要求美国教育彻底地进行改革,培育和训练每一个人具有适应社会发展变化的知识、技术和态度,既能保证每一个人的生存,又能促进社会的发展与繁荣。这就是生计教育的目的所在。

继生计教育的目的提出后,1974 年美国国会通过了《生计教育法》,同时许多州也相继颁布了法令,采取了一系列的实际步骤来推进生计教育。在具体的实施环节中,生计教育和终身教育的观点有类似的地方,但它更加强调职业教育。它涵盖的面非常广,从幼儿园、中小学、大专院校以及成人,都作为教育对象。其中以中小学生作为生计教育的重点实施阶段。具体来说,1~6 年级的主要目标在于使学生了解和选择职业阶段。此阶段的生计教育将把社会上形形色色的职业类型归纳为 15 个职业群,使学生了解和熟悉每个职业群的特点和方式,从中发现自己喜欢的类型。7~10 年级的主要目标在于探索和学习阶段。此阶段的生计教育是使学生对自己感兴趣的职业群进行系统的钻研和学习。11~12 年级的主要目标在于职业决定阶段。此阶段的生计教育是要让学生详细了解某种职业知识与技能,为毕业后进入到该职业领域做好准备工作。

"返回基础"是美国 20 世纪 70 年代教育改革的又一重大举措。它主要是针对中小学校出现的基础知识教学和基本技能训练方面表现出的薄弱现象而言的。它否定了"进步教育"运动的基本主张,强调严格管理,主要目的在于提高教育质量和教学效果。

为了达到提高教育质量的目的,这项改革要求在小学阶段,重视阅读、写作和算术教学,呼吁学校把精力集中于基本技能的训练上。在中学阶段,要求学校把精力主要集中于教授英语、自然科学、数学和历史的科目上。教师要在教学过程中起到主导作用,限制学生的自主活动。在教学方法的使用上,以练习、背诵、日常家庭作业和测验等为主。对学生的纪律严明,如规定学生的发型和着装要求、把体罚作为可以接受的控制学生的方法等。同时,在课程的设置上,减少点缀性课程和社会服务型课程,增加基础课程等。①

(四)《美国 2000 年教育战略》

1991 年 4 月 18 日,美国总统布什签发了教育部长亚历山大起草的《美国 2000 年教育战略》,这是美国教育面向新世纪的纲领性文件,规划了美国未来的教育目的走向。文件明确地指出了 2000 年全美六大教育目标。②

第一,所有的美国儿童入学时乐意学习。

第二,中学毕业率将至少提高到 90%。

第三,美国学生在 4 年级、8 年级、12 年级毕业时,业已证明有能力在英语、数学、自然科学、历史和地理学科内容方面应付挑战;美国的每所学校要保证所有的儿童都会合理用脑,使他们为做有责任感的公民进一步学习,在现代经济中谋取有创建性的职业做好准备。

第四,美国学生在自然科学和数学方面的成绩要在全世界名列前茅。

---

① 滕大春. 外国教育通史. 第六卷 [M]. 济南:山东教育出版社,1995:106-107.
② 参加国家教育发展研究中心编. 发达国家教育改革的动力和趋势 第四集 [M]. 北京:人民教育出版社,1992:546.

第五，每个成年美国人将能读书识字，并将掌握在全球经济中进行竞争的本领和责任。

第六，每所美国学校将没有毒品和暴力，并提供一个秩序井然的有益于学习的环境。

为了能保证达到上述教育目的，美国决定毫不迟疑的实施以下四种具体措施。①

第一，为今日的学生，必须从根本上改进现有的全部11万所学校——把这些学校办得更好，更为其结果负责。

第二，为明日的学生，要创建满足一个新世纪需要的新型学校——新一代美国学校。到1996年，至少要建成535所这类学校。到20世纪末，至少要建成上千所这样的学校。

第三，对那些已经离开学校，进入劳动力行列的人们来说，如果要在当今世界上成功的生活和工作，必须学习不止。要把一个"处于危机中的国家"变为一个"全面皆学之邦"。

第四，为保证学校取得成功，要超越课堂，把眼光放到社区和家庭上。学校绝不会比学校所在的社区所承担的教育义务好得多。每个社区都要成为可以进行学习的地方。

二、英国的教育目的

作为一个老牌的资本主义国家，英国在经历了第二次世界大战的创伤之后综合国力明显下降。因此，战后的英国有许多的有识之士都大声疾呼，要为将来英国恢复在世界的霸主地位而改革教育。

（一）1944年教育改革法

在第二次世界大战接近尾声的时候，英国当局于1944年8月通过了《1944年教育法》，也就是《巴特勒教育法》。这次教育法的颁布，主要目的在于两个方面的内容。第一是延长义务教育的年限，加强国家对教育的控制。例如，对所有学生提供免费享受中等教育的目标，建立起比较完善的英国现代国民教育制度。第二是完善地方的教育管理体制，明确中央和地方在教育行政管理体制上相互合作的关系。

（二）1988年教育改革法

1988年7月29日，在保守党教育大臣贝克（Baker, K.）提交的一份议案的基础上，国会通过了一份重要的教育改革法案，称为《1988年教育改革法》。该法案是对英国教育体制进行全面改革的法案，是第二次世界大战结束后规模最大的一次改革。该法案的内容主要是关于普通中小学教育的改革问题，其他也涉及了高等教育、职业技术教育、教育经费和教育管理等多方面的内容。

1988年教育改革法将目标锁定为加强中央集权的管理方式，对以前从未作出统一规定的课程、考试等问题开始进行全国划一的管理。

法案规定实施全国统一课程，确定在5～16岁的义务教育阶段开设三类课程：核心课程、基础课程和附加课程。其中核心课程和基础课程统称为国家课程，也是中小学的必修课。核心课程占总课时的30%～40%，包括英语、数学和科学。基础课程占总课时的45%左右，包括现代外语、历史、地理、美术、音乐和体育。附加课程占总课时的10%

---

① 参加国家教育发展研究中心编. 发达国家教育改革的动力和趋势 第四集 [M]. 北京. 人民教育出版社, 1992: 542.

左右，包括古典文学、家政、经营学、保健知识、信息技术应用、生物、第二外语、生计指导等。

该法案还规定了与课程评价相关的考试制度。确定在 5～16 岁的义务教育阶段，学生要参加四次全国性考试。这些考试除了作为对学生进行甄别和评估的主要依据以外，还要辅之以教师考核的平时成绩。除此以外，这些全国性考试还将作为教育主管部门对学校工作进行评估的依据。通过全国性考试的组织实施，整个英国的教育被集中化地管理起来，加强了国家对义务教育的监督力度。

对于学校管理体制，法案的一项重要规定在于，地方教育当局管理下的所有中学，和学生人数在 300 名以上的规模较大的小学，在多数家长要求下，可以摆脱地方教育当局的控制，直接接受中央教育机构的指导。在财政上，由全国统一的"国立学校基金会"负责。这些举措被认为是英国打破过去中央、地方两级分权管理教育的传统，走向中央集权制管理模式的重要一步。

从教育改革法颁布起一直到 20 世纪 90 年代以后，英国教育都涉及如何把改革措施在实践中得到落实的问题。不难看出，加强国家对教育的统一管理和控制是这次教育改革的重要目的所在。

三、第二次世界大战后日本的教育目的

从第二次世界大战走出来的日本，在教育民主化政策的指导下，教育目的也发生了显著的变化。1937 年，日本颁布了《教育基本法》，在前言中明确规定了国家的教育目的，"培养注重个人尊严并追求真理与和平的人"。在第一条中这样写道："教育必须以完成陶冶人格为目标，培养出作为和平的国家及社会的建设者，酷爱真理和正义，尊重个人价值，注重劳动与责任，充满独立自主精神的身心健康的国民。"教育基本法是概括整个国家教育理念的法律条文，从中我们可以看出，战后的日本对于学生在人格的完成、个人价值、独立自主精神等近代民主主义精神的培养是整个教育目的的基调，贯穿着旨在培养和平的国家及社会的建设者的价值取向。

除了教育基本法所体现的宏观的教育目的以外，同年颁布的《学校教育法》也更加具体地描绘出了中小学校的教育目标。在该法令中，指出"小学以适应儿童的身心发展，实施初等普通教育为目的"。"初级中学是在小学教育的基础上，适应少年儿童的身心发展，以实施中等普通教育为目的"。① 为了在整个中小学阶段培养人性丰富的学生，特别强调了要培养创造性的智力与技能，坚忍的意志力和自律精神，丰富的情操，正确的劳动观及社会实践精神，在国际社会中得到信赖和尊敬的日本人。

进入 20 世纪 70 年代，日本开始了新的教育改革步骤。1971 年 6 月，日本中央教育审议会向文部大臣提交了一份《关于今后学校教育综合扩充、整顿的基本措施》的咨询报告。该文件的许多精神都被文部省采纳并实施，因此，这个文件成为日本 70 年代以来教育方面的纲领性文件。该咨询报告对中小学校教育提出如下三个基本目标②。

---

① 筑波大学教育学研究会编. 现代教育学基础［M］. 钟启泉，译. 上海：上海教育出版社，2003：149.

② 吴式颖主编. 外国教育史教程［M］. 北京：人民教育出版社，1999：668-690.

第一，初等和中等教育目的是为每一个人终生成长与发展打下基础。因此，应采用新的教育方法，促使每一个人个性人格发展，还应更新教育内容，从人的连续发展过程的角度设计教育内容。

第二，政府有责任促进公立学校课程内容水平的提高，提供均等的教育机会，建立长期的经过充分论证的教育政策。

第三，对教育改革发挥巨大威力的是教育者本身。应制订严肃的综合性改革措施，保证教育者具备较高水平与特长，对教育工作充满自信和荣耀。

咨询报告还对日本的高等教育提出如下目标：

第一，高等教育设施一方面是为人们提供多种多样接受高等教育的机会，另一方面是为了提高学术研究水平。

第二，高等教育应将其解决一般问题的潜能融汇于高等专门教育课程之中。

第三，高等教育机构具有开展教育和研究活动的自由。

第四，高等教育机构表现出狭隘自傲的倾向，因此，应进行改革，使高等教育更加向社会开放。

第五，在高等教育改革过程中，鼓励每所大学的自然发展很重要，但也有必要进行综合规划，体现社会与高等教育的联系。

1977年，日本文部省颁布了《关于改善中小学教学计划的标准》。同年，还颁布了《小学初中教学大纲》。1978年颁布了《高中教学大纲》。从这些关于课程与教学的文件中，我们可以概括出在课程目标上的倾向性，那就是：重视德育和体育，培养协调发展的儿童；精选课程内容，培养儿童的创造力；减少课时数，增加儿童的课外活动时间，使儿童在轻松、愉快的学校生活中健康成长。

四、第二次世界大战后前苏联和俄罗斯的教育目的

经历了第二次世界大战后的恢复阶段，前苏联在改进教师培养工作、普及义务教育和提高义务教育质量等方面做出了一系列的努力。其中小学教育的目的主要在于为高一级学校培养和输送合格的毕业生，所以在教育过程中对生产劳动经验和生活经验的传播，以及劳动技能的训练等方面有所忽视。普及义务教育的目的逐步实现后，中学毕业生面临的升学与就业的出路问题，与中学教育偏重于升学的教育目标之间的矛盾越发明显。在这样的背景下，前苏联中央书记赫鲁晓夫在1958年9月21日提出了《关于加强学校同生活的联系和进一步发展全国国民教育制度的建议》。此"建议"经过苏共中央和部长会议的讨论后，被更名为"法律"。由此可见，前苏联以立法形式开展的这次教育改革有多么大的决心和努力。

该《法律》对普通教育提出了新的教育目的和要求。

第一，确立新的办学目标，明确中学的主要任务是培养青年走向生活，参加公益劳动，进一步提高普通教育和综合技术教育水平。

第二，普及教育年限从7年延长到8年，初等教育仍为4年，然后是中等教育。中等教育前4年为第一阶段，称为不完全中学教育，或称为不完全的综合技术普通中学教育，属于义务教育性质。

第三，中等教育的后3年为中等教育的第二阶段。这段教育由三种教育机构实施，一

是工人青年学校和农村青年学校,是在职学习机构,主要通过夜校或函授的形式教学。学校主要招收八年制不完全中学毕业后参加工作的青年。二是兼施生产教学的劳动综合技术普通中学,这是一种全日制类型的学校,八年制学校的毕业生可进入这类学校,学习年限为3年,在这里接受中等教育和综合技术教育,但必须掌握一种职业的知识和技能。三是中等职业技术学校和其他中等专业学校,八年制学校毕业生进入这类学校,接受职业教育和普通教育并重的训练,培养具有中等教育程度的熟练工人和技术辅助人员,学习年限为3~4年。

第四,八年制学校的教育教学工作应当在科学基础知识的教学、综合技术性质的教学、劳动教育以及引导学生广泛参加适合其年龄的各种公益劳动相结合的基础上进行。

该《法律》对职业学校、技术学校的教育目标提出以下具体要求:

第一,改组原有职业、技术教育体制,设立城市和农村职业技术学校,使在八年制学校毕业后参加生产工作的青年受到职业技术教育。

第二,进一步改进中等专业教育制度,开办建立在八年制学校基础上的中等专业学校。培养具有高度的理论水平和良好的实际知识的中级专门人才。

该《法律》对高等教育的目标提出以下具体要求:规定苏联高等学校的使命是培养精通科学和技术的相应部门的具备多方面知识的人。要求高等学校接近实际生活、接近生产。这被确定为苏联高等教育的基本原则和方针。

进入20世纪80年代,前苏联加大了教育改革的力度,对教育目的的调整也随之而来。1984年4月,前苏共中央和最高苏维埃分别通过了《普通学校和职业学校改革的基本方针》。根据"基本方针"可以概括出,普通教育和职业学校的教育目的在于把学校工作提高到一个新的水平,使之与苏联发达的社会主义社会的条件和需要相适应。学校培养的人,不仅是一定数量知识的持有者,他首先应该是社会主义社会的公民,积极的共产主义建设者,不仅具有共产主义建设者所具有的思想信念、道德和兴趣,而且具有高水平的劳动技能和品行修养。为了达到这样的教育目的,"基本方针"指出,要大力提高教育和教学质量,把各门课程的教学保持在较高的科学水平之上,让学生牢固掌握科学基础知识。同时,要彻底改善普通学校的劳动教育教学和职业定向教育工作,加强课程的综合技术方向性和实践方向性,要加强对高度熟练工人的培训教育,完成对青年职业教育普及的过渡。

1987年3月21日,前苏共中央公布了《苏联高等和中等专业教育改革的基本方针》,其主要精神在于提高和保证专门人才的培养质量,从而适应飞速发展的科学技术和国家社会经济对教育的要求。为达到这样的教育目的,该文件要求改变粗放式的教学为个别教学,发展学生的创造性才能;纠正按照狭窄的部门和学科设置专业的做法,减少专业总数;强调克服死读书、教条主义和抽象议论的现象,培养学生对生活中的变化作出敏锐反应的能力;以及充分利用高校的优势研究国民经济问题和跨学科、跨部门的科技问题等。

前苏联解体后,俄罗斯保留了部分20世纪80年代以来的教育理念和精神,同时也根据自身情况作出了一些调整。1992年,俄罗斯联邦制定了《俄罗斯联邦教育法》,这一法案明确规定了国家的教育目的。

该法案称:教育要实行"人道主义"、"多元化"和"民主化"。教育内容应以保证个人的自我选择并为其实现创造条件,以发展公民社会、巩固和完善法治国家为最终目的。要使受教育者形成符合世界标准的教育程度和知识水平，养成符合世界标准的社会的总的文化修养和职业修养水平，达到个性在世界文化和民族文化体系中一体化，培养出与现代社会相适应并以完善此社会为己任的具有个性的公民，复兴和发展社会的人才。

第三节　我国教育目的

在我国的历史上，有许多的政治家、思想家和教育家都曾就教育目的的问题发表过各自的见解。如教育的目的在于"化民成俗"；教育在于"使人为善"；教育在于"涵养德性"；教育在于发展人的"良知良德"，培养"君子"等。由个人提出并倡导的教育目的观，通过个人的影响力逐渐得到社会的承认从而影响到教育。到近代以后，随着教育功能的日渐突出和教育规模的不断扩大，国家开始把教育作为相对独立的系统纳入宏观管理中。于是，逐渐开始以国家的名义颁布关于教育目的的条例与法令，并以国家强制力的手段保证实施，此时个人的影响力逐渐变小。

一、我国不同历史时期的教育目的概述

（一）近代中华人民共和国成立前的教育目的

中国近代史上由国家制定的教育目的当肇始于1903年的《奏定学堂章程》。该章程规定："至于立学宗旨，勿论何等学堂，均以忠者为本，以中国经史之学为基，俾学生心术壹归于纯正，而后以西学沦其知识，练其艺能，务期他日成材，各适实用，以仰付国家造就通才，慎防流弊之意。"这一教育目的可以说是我国最早的由国家确定和实施的教育目的观，它明确反映出了当时半殖民地半封建社会中教育"中学为体、西学为用"的方针。中学以忠孝为本，以中国经史之学为基础；西学以西方近代科学的知识和技能为主，以造就国家所需要的各种适用的通才为目的。1906年，当时的学部正式规定和发布了一项更加明确的教育宗旨。该宗旨共五条，"忠君、尊孔、尚公、尚武、尚实"。前两条为"中国政教之所固有，而亟宜发明以距异说者"；后三条则是"中国民质之所最缺，而亟宜针砭以图振起者"。同年颁布的"上谕"也明确规定："学堂以中学为主，西学为辅；培养通才，首重德育；并以忠君、尊孔、尚武、尚实诸端定其趋向。"这些教育目的的提出，充分体现了清末政治经济对教育既要培养清王朝的忠实公民，又要大力培养实用人才以发展社会经济的要求。

1911年爆发的武昌起义带动了全国规模的辛亥革命，结束了中国持续两千多年的封建君主专制制度。1912年，时任中华民国临时政府教育总长的蔡元培发表了《新教育意见》，可作为对这一时期教育目的的代表。蔡元培认为："教育有二大别。曰隶属于政治者，曰超轶乎政治者。专制时代，教育家循政府之方针以标准教育，常为纯粹之隶属政治者。共和时代，教育家得立于人民之地位以定标准，乃得超轶政治之教育。"他主张废除清政府制订的忠君、尊孔、尚公、尚武、尚实的教育宗旨，以国民教育、实利主义教育、公民道德教育、世界观教育、美感教育这五项为教育目的。蔡元培的"五育说"对民国时期的教育产生了导向的作用。

1927年，"国民政府"定都南京。1923年，在国民党第三次代表大会上，提出了"中华民国"的教育宗旨为："'中华民国'之教育，根据三民主义，以充实人民生活，扶

植社会生存,发展国民生计,延续民族生命为目的;务期民族独立,民权普遍,民生发展,以促进世界大同。"

1936年,在国民党的《"中华民国"宪法草案》中规定:"'中华民国'之教育宗旨,在发扬民主精神,培养国民道德,训练自治能力,增进生活智能,以造成健全国民。"这部"宪法"在1946年经过修正后正式通过。该"宪法"第158条规定:"教育文化,应发展国民之民族精神、自治精神、国民道德、健全体格、科学及生活智能。"

（二）中华人民共和国成立以来的教育目的

中华人民共和国成立以来,我国教育进入了新的历史阶段。其间,对于教育目的的表述经过多次变动。但总体来说,这些表述都以马克思主义关于人的全面发展学说为理论基础,结合我国所处的国际背景和具体情况提出的,在其基本精神上是前后一致的。

中华人民共和国成立后,1951年3月召开了全国第一次中等教育会议。会议提出了普通中学的教育目标和宗旨是:使青年一代在德、智、体、美各方面获得"全面发展",使之成为新民主主义社会自觉的积极成员。

1954年4月政务院发布了《关于改进和发展中学教育的指示》。其中明文规定:"中学教育的目的,是以社会主义思想教育学说,培养他们成为社会主义社会全面发展的成员。"

1957年,在生产资料所有制的社会主义改造基本完成后,开始了以发展生产力、发展经济为重点的大规模建设时期。这个时期,国内的教育情况出现了忽视组织学生参加生产劳动以及对学生进行劳动教育的问题,导致中小学毕业的学生没有参加生产劳动的思想准备和具体的劳动技能。最突出的问题是:有一大批中小学毕业生不能升入高一级学校继续学习或者由国家来统一分配工作,但是他们又不愿意参加农业生产劳动。另一方面,这段期间也出现过忽视思想政治教育的问题。在一些青年眼中,对政治、对祖国的前途、对人类的理想都不太关心,好像马克思主义"流行"了一阵子,现在也不那么时兴了。并且,当时国际上出现了"匈牙利事件",影响到我国,也有少部分学生闹事、罢课、游行。在这样的背景下,根据这一时期的政治、经济、文化等方面的新要求,毛泽东在国务会议上指出:"我们的教育方针,应该使受教育者的德育、智育、体育几方面都得到发展,成为有社会主义觉悟的有文化的劳动者。"这在当时对我国教育事业的发展和人才培养方面起了非常重要的指导作用,对以后教育的目的产生了很大影响。毛泽东同志针对当时学校教育在一定程度上忽视了政治教育的问题,提出要加强政治工作,认为青年学生除了学习专业外,还要学习马克思主义,学习时事政治。1958年中共中央国务院在《关于教育工作的指示》中对当时教育工作存在的问题进行了分析,认为"教育工作在一定时期内就曾犯过脱离生产劳动、脱离实际,并且在一定程度上忽视政治、忽视党的领导的错误"。正是基于对这些形势的分析,提出了"教育必须为无产阶级政治服务,必须同生产劳动相结合"的教育方针。基于这样的教育目的观,当时的教育现状是以解决政治和劳动问题为主,而不是以文化知识的学习为主。在政治教育的理解上,主要是搞阶级斗争;在生产劳动的理解上,主要是搞体力劳动和思想改造。沿着这样的教育思路,使得随后若干时间的教育实践都越走越偏。如1964年以阶级斗争为主课的学生参加"四清"运动,在运动中批判"人性论"以及"资产阶级美学",这样的情况下,审美能力的培养几乎成为一个盲区。又比如,把政治与知识完全对立起来,强调政治挂帅而轻视知识,强调体力劳动而忽视智力劳动。这些对于教育目的的片面理解，给当时的教育造成了消极影响。

随后，"文化大革命"的到来，矛头直指教育系统。在那个扭曲的时代，全面发展的人被说成"文盲加流氓"，压抑甚至是摧残了一代人个性的健康发展。这一时期的教育，几乎处于瘫痪状态。

"文化大革命"结束后，拨乱反正，解放思想，批评了"两个凡是"。1978年，我国的教育目的在人大会议上通过的宪法中被表述为："我国的教育方针是教育必须为无产阶级政治服务，教育必须同生产劳动相结合，使受教育者在德育、智育、体育几方面都得到发展，成为有社会主义觉悟的有文化的劳动者。"

在1981年召开的党的十一届六中全会上通过的《关于建国以来党的若干历史问题的决议》中，对教育目的有了新的表述："要加强和改善思想政治工作，用马克思主义世界观和共产主义道德教育人民和青年，坚持德、智、体全面发展，又红又专、知识分子与工人农民相结合，脑力劳动和体力劳动相结合的教育方针。"

1982年，第五届全国人民代表大会第五次会议通过了《中华人民共和国宪法》，其中规定："国家培养青年、少年、儿童在品德、智力、体质等方面全面发展。"

1985年，《中共中央关于教育体制改革的决定》概括了新时期国家对人才培养的新要求。决定提出："教育必须为社会主义建设服务，社会主义建设必须依靠教育。教育要为社会主义现代化建设培养各级各类的合格人才，所有这些人才，都应该有理想、有道德、有文化、有纪律，热爱社会主义祖国和社会主义事业，具有为国家富强和人民富裕而艰苦奋斗的奉献精神，都应该不断追求新知识，具有实事求是、独立思考、勇于创造的科学精神。"

1986年颁布实施了《中华人民共和国义务教育法》，其中规定："义务教育必须贯彻国家的教育方针，努力提高教育质量，使儿童、少年在品德、智力、体质等方面全面发展，为提高全民族的素质，培养有理想、有道德、有文化、有纪律的社会主义的建设人才奠定基础。"这一次关于教育目的的表述，首次把提高全民族素质纳入其中。

1990年12月召开了党的十三届七中全会，并且通过了《中共中央关于制定国民经济和社会发展十年规划和"八五"计划的建议》，其中指出："发展教育事业，提高民族素质，是建设社会主义的根本大计。国家强盛和民族振兴靠人才，人才培养靠教育。继续贯彻教育必须为社会主义现代化服务，必须同生产劳动相结合，培养德、智、体全面发展的建设者和接班人。"

1993年《中国教育改革和发展纲要》提出，"教育改革和发展的根本目的是提高民族素质，多出人才、出好人才，各级各类学校要认真贯彻'教育为社会主义现代化建设服务，必须与生产劳动相结合培养德、智、体等全面发展的建设者和接班人'的方针，努力使教育质量在90年代上一个新台阶"。

1995年3月，我国出台了《中华人民共和国教育法》。作为规划整个国家教育事业的法律，它规定："教育必须为社会主义现代化的建设服务，必须与生产劳动相结合，培养德、智、体等全面发展的社会主义事业的建设者和接班人。"

1999年6月《中共中央国务院关于深化教育改革全面推进素质教育的决定》把教育目的表述为："以培养学生的创新能力为重点，造就有理想、有道德、有文化、有纪律的德、智、体等方面全面发展的社会主义事业的建设者和接班人。"

2001年6月《国务院关于基础教育改革与发展的决定》明确提出:"要高举邓小平理论伟大旗帜,以邓小平同志'教育要面向现代化,面向世界,面向未来'和江泽民同志'三个代表'重要思想为指导,坚持教育必须为社会主义现代化和建设服务,为人民服务,必须与生产劳动和社会实践相结合,培养德、智、体、美全面发展的社会主义事业的建设者和接班人。"

二、我国教育目的的理论基础

我国社会主义教育的教育目的建立在马克思关于人的全面发展学说基础上。因此,要理解我国社会主义的教育目的,首先要学习和理解马克思关于人的全面发展的学说。

（一）马克思主义关于人的全面发展学说的基本思想

马克思主义关于人的全面发展学说是马克思、恩格斯在政治经济学的研究中考察社会物质生产与人的全面发展关系时所提出的关于人的发展问题的基本原理,是马克思主义教育思想的重要组成部分。其基本思想是:人的发展是与社会生产发展相一致的。旧式劳动分工造成人的片面发展,大工业机器生产要求人的全面发展,并为人的全面发展提供了物质基础;实现人的全面发展的根本途径是教育同生产劳动相结合。

马克思主义认为,人的发展状况与他们生产什么相一致,也与他们怎么生产相一致,一定的生产方式决定了一定社会中人的发展状态。这里的"人"不是抽象意义上的人,而是特定的具体的历史条件下的人。马克思在《关于费尔巴哈的提纲》中提出:"人的本质并不是单个人所固有的抽象物,在其现实性上,它是一切社会关系的总和。"这种人学观揭示出人的本质的社会性。按照这样的思路,教育作为一种培养人的社会现象,绝不可能脱离社会的要求而独立存在。个人素质的展现绝不是人们随意规定的结果,而是受制于客观社会生活条件,其中主要受制于人们生活于其中的物质生产条件。

在全面研究了人类社会发展历史的基础上,马克思主义指出,个人片面发展的根本原因在于劳动分工。伴随着生产力的发展,社会生产逐渐由工场手工业向机器大工业过渡。此时,人的全面发展开始具有其实现的物质基础。究其原因有二:一是机器大工业对劳动者的全面发展提出了客观要求;二是机器大工业的生产方式也为工人的全面发展提供了可能。另外,在机器大工业的生产条件之下,生产水平迅速提高,物质财富越来越丰富,劳动时间也越来越短,这些都为劳动者学习文化、接受教育提供了物质条件和时间条件。尽管机器大工业为个人的全面发展提供了物质基础,但是这种生产方式为人的全面发展提供的可能性在资本主义的制度下不可能成为现实。只有到了共产主义社会,人的全面发展才会真正、全面地成为现实。因为,到了社会主义社会,生产资料公有制的性质较之于资本主义条件下生产资料私有制的性质表现出质的不同。这决定了在社会主义社会中,人民成为国家的主人,在政治上、经济上、教育上享有平等的权力,资本主义制度下那种压制工人全面发展的社会政治基础已经不复存在。但由于在社会主义社会里,生产力的发展水平还不够发达,生产的社会化与现代化的水平还不够高,整个社会的物质和精神财富还不够丰富,所以社会主义社会还没有为完全实现人的全面发展提供充足条件。到了共产主义社会,这是一个生产力高度发达的社会,物质产品极度丰富的社会,这就为人们提供了充分享有得以全面发展的闲暇时间和教育条件。这样,人的全面发展的理想将在此成为现实。

马克思主义认为,人的全面发展的含义是指人的体力和智力尽可能多方面的、充分的、自由的发展，并在此基础上实现脑力劳动和体力劳动相结合。如马克思在《1844年经济学哲学手稿》中指出，人的全面发展即是人的劳动能力的发展，这里的劳动能力即是存在于人的身体中各种智力与体力的总和。又如恩格斯在《共产主义原理》中把全面发展的人称为"一种全新的人"。这种全新的人通晓整个生成系统，在各方面都表现出应有的能力。人的全面发展具有丰富的内涵：（1）指人的生产物质生活本身的劳动能力的全面发展，"个人生产力的全面的、普遍的发展"，"是各方面都有能力的人，即通晓整个生产系统的人"，"全面发展两个人……也就是能够适应极其不同的劳动需求并且在交替变换的职能中……使自己先天的和后天的各种能力得到自由发展的个人。"这种劳动能力的全面发展，既表现为人的体力和智力的全面发展，又表现为人的才能和志趣的全面发展。（2）指人的才能的全面发展。正如马克思、恩格斯说的"每一个人都无可争辩地有权全面发展自己的才能"，"任何人的职责、使命、任务就是全面地发展自己的一切能力"。（3）指人自身的全面发展，它意味着"人以一种全面的方式，也就是说，作为一个完整的人，占有自己的全面的本质"，"均匀地发展全部的特性"。（4）指人的自由发展，包括"全部才能的自由发展"，"各种能力得到自由发展"，"个人独创的和自由的发展"，"个人的比较高度的发展"等。马克思主义认为，人的全面发展并不排斥人的个性的发展。马克思和恩格斯在《共产党宣言》中指出，未来的共产主义社会将是一个以个人自由发展为一群人自由发展的条件的联合体。在共产主义社会里，生产的高度发展、物质财富的极大丰富、私有制度的彻底解除等一方面为人的全面发展提供了保障；另一方面也为每个人展示自身的个性提供了丰富的空间。因此，人的全面发展和个性发展是相辅相成的，前者是后者的基础，后者是前者的条件。

（二）马克思主义全面发展学说对我国教育目的确定的意义

马克思主义关于人的全面发展学说确立了科学的人的发展观，指出了人的全面发展的历史必然，对我国的教育目的的确定具有重要的理论指导意义。它一方面为我们科学地认识人的全面发展提出了新的方法论指导。关于人的全面发展问题，在马克思主义产生以前，亚里士多德、夸美纽斯、卢梭、裴斯泰洛齐等都曾提出过应使人的体力、智力和道德等各方面和谐发展的问题。但是他们的论述都是脱离社会生产和生活的，只是从"神的意志"或"人的本性"出发来说明和解释人的发展。到了19世纪，空想社会主义者欧文等人也提出要培养"全面发展的人"，但没有从根本上说清人的发展与社会物质生产、生活条件的关系。马克思主义为考察和说明人的发展提供了新的科学的方法论。它要求在规定人的发展的时候，不能脱离具体的历史条件。人的发展"既和他们生产什么相一致，又和他们怎样生产相一致"，"个人是什么样的，这取决于他们进行生产的物质条件"。用这种科学的人的发展作指导，有助于我们深刻理解人的发展的社会必要性和社会制约性，在确立和实现教育目的中把人的发展与社会的发展很好地结合起来。

另一方面，马克思主义指出的人的全面发展的历史必然性，为社会主义人才培养指明了方向。马克思主义全面发展学说，从社会生产的发展，特别是社会大工业生产发展对人的影响中，看到了"承认劳动的变换，从而承认工人尽可能多方面的发展是社会生产的普遍规律"，揭示了人的全面发展的历史必然性，有助于我国社会主义教育在人才培养中坚持全面发展的方向，丰富培养人的素质，更好地推动我国的现代化建设。

三、我国教育目的的精神实质

综合以上我国在不同时期、在各种法律条文中的规定可以看出，历次的有关教育目的的表述，虽然在字面上有所变化，具体内容不完全一样，但其中有些基本精神是一贯的。我们要求培养的是社会主义事业的建设者和接班人，坚持教育对象的政治思想素质、道德品质素质与文化知识能力的统一，教育目的要求培养在道德、才智、体质、美育等方面的全面发展，要求在脑力与体力两方面的协调发展。20世纪80年代之后的表述则加入了对受教育者的独创性、开拓精神和创造才能的要求，反映了当代中国社会主义现代化事业对新生一代的新期望。

（一）社会主义是我国教育性质的根本所在

我国教育目的所反映出来的这一基本精神，明确了我国教育的社会主义方向。教育作为一种培养人的社会活动，是源于社会需要也受社会制约。教育无不带有各个时代社会的特点和要求，无不体现一定的社会性质。中华人民共和国成立以来，我国的教育目的也体现了这一特点。但它不同于以往历史上任何社会的教育目的，是为社会主义巩固和发展服务的，维护社会主义利益，为社会主义服务，这一直是我国教育目的的根本所在。无论我国社会怎样发展变化，也无论我国发展的各个时期工作重点有什么不同，我国教育目的所确定的社会主义性质都始终没有变，始终强调我们要培养的人是符合无产阶级根本利益或社会主义方向的人。这在不同时期表述上有所不同，如"有社会主义觉悟的有文化的劳动者"、"又红又专"、"热爱社会主义祖国和社会主义事业，具有为国家富强和人民富裕而艰苦奋斗的献身精神"，以及"社会主义事业的建设者和接班人"等。正是由于我国教育目的所确定的社会主义性质的规定性，才在根本上保证了我国教育发展的社会主义方向，指引着教育为社会主义事业全面的发展进步培养和造就各方面的人才。

（二）强调使受教育者德、智、体、美等方面全面发展

我国的教育目的观还有一个贯穿始终的基本精神，那就是要求全体受教育者在德、智、体等几方面都得到全面的发展。马克思关于人的全面发展的观点是我国教育目的这一基本精神的理论基础。就教育目的而言，受教育者的全面发展一般被表述为有社会主义觉悟、有文化及有健康的身体等，具体而言包括生理、心理、思想和文化四个方面。我国教育目的反映出来的这一基本精神，明确了我国人才培养的素质要求。一是明确了人才应有的基本素质，即德、智、体、美等方面，将其作为人才所应有的基本素质，这几方面相互联系、相互作用，是人的生存和发展，以及在现代化建设中不可缺少的基本素质。二是明确了使受教育者各方面全面发展，即在注重基本素质（德、智、体、美）形成发展的同时，也要促进其他素质的形成和发展，而不应仅仅局限在德、智、体、美四方面。这是促进人的个性丰富发展所必需的，有利于个人在物质生活领域和精神生活领域发挥和展现创造性才能，更好地实现自己的理想和价值，使人生存发展充满内在活力。

要指出的是，社会主义教育目的所倡导的全面发展绝对不是个人在各方面素质的平均发展，更不是不同个体之间的千篇一律的发展。在具体的受教育者身上，各方面的发展最终要组合成为独特的个性。所以在这里，人的全面发展是作为人的"自有个性"形成的基本条件存在的。在科学技术的发展突飞猛进的今天，我们的社会主义现代化建设对人的独特个性提出了更高的要求，它要求教育所培养的人具有创新精神和创造能力，每个人各

具特质、各有优势，从而构成一个优势互补的人才群体。这种对独特个性的要求体现在个体身上即是个人各方面的素质能够相互契合，在个体身上形成既有全面的素质积淀，又有特长的知识与能力结构。

> **资料 5-3**

全面发展、特长突出的娃娃大学生

如今为青海玉树地震死难者的哀悼已有些日子，金军的"校园赈灾文艺巡演"计划仍停在策划书阶段。这并不影响他为实现计划继续努力。在校党委副书记办公室里，他指着策划书上的条目，向鹿明副书记解释每个细节的可行性。在校园小道上，他拦住校领导，竭力向他们阐释"文艺义演与赈灾报国"的意义。

在夹着书本、行色匆匆、穿梭于图书馆与教学楼间的莘莘学子中，金军的面孔略显稚嫩。毕竟，刚读完高二就来上大学的他，从年龄来说仍是少年。在一个被冠以"少年班"名字的学院里，去年，金军和其他221名同学从全国各地来到这里，接受一般同龄者难以企及的"超常教育"。正因此，校外一些人认为金军他们是"天才"、"神童"和"未来的科学家"。他们据此推断："少年班"学生多是行为与常人迥异的"书呆子"，或自理能力极差的"娃娃大学生"。

金军不以为然：书呆子会像我这样策划这个"吃力不一定讨好"的"赈灾义演"吗？

在科大东区校园，一幢掩映于绿林间的建筑物里，数百名金军这样被认为可培养成"国家建设所急需的高层次创新型人才"的孩子集中在这里，进行不同于一般大学教育的学习研究。他们拥有很多其他学生难以拥有的资源和权利：可自由选择感兴趣的专业，可在大学毕业时获得多个学士学位；大学阶段即可能参与硕士生导师的课题；可能因为某项研究论文参加国际学术会议，与国际一流科学家对话……

这样的"超常教育"实验可追溯到30多年前。1978年，11岁的谢彦波、12岁的张亚勤、13岁的宁铂都因"智力超常"来到这里。从那年开始，中国科大少年班教育延续至今。中国科大官方统计显示，到2008年，少年班共招收31期学生，招生总数达1 220人，毕业1 027人，其中935人考取研究生。前16届毕业生590人中，64%获得博士学位，26.9%获得硕士学位。从国内大学、科研机构、IT领域，到国际学术前沿、工商、金融领域，都能看到他们的身影。

在很长一段时间里，少年班教育舆论指责为拔苗助长。有人拿出例证：科大首届少年"神童"中，谢彦波曾因"傲气和社会交际能力差"没拿到博士学位；宁铂大学毕业后忽而"削发为僧"，忽而还俗研究中医……与此同时，陆续成立的全国各高校少年班也因各种原因渐渐停办。争议声中，唯中国科大少年班顶住压力，不断摸索，走出一条自我完善之路。

中国科大在成立少年班学院的同时，迎来新一批"90后"学生。与"60后"、"70后"甚至"80后"相比，他们继承早年前辈们自信、刻苦的同时，还带有很多鲜明时代特点。他们性格开朗爱好多样，谈吐优雅、社会活动能力强。他们理想明确，敢于表达并实现，说话时不时吐出"秒杀"、"山寨"之类网络流行语。

将去哈佛深造的大四学生刘綦涵，高中时没什么兴趣爱好，到少年班后，看到学校各种社团，他便报了民乐社团，学习笛子演奏。几年下来，他学会了笛子演奏，还当上民乐团团长。外表文静的赵若灿喜欢唱歌，面试时，他以一首英文歌曲打动了老师。来到少年班后，他自己作词作曲，获校园歌曲大赛冠军。2008级行政班主任黄松筠成天和这些孩子在一起，他们的综合素质让她吃惊："他们的业余生活太丰富了，有的喜欢中国文学，对'四书五经'的了解不比中文系学生差；有的喜欢写诗，有的关心时事，有的自拍DV，有的喜欢玩魔术……"15岁入少年班，现在是2009级学术班主任的李震宇回忆读少年班时的情景，笑言自己比现在小孩"土"："他们洋气，学习能力强，'赶时髦'能力也强。""科大有70多个社团组织，其中10个社团负责人是少年班学生，社团差不多被他们垄断了。"少年班学院执行院长陈旸说。

（资料来源　新华网）

回首我国的少年班举办历程，在最初阶段确实表现出一定的重知识、轻能力；重智育、轻体育；重思维、轻情绪的现象，由此导致了学生发展的不全面。所以很多人批评少年班的孩子们，除了一个分数外，连生活自理的能力都很欠缺，更无须谈情绪、情感、价值观等非智力因素的健康发展。经过这么二三十多年来的反思和总结，我们的教育者们显然看到了人的全面发展这些娃娃大学生们的重要性。所以，针对一些智力发展超常规的特殊孩子，我们既给他们提供更加提前的知识和能力训练，同时也非常关注对于他们的兴趣、爱好、情绪、价值观、生活自理能力、社会交往能力等各方面的训练。总而言之，无论是娃娃大学生还是一般适龄大学生，当今的教育者和家长们越来越重视培养的是身心和谐、全面发展的人。这样的教育理念和行为，才符合人的全面发展的教育目的观。

（三）注重提高全民族素质

我国教育目的不仅包含对人的全面发展的要求，而且还含有对整个民族素质全面提高的要求。提高全民素质，是我国当今社会发展赋予教育的根本宗旨，也是我国当代教育的重要使命。这是因为：一方面，科学技术发展对综合国力、社会经济结构和人民生活的巨大影响，使得科学技术成为经济发展、社会进步的关键，要加速科技进步并用科技进步来推动经济、社会发展，这取决于整个民族素质和能力的提高。只有这样才能使我们整个民族有能力加速科技进步，有能力将科技成果创造性地运用于经济建设和社会文明发展。另一方面，实现社会的现代化不仅仅只是经济的巨大发展，同时也包括思想、道德、文化、观念等在内的社会的全面进步。否则这个社会的发展不仅是片面的，而且经济本身也将受到各种因素的严重制约，难以获得持久的健康发展。而要促进包括思想、道德、文化、观念在内的社会的全面进步，也更需要整个民族素质的全面提高。因此，提高全民族素质，促进经济建设和社会发展，是我国教育目的的精神实质的又一个重要方向。

（四）为经济建设和社会全面发展培养劳动者

培养有社会主义觉悟的、有文化的劳动者，这是自1958年正式提出教育方针以来我国一直坚持的一个教育目的。但是在社会发展的不同时期，人们对"劳动者"的认识并不统一。例如，有的人从阶级属性的意义去理解，把劳动者看成是与剥削者相对立、相区别的社会成员；有的人从消灭脑体差别，消灭旧式社会分工的意义去理解，把劳动者看成是能文能武，既能从事脑力劳动又能从事体力劳动的社会成员；也有的人从知识分子与工农群众的差别的意义去理解,把劳动者看成是与知识分子相对立、相区别的体力劳动者。这些对于"劳动者"的不同理解带来了不同的教育目的观。在"十年动乱"时期,这些认识上的偏差正是被"四人帮"利用,歪曲教育理念,以至于给我们国家带来了巨大的损失。

所以,正确地理解"劳动者"的概念是我们正确理解教育目的的前提。现在比较统一的认识是,作为社会主义教育培养目标的劳动者应当体现社会主义社会全体成员的基本的共同的特征,应当在反映他们的阶级属性的同时,反映他们在社会不同领域内所发挥的社会功能。根据这一认识,我国教育所培养的劳动者,应当是社会主义所需要的各级各类人才。这些劳动者尽管在分工上有所不同,有脑力劳动和体力劳动的差异,但都应该有理想、有道德、有文化、有纪律,热爱社会主义祖国和社会主义事业,具有为国家富强和人民富裕而艰苦奋斗的献身精神,都应该不断追求新知,具有实事求是、独立思考、勇于创造的科学精神。

四、我国教育目的的基本构成

社会主义的全面发展的教育目的要通过具体的教育活动来实现。这种全面发展的教育在具体实施过程中通过相对独立的"五育"构成,它包括德育、智育、体育、美育和劳动技术教育。这五个部分在我国的教育目的所发挥的功能中既相互独立又相互支持,使我国的教育形成了一个有机的统一整体。

(一)德育

德育又称思想品德教育,是教育者按照一定的社会要求,有目的有计划地培养学生正确的人生观、世界观、价值观,培养学生具有良好的道德品质和正确的政治观念,培养学生形成正确的思想方法的教育。对于我国社会主义的德育而言,它指的是引导学生领悟无产阶级思想政治观点和道德规范,组织和指导学生的道德实践,培养学生的社会主义道德品质的教育。

德育的基本任务包括:培养学生良好的道德品质,使学生成为具有良好的社会公德和文明的行为,成为遵纪守法的好公民;培养学生正确的政治方向,使学生形成正确的政治信念,具有为国家富强和人民富裕而努力奋斗的献身精神;培养学生正确的世界观、人生观,使他们形成科学辩证的思想方法,正确认识世界和人生,在社会生活中追求新知,解放思想,实事求是,勇于创新;培养学生良好健康的心理品质,使学生能正视认识自己的心理变化。

德育的内容是多方面的,既包括马克思主义的基本理论、毛泽东思想、邓小平理论以及当前我党的方针政策的教育;共产主义理想的教育、无产阶级的爱国主义教育和国际主义教育;还包括集体主义教育、热爱劳动的教育、自觉纪律教育与遵守法制教育、团结友爱、文明习惯的教育等。

(二)智育

智育是向学生传授系统的科学知识和技能,培养和发展学生的智力才能和相关的非智力因素的教育。智育是全面发展教育的重要组成部分,无论对于社会文明的进化还是对于人本身的发展,它都起着极为重要的作用。伴随社会的进步,智育在教育中将会越来越被置于重要的地位。

智育的基本任务包括：向学生系统传授科学文化基础知识，为学生各方面发展奠定良好的知识基础；使学生掌握相应的技能、技巧，并发展其思维能力、想象能力和创造能力；使学生养成良好的学习习惯和自学能力；同时要注意培养学生良好的学习兴趣、情感、意志积极的个性品质等非智力因素，为学生各方面发展奠定良好的知识基础。

智育是教育者有目的、有计划的指导学生积极主动的掌握知识、形成技能与发展智力的过程。在这个过程中，我们要遵循如下原则：一是直接经验与间接经验相结合。为此要注意做到课内教育与课外教育相结合，丰富学生的智力生活；书本知识与实际知识相结合，促使智力圆满的发展；智力活动与体力活动相结合，促进智力与体力的和谐发展。二是记忆与思考相结合。知识的巩固阶段必须依赖于记忆，在领会知识和应用知识的时候也离不开记忆。但是，这里的记忆不是死记硬背，而应当建立在理解的基础之上。三是使学生学会学习的原则。人们在学校里学习的知识是有限的，在知识更新速度加快的今天，那种利用在学校里学习知识并一劳永逸的应付为了生活与职业需要的情况已经是不可能的了，这就要求学生必须"学会学习"，培养其"终身学习"的意识并帮助其掌握一系列的学习方法。

（三）体育

体育是向学生传授身体运动及其保健知识，发展他们身体素质并培养他们意志力的教育。体育是人的全面发展教育的必不可少的重要条件。首先，体育是学生学习科学文化知识的重要保证，它为学生学习奠定坚实的物质基础；其次，体育活动培养学生吃苦耐劳、坚忍不拔的意志品质，是对学生进行思想品德教育的重要手段；另外，体育还可以培养学生的团结友爱、互助合作的集体主义精神。

体育的基本任务包括：指导学生身体锻炼，促进身体的正常发育和技能发展，增强学生体质，提高其健康水平；使学生掌握身体运动及锻炼的科学知识和基本技能，增强身体运动能力；使学生掌握身心卫生保健知识，养成良好的身心卫生保健习惯；发展学生的良好品德，养成学生的文明习惯，培养学生的顽强意志力。

（四）美育

美育是培养学生健康、正确的审美观，发展他们感受美、鉴赏美和创造美的能力，培养他们的高尚情操和文明素质的教育。美育在社会主义文明建设中起着非常大的作用。它既是教给青少年一代在将来参加物质财富的生产中利用美的原则改造客观物质世界、创造出美的产品的活动，也是激发他们热爱美、追求美、创造美，具有高尚的审美趣味的活动。我们的教育，实质上就是要按照美的原则和要求，培养身心和谐发展的人，使他们身上体现出一种美的特质：崇高的理想、高尚的道德、优良的品格、丰富的知识、文明的行为、健美的身体等。

美育的基本任务是：培养学生正确的审美观点，使他们具有感受美、理解美以及鉴赏美的知识和能力；培养学生艺术活动的技能，发展他们体现美和创造美的能力；培养学生美好心灵和行为，使他们在生活中体现内在美与外在美的统一。美育并不等于艺术教育，也不仅是"美学"的学习，它的内容要比艺术教育与"美学"学习宽得多，是自然美、艺术美、社会美、行为美的教育。

（五）劳动技术教育

劳动技术教育是劳动教育和技术教育的统称，是引导学生掌握劳动技术知识和技能，形成劳动观点和习惯的教育。劳动技术教育对于培养学生全面发展的素质具有重要作用，首先，实施劳动技术教育有利于学生的全面发展。正如马克思指出的那样，教育与生产劳动相结合，不仅是提高社会生产的一种方法，而且是造就全面发展的人的唯一方法。其次，实施劳动技术教育可以为将来的专业教育或者职业教育打下良好的基础。让学生初步掌握一般的生产基础知识和基本技能，能够开阔学生的技术视野，让学生掌握全面的专业技能。

劳动技术教育的基本任务包括：通过科学技术知识的教学和劳动实践，使学生了解物质生产的基本技术知识，掌握一定的职业技术知识和技能，养成良好的劳动态度和劳动习惯。同时，结合劳动技术教育，还可授予学生一定的商品经济知识，使学生初步懂得商品的生产、经营和管理，了解当地的资源状况和经济发展规划，以及国家的经济政策和法律，具有一定的收集利用商品信息的能力。

人的全面发展已成为当代世界各国教育普遍重视并努力实现的目标。我们必须从日益知识化、科学化、智能化、审美化的社会生产和生活中看到人的全面发展是何等的重要。缺乏全面发展的观念，忽视全面发展，就不能培养和造就出适应现代和未来社会发展需要的人才。五育之间既是相对独立的又是相互联系的。在教育实践中，应坚持使学生在德、智、体、美、劳诸方面都得到发展，防止和克服重此轻彼、顾此失彼，坚持全面发展的教育质量观。在实际的教育教学过程中五育是融为一体的，一名优秀的教育工作者必须善于将多方面的教育任务和促进学生各方面的发展有机地结合在一起，既有所侧重，又有所兼顾。

第四节 教育目的确定的依据

教育作为培养人的社会活动，能对社会、对人产生多方面影响，又受到多方面的制约。在中外教育史上，人们曾提出过形形色色的教育目的。有的人认为教育目的来自于理念、道德，有的人认为教育目的来自于神的启示，有的人认为教育目的源于人的生物本性。他们力图证明，他们提出的教育目的是超越社会现实的，是普遍适用的。然而，不同历史时期、不同社会、不同国家的教育目的都是各不相同的。这表明，教育目的的确立，是要受到某些客观依据制约的。

教育目的属于意识范畴，它的形式是主观的。但是，人提出教育目的是有其现实的社会根源的，它的内容是客观的。马克思主义经典作家认为，教育目的像人们的头脑中其他的主观意图或目的一样，都有其客观的历史原因。从根本上说，是由生产力和生产关系决定的，是来自客观世界，来自现实社会的。

另外，教育又是发现和形成人的价值的最重要、最直接的手段，教育的对象就是具体的人。因此，在提出教育的同时还必须考虑到人的因素。马克思主义的理论指导以及社会的进步，使我们对人的认识达到了前所未有的高度。我们应当充分认识到人的完善的发展对于社会发展的意义。

因此，在选择确立教育目的时，必须清楚地认识和考虑社会依据、历史依据和人的依据。

(一) 社会依据

教育产生于社会需要,与一定社会的现实及其发展有着密切联系,要更好地服务于社会,就必须依据社会现实和发展需要来选择和确立教育目的。

一是要根据社会关系现实及发展的需要确立教育目的。社会关系是建立在物质生产资料基础上的各种关系的总和,是社会生产关系、政治关系、经济关系、法律关系、道德关系等各种关系的总称。在社会发展中,社会生产方式的变革,总要带来社会关系结构及其制度的变革,适应新的社会关系结构和建立新的制度,无不对教育提出相应的要求。这在当今社会显得尤为突出。"人们已经注意到,现代化机构和组织原则、经济制度和管理方法,要真正有效地发挥作用,就决不能容忍为传统人所广泛具有的那些特征。"① 如果一个国家的人民缺乏一种能赋予这些制度认真生命力的广泛的现代心理基础,如果执行和运用这些现代制度的人,自己还没有从心理、思想、态度和行为方式上经历一个现代化的转变,失败和畸形发展的悲剧结局是不可避免的。"一言而蔽之,那些先进的制度要获得成功,取得预期的效果,必须依赖运用它们的人的现代人格、现代品质,无论哪个国家,只有它的人民从心理、态度和行为上,都能与各种形式的经济发展同步前进,相互配合,这个国家的现代化才真正能够得以实现。"② 可见,培养现代人是现代社会关系结构及其制度发展对教育提出的根本要求,否则,将无益于现代化制度的确立。

二是要根据社会生产和科学技术发展的需要确立教育目的。人不仅是社会的成员或阶级成员——因而要具备一定的世界观、道德等,而且也是社会物质和精神财富的创造者。因而,培养什么样的人,不仅要反映社会关系和政治经济的要求,同时也受到社会生产力和科学技术发展水平及发展需要所制约。特别是在现代社会,生产力的发展及其产业结构的变化,科学技术的作用日益显著,已经成为制定教育目的不可忽视的重要的直接因素。当今,新的经济形式和信息化已经成为社会的重要特征,社会生产、管理越来越走向科学化、知识化、信息化和智能化,对劳动者的质量水平提出了前所未有的要求。目前,很多国家都根据这种要求来重新确定教育目的,以培养能够适应21世纪社会发展的人才。

(二) 历史依据

从现实的层面看,一定社会的性质与生产力水平会决定相应教育目的的制定。但是,某种教育目的的确立与当时的社会现实并不一定表现为一一对应的关系,不同的民族文化传统的积淀乃至传统的教育目的本身都对后续教育目的的制定产生导向制约作用。这就能够解释,为什么我国的教育目的与美国的教育目的在集体和个人的维度有较大的差异性。

教育目的本身具有历史继承性。教育目的的确立,一方面可以在现实的生活条件中找到它得以确立的根据;另一方面,也可以从历史上的教育目的中汲取有价值的养分。这一点在具有较长连续性的文化背景或民族中,表现得尤为突出。在教育目的的两种价值取向——从个人本位和社会本位的发展历史上,从西方某些现代教育哲学流派的教育目的观中所体现出来的宗教意识,我们不难看出中世纪教育目的的遗留。这在永恒主义教育目的观、新托马斯主义教育目的观中都有明确的体现。所以,任何价值倾向的教育目的观尽管都体现出一定的时代特色,但是它们都在一定程度上吸收了前人对教育目的的相

---

① 英格尔斯. 转引自十二院校编. 教育学基础 [M]. 北京: 教育科学出版社, 2002: 61-62.
② 英格尔斯. 转引自十二院校编. 教育学基础 [M]. 北京: 教育科学出版社, 2002: 61-62.

关认识。

教育目的的确立也受到传统文化的影响，特定社会或民族的文化积淀也是教育目的确立的重要依据。任何民族都有自己独特的文化传统，表现为该民族所固有的生活方式、道德观念、价值取向及思维方式。其中，作为文化核心的价值取向对于教育目的确立的影响尤其明显。以中西文化系统中的教育目的而论，总体而言，西方社会的教育目的在总体倾向上更多地体现出民主及立足于个体的倾向；而中国的教育目的在总体倾向上更多地体现出社会控制以及立足于集体的倾向。这种表现的根源在于两种文化传统所呈现的价值取向上的差异。对于西方而言，发源于古希腊时期的那种追求民主与人格独立的文化传统，经过若干代际的演变成为一种追求"个体"性的价值取向。对于中国而言，"群体"意识经过几千年的渗透，以及浸润进社会生活的方方面面，衍变为民族文化心理结构中的"社会本位"的价值取向。所以，教育目的的确立是不能超越当时的时代，更无法超越一个民族的文化传统。

（三）人的依据

教育目的含有对人的素质发展的要求，这种要求不仅要依据社会现实及其发展来确定，也要依据人的身心发展和需要来确定。

首先，从人的身心发展特点来看，它是确定教育目的，以及教育目标和培养目标不可忽视的重要依据。如果不考虑这一点，就会导致现实的教育活动脱离学生身心发展水平，难以有效地促进学生的发展。人在发展的不同年龄阶段，其身心发展特点和水平有所不同。在把教育目的转化为各级各类教育的培养目标时，必须以此为依据，这样才能使实际的教育活动符合对学生的要求，符合学生身心发展的特点和水平，具有针对性，而不至于过低或过高、过易或过难。心理学的研究表明，人的身心发展具有阶段性和顺序性、稳定性和可变性、不平衡性和差异性等特点。这些都是确定各级各类教育目的时，应予很好把握的基本前提。依据这些特点，才能将各级各类教育目的从低到高整合为一个循序渐进的、相互联系、相互衔接的有机序列，为不同教育阶段实现教育活动的开展提供合适的指导。这样的目标才具有实际可行性，也能对学生身心发展起到强有力的推动作用。

其次，人的发展需要是教育目的选拔确立不可忽视的重要因素之一。人的发展，具有各方面的需要，包括物质的和精神的、现实的和未来的、生存的和发展的需要等。这些需要不只是产生于"自我生长"过程，也与个人在"生长"过程中对社会发展变化要求的意识密切相关。人对社会发展变化要求的认识，会使社会要求转化为自我发展的需要，使其围绕社会要求来设计和建构自我发展的素质。因此，需要的满足常常包括对教育的要求，这是选择和确立教育目的时必须予以考虑的。如果不考虑人的发展需要，就不能唤起受教育者在教育活动中的主动性和自觉性，就不能很好地培养造就具有积极主动精神和富有创造性的社会主体。事实上，任何社会的教育目的，对人所应具备的素质要求，所预期形成的素质结构，不仅体现着社会规定性，而且也总是不同程度地体现对人的生理、心理、智慧才能、人格品行及生活能力、技能等方面理想化发展的追求。人是社会的主体，正视人的主体性需求，满足人的主体性需要的教育目的，才更加有利于人的价值的提升和人的本质力量的增强，才能对培养人的实际教育赋予根本的宗旨。

从教育的价值的层面和技术的层面来看，应当充分重视人的依据对于确定教育目的的重要意义。这并不否认由生产力和生产关系决定的教育目的的客观性，并不是脱离社会来谈人的发展。人的发展所能达到的水平是由社会历史进程决定的。然而，社会的发展是由人来实现的，如果不能将时代的需要转化为具体的、恰当的面向人的教育要求，从而培养出真正的"现代人"，那么无论是教育的社会功能，还是教育的培养人的功能，都将是难以实现的。此外，有学者认为，时代或者社会是确定教育目的的客观影响因素，而教育目的确立者的个人因素则是作为一种主观因素存在。这其中包括教育目的确立者的社会政治观、哲学观、教育价值观等。教育目的既是特定时代的产物，同时也是个人选择的产物，是处于一定社会历史条件下的人们对社会发展、对个人身心发展所提出的要求的主观选择。而教育家的最终着眼点，必将在社会和个人之间。

☞分析思考题

1. 什么是教育目的？
2. 简述"自然人"的教育目的观。
3. 简述"社会人"的教育目的观。
4. 试评价"生长"的教育目的观。
5. 简述人文主义的教育目的观。
6. 简述科学主义的教育目的观。
7. 结合具体情况，概括第二次世界大战后各国在教育目的上呈现的变化趋势。
8. 如何理解人的全面发展学说？
9. 试分析我国教育目的的精神实质。
10. 简述我国教育目的的基本构成。
11. 结合实际情况分析论述教育目的确立的依据。

第六章 教育的理论基础

☞ 本章提要

对于教育的理论基础,现有的教育学研究得到了不同的观点,结合教育的特性,我们将人性论、知识论和学习论看做是教育活动的三大理论基石。

第一节 教育的人性论基础

教育活动的主体是人,教育的对象是人,教育的世界是属于人的世界。一个真正的教育者除了具备特定的学科知识外,还必须拥有人性(Human Nature)方面的一些最基本、最一般的知识。因为教育理论和实践总是离不开对人性的猜测与设定,人们的儿童观和教育主张总是以对人性的理解和认识为基础的。或者说,对于人性的不同理解和认识,直接影响到人们的教育思想和教育行为,直接影响到人们对于教育目的与教育功能的不同判断,直接影响到人们对于教育内容、教育方法和教育原则的不同选择。简言之,有什么样的人性论,就有什么样的儿童观,就有什么样的教育主张。本节将对教育思想史中的人性观点进行梳理,并在此基础上对教育与人的基本属性(包括自然属性、社会属性和精神属性)之间的关系进行探讨。

一、人性假设与教育主张

在人类思想上,人性问题极其复杂而且常话常新。正如安东尼奥·葛兰西所言,"关于人性的话题,具有一个极其悠久的历史可以考察。但对于每一个时代的人来说,它又是如此地新鲜,充满激情且富有挑战性。人性话题是一个与'人是什么'这一难题紧密相关的问题。因为,'人是什么'的问题永远是所谓'人的本性'的问题或者是'一般的人'的问题"。① 实际上,正是人性的复杂性以及人性话题的历史悠久性决定了古今中外形形色色人性观的存在。人们发现,"那个难以捉摸的'人性'的实体,从一个国家到另一个国家,从一个世纪到另一个世纪,是如此变化多端,因而不能不认为它是由占优势的社会状况和社会习俗所形成的一种历史现象"②。时至今日,关于人性的思考依然会牵涉下面这样一些问题:

---

① [意]安东尼奥·葛兰西. 狱中札记[M]. 北京:人民出版社,1983:39.
② 刘昶. 人心中的历史[M]. 成都:四川人民出版社,1987:380.

1. 什么是人性？
2. 人性的本原是什么？
3. 人性是否具有差异性？
4. 如何看待人性的变化与发展？
5. 是否存在特殊的、具体的人性？
6. 人的"类本性"是什么？是否存在普遍的、抽象的人性？
7. 人性究竟是先天（验）的、与生俱来的，还是后天的、现实形成的？
8. 如何认识人的先天自然属性与现实的社会属性之间的关系？能否根据人的"后天表现"来评价人的"先天属性"？
9. 如何看待人的自然属性、社会属性与精神属性之间的区别与联系？
10. 如果人性是先天的、自然的属性，能否用善、恶这一对后天的、社会的概念对其进行评价和判断？①
11. 如果人性是后天的、社会形成的，应该如何看待人性的形成、变化与发展？
12. 作为"人的形象"的"生物人"、"宗教（神性）人"、"工具（劳动）人"、"经济人"、"理性人"、"政治人"、"文化人"、"道德人"之间的根本区别是什么？
13. "人性"与"人的本质"的根本差异是什么？关于"人性"与"人的本质"的探讨，如何才能避免"盲人摸象"式的错误？

毋庸置疑，由以上相关问题所引发的思考，已经纷繁复杂、浩如烟海，哲学、社会学、政治学、心理学、生理（物）学以及宗教学、神学等不同学科都积累了非常丰富的思想资源。在如此背景下，欲重新设定和界说"人性"概念将是一项极其浩大的理论工程，而且也很难在理论和实践两个领域都获得统一认识。或许，一种比较可行的选择是，将人的自然属性包括生理特性（本性）和心理特征（变化）分别留给生物学、生理学和心理学去研究，将人的社会属性留给社会学和政治学去研究，将人的精神属性留给哲学、神学和宗教学去研究，而教育学的研究则应该建立在相关学科研究成果的基础之上。但是，为了给当代教育提供一个比较可靠而又开放的人性论话题，首先有必要对教育思想史中的人性假设做一梳理。

（一）"性善论"及其教育主张

孟子是"性善论"的代表人物。他的著名论断是："恻隐之心，仁之端也；羞恶之心，义之端也；辞让之心，礼之端也；是非之心，智之端也。"在他看来，人皆有恻隐之心、羞恶之心、辞让之心、是非之心，这"四心"正是仁、义、礼、智等美德的开端，是先天的、不学而成的"良知"、"良能"，而教育的目的与任务就是"求其放心"，恢复人的先天本性，以达到"尽心、知性、知天"的境界。以"性善论"为立论依据的一种

---

① 现实的人有善有恶，善恶交杂。但我们无法对先验的人性（即特定意义上的"人的本性"）进行善、恶判断，而仅仅只能进行猜测和假设。也就是说，先验的人性无法论善恶，而只有人的现实存在可以论善恶。从先天的角度来看，所谓的"性善论"、"性恶论"、"性亦善亦恶论"、"性无善无恶论"等，不过是对于人性的猜测和假设而已，并没有科学的依据，尽管这种猜测和假设有其理论和实践价值。

典型的教育观是"内展说"。这种教育观主张：在人的心灵中根本就没有什么生来就有的邪恶，"人皆可以为尧舜"，教育就是修养、启发、唤醒、引导人的善性，诸如良心、同情、仁爱、正义、助人、感恩、忠贞等。在西方教育史上，除了夸美纽斯提倡"人性善"而阐发"泛智主义"教育思想外，卢梭也是知名的"性善论"者，他在《爱弥尔》的开篇说道："出自造物主之手的东西，都是好的，而一到了人的手里，就全变坏了。"因此，他坚持自然主义教育思想，认为教育必须从儿童的天性出发，必须保护儿童善良的天性，使儿童身心得到自由地发展。

（二）"性恶论"及其教育主张

荀子是"性恶论"的代表人物。他的著名论断是："目好色，耳好声，口好味，心好利，骨体肤理好愉佚。"在他看来，人们为了追求这些生理需求和欲望，必然发生冲突和斗争。同时，他还认为，"人之性恶，其善者伪（人为）也"。"人积耨（nòu）耕而为农夫，积斫（zhuó）削而为工匠，积反货而为商贾，积礼义而为君子"。因此，教育的意义就在于"注错习俗，所以化性"，即按照圣人所制定的礼义法度、社会规范和习俗来教化和改变人的先天恶性。以"性恶论"为立论依据的一种典型的教育观是"外铄说"。这种教育观主张：既然人性本恶，如果不加控制地按照人的欲望和感情行事，人便倾向于胡作非为、捣乱、不守纪律。因此，教育就是一种控（抑）制和改造，就是采取某些强制的手段，通过强化社会礼仪，以传统、习俗、制度、典章等来惩罚、规训、塑造儿童，从而改变人的恶性（诸如贪婪、无耻、残暴、虐待、昧心、欺诈、极端自私、忘恩负义等），使之服从于社会特定的价值、规范。在西方教育史上，除了赫尔巴特认为"人性恶"而主张用教育来引导个体向善外，影响比较深远的则是基督教的"原罪"说和教会的禁欲主义。

（三）"性有善有恶论"及其教育主张

王充在《论衡·本性》中道："周人世硕，以为人性有善有恶。举人之善性，养而致之则善长；性恶，养而致之则恶长。"东汉扬雄道："人之性也善恶混，修其善则为善人，修其恶则为恶人。"因此，人是复杂的，人性为善为恶的关键就在于教育与学习，人的健康成长离不开良好的教育。"学者所以修性也"，这是"性有善有恶论"对于教育者的最根本的启示。法国17世纪最具天才的数学家、物理学家、哲学家帕斯卡尔说得好"使人过多看到他和禽兽是怎样等同而不向他指出他的伟大，那是危险的。使他过多地看到他的伟大而看不到他的卑鄙，那也是危险的。让他对这两者都加以忽视，则更为危险。然而把这两者都指明给他，那就非常有益了"[①]。

（四）"性无善无恶论"及其教育主张

告子曰："食色，性也。""性犹湍水也。决诸东方则东流，决诸西方则西流。人性之无分于善不善也，犹水之无分于东西也。"与告子的"性无善无恶论"接近，在西方教育史上则有"蜡块说"和"白板"。亚里士多德认为，人的灵魂如同蜡块一样，从外物接受印纹。洛克认为，人出生时心灵像白纸或白板一样，人的一切观念和知识都源于经验，都是外界事物在白纸或白板上留下的痕迹。建立在"性无善无恶论"的观点之上，教育者所关注的自然是环境对于人的发展的重要作用。《劝学》道："篷生麻中，不扶自直；白

[①] [法] 帕斯卡尔. 思想录 [M]. 北京：商务印书馆，1985：181.

沙在涅，与之俱黑。"也正因为如此，历史上才留下了"近朱者赤，近墨者黑"、"久居兰室不闻其香，久居鲍市不闻其臭"之类的经典名句，才留下了"孟母三迁"之类的美谈。

（五）"性三品说"及其教育主张

董仲舒认为，人分为圣人、中人和斗筲三个品级，即人性有不教而能善的"圣人之性"，只能为恶的"斗筲之性"，以及既可为善也可为恶的"中民之性"。教育的任务就是教化"中民之性"为善而不为恶。韩愈继承了董仲舒的思想，也将人性分为上、中、下三品。其中，上品是上智，多善性，是不需要改变的，下品是下愚，是恶性，是无法改变的，只有中品的人性，才可上可下。在他看来，对于上品的人，教育能使其先天的善性达到发扬光大，对于中品的人，教育可引导他们向上品靠拢，而下品的人是低贱的，教育对他们是不起作用的。在西方，柏拉图最早把人性分成不同的等级，他在《理想国》中的人性论观点是：国家由三个等级的人组成，第一等级是统治者，这种人的材料质地为金；第二等级是武士，这种人的材料质地为银；第三等级是农民和手工业者，这种人的材料质地是最次的，为铜和铁。至于奴隶，在柏拉图看来，只不过是"会说话的工具"，是不能同其他的人相提并论的。这样，人性既是柏拉图教育理想的起点，又是终点。归结为一点，就是利用教育促使人的灵魂向"善"以达到理想国的实现。

由此可见，人性论乃教育思想的源头活水，历史上的各种教育思想都可以从特定的人性论中找到根据。尽管以往关于人性的不少解说给人一种机械、教条甚至反科学的印象，但事实上，正是这些解说为相应的教育主张与实践提供了思想基础。一方面，我们看到，许多教育思想之所以产生分歧的根源就在于对人性问题的不同理解与设定。另一方面，也必须承认，无论坚持何种人性推测（假设）与解说，但在教育的根本目的和基本价值方面却是一致的，即都认同教育的本质在于促进人性的丰富和完善。当然，我们需要警醒的是，没有合理的人性观，便没有合理的教育理论与实践，关于教育的各种界说以及关于教育改革的各种主张与探索，必然流于形式和趋于肤浅。

二、人的基本属性与教育

人性是人区别于动物的最一般、最普遍、最有整合力的概念。首先，人性往往被视为人的先天性，即人与生俱来的本性。这种本性是在娘胎中就已经潜在的个体生命的先天规定性。其次，人性往往又被视为历史解释中的人之为人的共性，即认为在人类的历史长河中存在着共同一致的人性。有论者只承认随历史而变化的人性，而否认超越历史阶段性的共同的、普遍的人性。他们认为，并不存在对每一个个体都相同的所谓"类本性"，人性是变化发展与时俱进的，具有历史阶段性。在我们看来，将人性"一分为三"，分别从人的自然属性、社会属性和精神属性三个维度展开探讨，可以比较全面地揭示教育的人性论依据。

（一）人的自然属性与教育

有生命的自然人的存在乃是人类历史的第一个前提。作为一种生命体而存在，人常常被看做是一种未特定化的高级动物。解剖学表明，与动物相比，人脑是极其独特的，人脑在复杂性、神奇性和敏感性上是任何动物所无法比拟的。动物的各种器官在功能上业已特定化，而人则是未特定化的动物，不仅对于环境变化具有高度的适应性，自身的实践活动能力更是具有无限的开放性和创新性。

当然，人来源于动物界这一事实，决定了人永远不能完全摆脱其自身的动物性，只不过摆脱得或多些或少些而已。对此，马克思有过非常精辟的论述："人直接地是自然存在物。人作为自然存在物，而且作为有生命的自然存在物，一方面具有自然力、生命力，是能动的自然存在物；这些力量作为天赋和才能、作为欲望存在于人身上；另一方面，人作为自然的、肉体的、感性的、对象性的存在物，和动植物一样，是受动的、受制约的和受限制的存在物，也就是说，他的欲望的对象是作为不依赖于他的对象而存在于他之外的；但这些对象是他的需要的对象；是表现和确证他的本质力量所不可缺少的、重要的对象。说人是肉体的、有自然力的、有生命的、现实的、感性的、对象性的存在物，这就等于说，人有现实的、感性的对象作为自己的本质，即自己的生命表现的对象；或者说，人只有凭借现实的、感性的对象才能表现自己的生命。"毋庸置疑，人来自自然，是自然进化的结果，人也就离不开自然的、本能的各种需要，甚至从最根本的意义上说，"人的需要即人的本性。"但是，人的需要又是多种多样和发展变化的。譬如，在继承、借鉴弗洛伊德的无意识理论和以华生为代表的行为主义心理学思想的基础上，马斯洛就曾经把人的需要按由低到高的顺序分成"生理需要"、"安全需要"、"归属需要"、"自尊需要"和"自我实现需要"等五个层次。这些"需要"是人类行为的内在动力，是个体接受教育和获得发展的"内因"所在。因此，无论是冠以"愉快教育"还是"成功教育"，合乎人性的教育必然是尊重儿童的最基本需要的教育，必然是遵循个体身心发展规律的教育。事实证明，任何形式与层次的教育都必须以人的最基本的需要为基础，否则，必然是违背人性的教育，必然事倍功半或竹篮打水一场空。这应该是自然主义教育、人本主义教育乃至进步主义教育的理论内核所在。《中庸》开篇道："天命之谓性，率性之谓道，修道之谓教。道也者，不可须臾离也；可离，非道也。"这里所认定的人性乃"生之为性"、"天赋人性"、"人的先天性"。或者说，在儒家教育思想中，"人性"更多地是指人的先天属性、自然属性，即人的先天的、与生俱来的属性，也即特定意义上的"类本性"。但是，这种以人的自然属性为内核的人的"类本性"，就其发展的可能性（发展潜力）而言，是无限的、开放的，也是难以预知的。

资料 6-1

生　命

我曾经看到过一只青虫和蚂蚁的斗争，虽然青虫对蚂蚁来说很庞大，但终究敌不过成群蚂蚁的围攻，被咬得遍体鳞伤，渐渐地，青虫不动了。当蚁群肆无忌惮地疯狂抢食时，青虫却更猛烈地挣扎起来。我望着那只青虫，感受到了一种强烈的生的渴望与追求。我被震撼了，我仿佛能穿透它那扭曲的身体，看到一颗顽强地渴求生命的心。虽然最后还是失败了，但我知道它不会后悔，因为它追求了。

想必大家都知道科学家诺贝尔吧，在生命垂危的时候，他没有像别人一样，整日卧在病榻上，等待生命的终结。他为全人类、全世界做出了贡献，那就是做出了设置诺贝尔奖这一具有深远历史意义的伟大决定。因而他的生命更有张力和活力，也更加辉煌。

还有一则新闻，说的是一个普通人在活着的时候对社会和家庭没有做出什么贡献,十分愧疚。因而在他临死前立了一份遗嘱:死后要将自己的身体及各部分器官捐献出来。其中有一名大学生从他的捐献中重获了光明,因而死者的生命获得了新的延续。

古人曾说过:死有重于泰山,亦有轻于鸿毛。同样是一条鲜活有力的生命,你可以让它干出一番事业来,也可以碌碌无为终其一生。要知道,当生命终结的时候,原本跳动得有节奏的心脏,便要和身体一起埋入地下,再也不能陪你看到战争的硝烟、和平的美景了。

作为一种生命的个体,植物、动物、人类在他(它)们最无助的时候,应该相互保护,相互依存,从而创造更美好的生命活力。

生命,失去了便不再重复!

珍爱并珍惜生命吧!

(资料来源 汪洋.生命.小学生作文辅导(作文与阅读版).2006(10))

(二)人的社会属性与教育

我们知道,在人类思想史上,马克思关于"人的本质"的界说为我们探讨人性问题奠定了科学的理论基础。马克思关于人的本质的一个经典命题是:"人的本质不是单个人所固有的抽象物,在其现实性上,它是一切社会关系的总和。"与以往人性理论根本不同的是,马克思一开始就立足于"感性的实践活动"来探讨人与动物的本质区别以及人的社会存在方式。具体而言,除了需要"吃喝住穿以及其他一些东西"之外,人更主要地是以"感性的实践活动"作为生活的基本内容而历史地存在着,而正是这种"感性的实践活动"直接决定了个体的社会交往关系——个体的存在方式。

一般而言,个体、群体、类是人存在的三种基本方式;人是个体性、群体性、同类性三重属性的统一体。其中,作为"类"而存在的人的本质特征是实践活动,实践活动将人与动物区别开来,所展现的是人的本质的普适性;作为"群体"而存在的社会人的本质特征是人的各种交往关系,它将不同的群体区别开来,所展现的是人的本质的一般性;作为"个体"而存在的人的本质特征是人的个性,它将个人与他人区别开来,所展现的是人的本质的特殊性。相应地来看,在个体社会化的过程中,为了与人的类特性保持一致,教育就应该与生产劳动相结合,关注自身的实践性和活动性;为了与人的群体性保持一致,教育就应该为不同的阶级和阶层服务,关注不同社会的政治、经济和文化差异性;为了与人的个性保持一致,教育就应该注重特色、因材施教,而不是千篇一律、千人一面。但总体看来,任何个人都必然地归属于特定的社会群体而成为一种社会存在物。正如个体心理学家阿德勒所指出的那样:"没有任何个人不是以群体成员的身份出现的。"[①]不仅如此,以社会存在为基本形式的人本质特性往往可以分解为人的地域性、文化性、交往性、从众性等多种样态。就个体的社会化过程而言,人本主义心理学家罗杰斯曾经指出:"我们无须问谁将使他(指人)社会化,因为他自己最深切的需要之一就是与人亲近

---

① [美]马斯洛,等著.人的潜能和价值:人本主义心理学译文集[M].北京:华夏出版社,1987:45.

和交往。当他变得更完全成为他自己时，他将变得更现实地社会化。"① 这无疑是合作学习、公民教育的重要思想资源，更应该成为课程编制以及教学方式变革的重要理论依据。

（三）人的精神属性与教育

人具有精神属性。精神既来源于物质，又超越于物质，超越性是精神的本质特征。人是一种自然的存在、社会的存在，但更是一种自主的、能动的、具有创造性的存在。人之所以能成为"万物之灵长"而主宰世界，就是因为人具有动物所不具备的精神属性。精神属性乃是人的各种属性中最核心最有统摄力的一种属性。与弗洛伊德的人格结构理论想呼应，可将自然属性视为一种"本我"的存在，将社会属性视为一种"自我"的存在，而精神属性则是一种"超我"的存在。在弗洛伊德看来，"本我"是欲望我，遵循享乐原则，属于生理或生物性的低层次的我；"自我"是现实我，遵循社会原则，在个体需要和外在环境的限制之间寻求平衡，并以有效的方式应付日常问题；"超我"是精神我，遵循道德原则，按照良心及美德的标准行事，属于灵魂世界的意念层次的我。

按照马克思主义观点，人的本质（本性）包括人的精神属性既不是上帝赋予的，也不是先天具备的，而是在后天的生活、实践过程中不断生成和变化着的。人的生活实践和交往内容的复杂多样性决定了人的社会关系以及精神世界的复杂多样性。马克思在《1844年经济学哲学手稿》中指出："一个种的全部特性、种的类特性就在于生命活动的性质，而人的类特性恰恰就是自由的自觉的活动。"② 可以说，一部人类发展史其实就是一部人的自由的、自觉的活动的历史，就是人的主体性（自主性、能动性、创造性）不断增强的历史。进一步来说，精神属性乃是人的主体性的直接体现。或者说，主体性就是指人在同客体的相互作用中所表现出来的自主性、能动性和创造性。人具有以超越为主旨的精神属性，意味着人在现实生活中并不是一种屈从于本能、外物或他人作用的被动性存在，相反，是一种具有目的性、计划性和选择性的主体性存在。就人的发展而言，不断地摆脱自然属性，不断地改造社会属性，不断地丰富人的精神内涵而增强个体的主体性，乃是教育的核心价值和本真意义。因为，只有具备丰富的精神世界而具有主体性的人才能更好地发展自身、改造社会和创造幸福生活。这正是主体教育思想的理论根基所在。我们知道，关于人的发展，传统教育往往陷入"遗传决定论"和"环境决定论"的误区，往往强调外因（人的受动性）而忽略内因（人的能动性），往往强调遗传与环境的作用而忽略个体的自主意识、自主发展与自我建构。近年来，我国教育改革之所以倡导自主学习、探究学习，思想根基也在于此。

由此看来，一个完整的人应该是自然属性、社会属性与精神属性的有机统一体。从自然属性来看，人的发育成长遵循生物进化的一般规律；从社会属性来看，人则是社会关系的承担者和体现者，既是社会存在的前提，又是社会发展的产物。一方面，人总是一种历史的现实的存在，必然生活在特定的社会群体之中，并按约定俗成的伦理和道德生活。另一方面，人又总是追求超越世俗的永恒之善和终极之美，因此必然是一种否定性的、指向未来的理想性存在。"对于人类来说，只有追求生命的价值与生活的意义才能表征人的存

---

① ［美］马斯洛，等著. 人的潜能和价值：人本主义心理学译文集［M］. 北京：华夏出版社，1987：327.

② 马克思恩格斯全集. 第42卷［M］. 北京：人民出版社，1979：96.

在。因此，人无法忍受'存在的空虚'。人要'超越'现实的存在而创造理想性的存在。"① 这便是人类所特有的精神属性。没有精神属性这一部分，人的存在必然是欠缺和不完善的。精神属性乃人性的最核心部分，乃人的生命的最高层次，乃教育理论和实践的灵魂所在。

> **资料 6-2**
>
> ### 台湾地区中小学的生命教育
>
> "生从何来，死从何去"，生死问题一直是人类千万年来不断追寻、探索的谜。但有关生死教育问题的探索却是现代的事情。1928 年至 1957 年间在美国就有学者开始探索有关死亡主题的教育，即死亡教育（Death Education），20 世纪 50 年代末 60 年代初正式兴起，成为一门教育分支科学，后随着教育的不断深入，发展为生死教育（Life-and-Death Education），西方许多发达国家纷纷效仿美国。20 世纪末，台湾教育界将死亡教育和生死教育引介，称为生命教育（Life Education）。1997 年，台湾"教育部"委托实施伦理教育多年有成的台中市晓明女中设计生命教育课程，并推动办理研习、训练师资等，于 1998 年度在全台湾地区各国中（相当于中国内地的初中）实施，高中则于第二学期实施。为推动生命教育的实施，台湾"教育部"规定 2001 年为台湾地区的生命教育年，并组织推动生命教育委员会，由台湾地区各级学校推动生命教育。
>
> （资料来源 石中英著．知识转型与教育改革．北京：教育科学出版社，2001：6）

第二节 教育的知识论基础

在现代社会中，知识已渗透于人们生活的各个领域，成为个人生活和社会交往不可或缺的智力资源。正如理伯斯（Ribes，B.）所言："那些缺乏知识的人眼睁睁地看着自己的命运操纵在别人的手里，由别人根据自己的利益来任意摆布。无论是对于缺乏知识的个人还是对于缺乏知识的社会团体或人民来说都是这样。成万上亿的人们由于缺乏获得知识的机会而或明或暗地从属于压迫性的统治形式。"这里所强调的主要是知识的一般性、多样性价值。就知识之于教育的价值而言，它是不可或缺的重要载体，任何形式的教育都必须借助知识才能够顺利进行。可以说，没有知识传授的教育不是教育，传授知识在任何时候都是教育的"底线"。但是，教育的功能又不仅仅在于知识的传授，而在于人的全面生成与发展。本节将对"什么是知识"、"教育思想中的知识命题"进行较为细致的考察。

一、什么是知识

什么是知识？这是一个古老而又常新的话题，古往今来，众说纷纭，见仁见智。下面主要对知识的定义、性质、分类、价值、增长等五个方面作一梳理，以便我们对"什

---

① 孙正韦．超越意识（序言）[M]．长春：吉林人民出版社，2001：4.

是知识"这一问题有一个比较全面的把握。

（一）知识的定义

在其比较宽泛的日常生活所理解的意义上，知识往往会被用来与认识、经验、信息、信念、科学、真理、文化等概念交错使用。人们总是习惯于用"知识"一词来概括一切"所知道的东西"，而且常常把知道的事情称作"所知"，即广义的"知识"。但是，当我们以学术研究的视角来打量"知识"的时候就会发现，日常生活中的各种理解和使用还是过于模糊和简单化了。

那么，究竟如何定义知识呢？《中国大百科全书·哲学卷》中有如下阐述："知识是人类认识的成果。它是在实践的基础上产生又经过实践检验的对客观实际的反映。人们在日常生活、社会活动和科学研究中所获得的对事物的了解，其中可靠的成分就是知识。依据反映对象的深刻性和系统性程度，知识可分为生活常识和科学知识。生活常识是对某些事实的判断和描述。科学知识是通过一定的科学概念体系来理解和说明事物的知识。科学知识也有经验的和理论的两种不同水平。科学知识是全人类认识的结晶，又是人类实践和社会发展的必要的精神条件。知识与无知相对立。从无知到有知识，知识由少到多、由浅入深、由片面到全面的不断运动，是人类思维发展的基本过程。知识的发展表现为在实践基础上不断地由量的积累到质的飞跃的深化和扩展。这种处在辩证运动中的知识具有历史继承性、不可逆性和加速度增长的特点。"① 这里，知识的本质、来源、形式、标准和发展规律等都得到了较为细致的描述，其核心思想是，知识产生于人们的日常生活、社会活动和科学研究等认识活动之中。作为认识的结果（人类认识的结晶），知识往往用来指称认识主体对客观对象的正确反映。或者说，知识是认识主体对外在事物正确把握后形成的各种信念。这显然是一种真理意味的知识。但是，我们必须强调的是，在东西方哲学史上，对于"什么是知识"这一问题的解答，哲学家们有着各种各样的回答，且主要表现为，在知识的性质、分类、价值、增长等方面存在着诸多分歧和论争。

资料6-3

国内外关于知识的经典定义

知识是一个内涵丰富、外延广泛的概念。由于其内在的复杂性和开放性，对知识作一个明确的定义是很困难的。正如罗素在《人类的知识》一书中所说："知识是一个意义模糊的概念。"关于知识的定义很多，不同的人、不同领域的研究者各自的认识立场和研究视角不同，对知识的理解和定义也各有不同。

国内外关于知识的经典定义：

（1）我国的《现代汉语词典》中把知识定义为："人们在改造世界的实践中所获得的认识和经验的总和。"

（2）《辞海》将知识定义为："人类认识的成果或结晶。包括经验知识和理论知识。"从本质上说，知识属于认识范畴。有些学者综合了以上说法，认为"知识是人们通过学习、发现以及感悟所得到的大于世界认识的总和，是人类经验的结晶"。

---

① 中国大百科全书·哲学卷［M］. 北京：中国大百科全书出版社，1987：1169.

(3)"知识"一词在《辞源》中有两种解释:其一是"相识见知的人";其二与现代汉语中含义相近,"指人对事物的认识"。后者出现于清朝洪亮吉的《洪北江集》中,"孩提之时,知饮食而不知礼让,然不可谓非孩提时之真性也。至于知识,而后知家人有严君之义焉"。

(4)中国国家科技领导小组办公室在《关于知识经济与国家基础设施的研究报告》中对知识定义为:"经过人的思维整理过的信息、数据、形象、意象、价值标准以及社会的其他符号化产物,不仅包括科学技术知识——知识中的重要组成部分,还包括人文社会科学的知识、商业活动、日常生活和工作中的经验和知识,人们获取、运用和创造知识的知识,以及面临问题做出判断和提出解决方法的知识。"

国外有关知识的定义:

(1)美国传统字典将知识定义为:"通过经验或者研究获得的精通、知晓或理解。"

(2)韦氏大词典认为:"知识是人们通过实践对客观事物及其运动过程和规律的认识,是对科学、艺术或技术的理解,是人类获得关于真理和原理的认识的总和。"

(3)日本学者森田松太郎和高梨智弘认为,"知识在商业是有含义,在字典上解释则是客观明确的认识内容,对某件事有明确的认知和理解"。

(资料来源 邱均平.知识管理学.北京:科学技术文献出版社,2006:23-24)

(二)知识的性质

在哲学认识论上,知识的性质同样是一个非常难以界定的问题。因为,无论东方还是西方,一个时代有一个时代的认识,一个人有一个人的见识和解释理由。按照马克思主义认识论关于真理的基本观点,知识至少具有三对基本属性,即客观性与主观性、绝对性与相对性、普遍性与特殊性,具体意义如下:

(1)知识具有主观性,是因为它属于认识范畴,是一种意识现象,它不是物质客体,而是对物质客体的反映;知识具有客观性是因为它所反映的客观事物及其本质是不依赖于任何人或人的意识而独立存在的。

(2)知识的相对性主要是指它的有限性、条件性,因为人类认识的广度和深度都是有限的;知识的绝对性是指它的无限性、无条件性,因为人类认识的发展是无限的、绝对的,任何知识都是对客观事物及其本质的相对接近。

(3)关于知识的普遍性和特殊性可以从两个方面来理解:①在一定范围是普遍性的知识,在另一范围内则变为特殊性的知识,反之也一样;从时间上看,在一定阶段上是普遍性的知识,在另一发展阶段上则变为特殊性的知识,反之也一样。②知识的普遍性和特殊性是相对的,它们在一定条件下的相互转化,是由客观世界范围的极其广大和事物发展的无限性决定的。

进一步来说,知识还具有其具体性以及确定性与不确定性的特点。知识的具体性是对知识相对性的进一步阐发。知识的具体性即知识的具体的存在。知识是主观向客观无止境的接近过程,知识不是抽象的,不是凭空出现的,它总是对一定条件下一定对象的具体认识,有自己的特定的对象、范围和条件。至于知识的确定性与不确定性,则是知识绝对性与相对性的进一步展开。当然,如果从某一特定的角度来看,知识还会表现出社会性质、历史性质、意识形态性质、权力选择等。总之，当我们论述"什么是知识"或试图界说知识性质的时候，总是无法回避知识的来源和对知识的怀疑、批评。需要明确的是，现代认识论在对传统知识论继承和发展的基础上，重心已不再是"什么是知识"，而是"知识是如何可能的"，即知识是否能"达"的问题、知识的确证问题和获取知识的方法论问题。它们已经成为知识社会学、科学哲学所研究的重要内容。

资料6-4

个体知识与公共知识视角下的知识特征①

知识类别	个体知识	公共知识
知识主体构成	单一主体性	复合主体性
知识的向度	理解—个性化	认识—公共性
知识主体结构	个人性、独立性	社会性、交往性
认识论	生活认识论（注重生成、建构）	科学认识论（注重发现、继承）
知识的来源	直接经验	间接经验
知识的内容	心理、精神、意义、价值	本质、科学、规律、真理
知识的性质	主观性、差异性、不确定性	客观性、普遍性、确定性
知识信念	后现代主义（知识观）	现代主义（知识观）

（三）知识的分类

不仅哲学学科内部意见纷呈，而且不同学科之间也各有不同。历史上，不同的哲学家往往因为知识观的不同，提出了不同的知识分类标准和分类原则，因而划分出不同的知识类别。哲学家的知识分类主要是一种认识论的视角，考虑更多的是知识的来源和本质问题，所要研究的中心问题是：知识是什么？我们如何获得知识？我们认识知识的手段能经得起怀疑论者的批评吗？等等。

在哲学领域，柏拉图最早从主观方面对知识的类别作了深入的探讨。在《理想国》中，他从人的认识能力及认识过程入手，把认识过程划分为四个阶段并分别对应于人的四种感官和心灵活动，由此把认识划分为四个等级，由低到高分别是：想象、信念、理智、理性。他的学生亚里士多德（Aristotle）则将人类的知识分为三大类：理论（theoria）知识、创制（poiesis）知识、实践（praxis）知识。其实，在亚里士多德时代，以至于在康德时代（其著名的三大批判无疑是承续了亚里士多德的知识分类思想），知识的分类往往更多地同学科分类相联系，也就是说，任何学科都或多或少地同时具有这三类知识。历史上，洛克（LockeJohn）也对知识进行了分类，他认为，观念只是知识的材料，还不是知

---

① 张荣伟. 教育基本原理 [M]. 福州：福建教育出版社，2007：161.

识本身。知识存在于观念之间的关系中。在他看来，一切知识都建立在观念的基础上，知识不能超出我们所具有的观念的范围。同洛克一样，休谟也认为知识是关于观念（知觉）之间关系的知识，并且对知识作了区分，认为知识相应地可以分为两类：关于观念关系的知识和关于事实的知识。

英国科学家、哲学家迈克尔·波兰尼（Michael Polanyi，1891—1976），则根据能否清晰地表述和有效地转移，将人类的知识划分为两种，即将那些用书面语言、图表或数学公式表达出来的知识可以称其为显性知识（explicit knowledge），将那些存在于个人头脑中、存在于某个特定环境下、难以正规化、难以沟通、难以言传、难以清晰表达或直接传递、不能被系统地阐述出来的知识可以称其为隐性知识（tacit knowledge）。大致区别在于：(1) 显性知识是规范的、系统的、公共的知识，其内容往往得到了逻辑上的证实或检验，而隐性知识则是难以规范的、零星的，且常常具有浓厚的个人色彩，与个体的个性、经验以及所处的情景交织在一起，其背后的逻辑依据往往不甚明了。(2) 显性知识是稳定的、明确的，是能够复现的，其使用者对所使用的知识本身有着明确的认识和判断，而隐性知识则是难以捉摸、含糊不清、尚未定型的，其使用者则对所使用的知识本身不甚清晰和自觉。波兰尼证明隐性知识的经典例证是："我们能在成千上万张脸中认出某一个人的脸。但是，在通常情况下，我们却说不出我们是怎样认出这张脸的。"并据此提出了他的著名命题：我们知晓的比我们能够说出的多（We can know more than we can tell）。

进一步研究表明，库恩（Kuhn, H.）的"范式"（paradigm）概念、福科（M. Foucault）的"知识型"（episteme）概念都是对知识进行分类的独特视角。可见，知识分类研究是一个历史悠久的课题，或者说，知识分类是一个复杂而开放的问题，不可能一劳永逸地加以解决。因为人们分析的视角不同，人类的总体知识可以被划分为不同种类（类型）。不同种类（类型）知识具有各自不同的性质，这里旨在阐述的是知识的多样性、复杂性特征，关键则在于知识的分类标准和分类原则。总之，在西方哲学史上，从古到今，在知识分类问题上，更多的是分歧，而不是共识。

需要强调的是，教育学家、心理学家等都有自己独特的知识观，他们会从各自的学科视角（如课程论、学习论的视角）对知识进行独特的类别划分。在心理学研究领域，知识分类的主要内容则围绕着知识的习（获）得问题而展开，它是一种进化认识论的视角，但更是一种学习论的视角。从历史发展看，心理学对于知识习得的研究大体经历了三个里程碑，即：行为主义、认知主义及建构主义。其中，行为主义认为，学习是学生对外部刺激作出被动的反应，学生是知识灌输的对象。认知主义认为，学习是学生主动地在头脑内部构造认知结构，学习的结果不只是对某种特定刺激作出某种特定反应，而是在头脑内部重建认知图式。其中，当代认知心理学通常将知识划分为两大类，即陈述性知识（declarative knowledge）与程序性知识（procedural knowledge）。认知心理学家奥苏贝尔（Ausubel, D.）认为，教学就是帮助学习者进行有意义的学习活动。建构主义（认知学习论的分支）认为，知识不是客观的东西，而是主体的经验、解释和假设。学生要想完成对所学知识的意义建构，即达到对该知识所反应事物的性质、规律及该事物与其他事物之间联系的深刻理解，最好的办法是让学生到现实世界的真实环境中去感受、去体验（即通过获取直接经验来学习），而不仅仅是聆听教师对这种经验的介绍和讲解。

资料 6-5

知识的经典分类

1. 隐性知识和显性知识划分

英国科学家、哲学家迈克尔·波兰尼（Michael Polanyi，1891—1976），根据能否清晰地表述和有效地转移，将人类的知识划分为两种，即将那些用书面语言、图表或数学公式表达出来的知识可以称其为显性知识（explicit knowledge），将那些存在于个人头脑中、存在于某个特定环境下、难以正规化、难以沟通、难以言传、难以清晰表达或直接传递、不能被系统地阐述出来的知识可以称其为隐性知识（tacit knowledge）。大致区别在于：（1）显性知识是规范的、系统的、公共的知识，其内容往往得到了逻辑上的证实或检验，而隐性知识则是难以规范的、零星的，且常常具有浓厚的个人色彩，与个体的个性、经验以及所处的情景交织在一起，其背后的逻辑依据往往不甚明了。（2）显性知识是稳定的、明确的，是能够复现的，其使用者对所使用的知识本身有着明确的认识和判断，而隐性知识则是难以捉摸、含糊不清，尚未定型的，其使用者则对所使用的知识本身不甚清晰和自觉。波兰尼证明隐性知识的经典例证是："我们能在成千上万张脸中认出某一个人的脸。但是，在通常情况下，我们却说不出我们是怎样认出这张脸的。"并据此提出了他的著名命题：我们知晓的比我们能够说出的多（We can know more than we can tell）。

2. OECD 对知识的分类

（1）事实知识（Know-What）：知道是什么的知识，是指关于事实方面的知识。

（2）原理知识（Know-Why）：知道为什么的知识，是指事物客观原理和规律性方面的科学理论，属于我们通常说的科学范畴。

（3）技能知识（Know-How）：知道如何做的知识，是直接指导人类实践的知识，是指导人们进行活动的技术、技巧、能力、诀窍等方面的知识，是我们通常说的技术的范畴。

（4）人力知识（Know-Who）：知道谁能够做的知识，知道谁具有你需要的知识，知道谁是你寻找的关键人。

（四）知识的价值

"价值"这一概念是从人们与满足其需要的外界物的关系中产生的，它是揭示外部客观世界对于满足人的需要的意义关系的范畴，是指具有特定属性的客体对于主体需要的意义。一般来说，判断一个事物有无价值，是看它是否符合个人及社会的某种需要，而判断其价值大小，则看它满足个人及社会需要的程度以及这些需要本身的重要性如何。就知识的价值而言，它是人们根据自己的愿望、需要、利益等主体性标准，对知识的作用、意义、功能的揭示、反映和判断。需要强调的是，人类对知识的价值性评价活动，总是以对知识的真理性、客观性认识为基础，也就是说，知识的价值恰恰在于它应该是客观真理，能够揭示客观事物的本质和规律，人们用其指导实践便能够实现既定的目的。相反，以错误的知识（作为认识活动的结果）作为指导，人类的实践活动必然是盲目的，注定要失败。不仅如此，没有对知识的价值性评价，人类的认识活动也就失去了动力和目标。再者，知识的价值性还表现在它是主体能力的基础，是实现人的自由的必要条件。人掌握的知识愈多，能力愈强。

资料6-6

泰勒斯的故事

公元前6世纪的某一天，哲学家泰勒斯从大街上风尘仆仆地走过，衣衫褴褛，惹人注目。有一位商人走向前，指着他挖苦道："泰勒斯，都说你是一个知识渊博的哲学家，可是据我看来，理论是没有用的。理论知识既不能给你带来金子，也不能给你带来面包，只能给你带来贫困和寒酸。"泰勒斯听了十分生气，他反击说："我不能容忍你利用我的贫困来贬低和攻击理论的作用。我要用事实来教训你，等着瞧吧！"

泰勒斯不甘受侮。他决心化理论为力量。他运用了丰富的天文、数学和农业知识，经过周密的预测和计算，断定明年将是橄榄的大丰收年。到了冬天，他拿出所有的钱，以相当廉价的租金，租了附近所有的榨橄榄油的器具。

果然不出所料。第二年，橄榄空前大丰收，对榨油器的需求骤然剧增。可是全部榨油器已由泰勒斯垄断了。他乘机抬高租金，许多想租用榨油器的人都拥挤在泰勒斯的门前。那位曾经挖苦过泰勒斯的商人也满头大汗地在人群中挤来挤去。泰勒斯一眼就看见了他，便走上前去用嘲弄的口吻对他说："高贵的商人，看到了吧？这些榨油器都是我用理论知识搞到手的。我要想发财，简直易如反掌，只要略施小计，就可以像你一样有钱。但是我追求的并不是几个小钱，我需要的是理论知识这一无价之宝，这是金钱买不到的伟大力量。"

泰勒斯把自己丰富的科学理论知识运用到实际生活中去，达到了预想的目的，赢得了胜利。这一有趣的故事生动、有力地说明了：知识就是力量，科学理论知识在实践中的巨大作用是绝不容轻视的。

（五）知识的增长

对知识增长的认识与对知识概念、属性和发展动因的理解直接相关。我们知道，在"知识爆炸"的现代社会，知识传播的方式多种多样，尤其是随着网络信息技术的发展，知识更新的周期越来越短，综合化趋势越来越强，知识正以前所未有的速度迅速增长，而且知识从理论转化为技术的步伐也变得越来越快，知识的巨大作用日益突现出来。同时，随着现代科技以及信息技术的发展，知识发现与创新的时间与空间界限全被打破，人们对知识的理解不再仅仅局限于简单的科学知识，展现在我们面前的是一个无疆界的知识时空。

在这样的时代背景下，人类实践活动的新领域——知识生产、知识创新、知识传播、知识产业化等实践活动迅速发展起来。因而知识增长的动力更应注重来自人文环境、历史传统等人文价值领域的影响因素，更应该从系统论角度，运用价值理论和组织行为学理论来理解知识增长的多种动因。其实，知识的增长问题一直是认识论的一个中心问题。众所周知，人类知识增长的关键在于知识创新。但是，一直以来人们没有充分认识到知识进步中的主体性作用。人们往往忽略了这样一个基本事实：知识是认识主体——人的创造物，因而知识的进步也必然依赖于作为认识主体的人的能动性、创造性。正如罗素在《人类的知识》一书中所言：" 在我们成功的情况下，我们知识的增长好像旅行家在雾气朦胧中走近一座高山：最初只能辨清某些轮廓，甚至连这些轮廓的界限都看不分明，但是慢慢就能看到更多的东西，山的边崖也变得比较清楚了。"①

　　古希腊哲学家芝诺用大圆和小圆来比喻人所获得知识的多少。他指出：好比大圆的圆周比小圆的圆周大，掌握较多知识的人比知识较少的人所接触到的无知范围要大，知识越多的人越会感到自己不懂的东西很多。通常所说："学然后知不足，教然后知困。"由"一罐不响，半罐叮当"到"初学三年天下无敌，再学三年寸步难行"，虽然有些夸张，但讲的都是知识好比无垠的海洋的道理。历史上许多的科学家深深懂得知识的圆圈与圆周外无知的关系。笛卡尔说："愈学愈发现自己无知。"牛顿说："我不知道世人怎么看我，但是我看我自己不过是一个海边玩耍的小孩，一会儿拾起一颗比普通的更光滑的石子，一会儿又拣到一个比普通的更美丽的贝壳。真理的大海就在我面前，而我却完全没发现它。"爱因斯坦把芝诺的比喻作为座右铭，终生孜孜不倦地向外无知的空白区进击。他说："用一个大圆圈代表我所学的知识，但是圆圈之外那么多空白，对我来说就意味着无知。而且圆圈越大，它的圆周就越长，它与外界空白的接触也就越大。由此可见，我感到不懂的地方还大得很呢。"当他七十高龄时，他写信给朋友说："我面前尚有许多科学难题亟待努力解决。这项工作吸引人的魅力必将持续到我的最后一息。"

　　总之，从现象到本质，从不甚深刻的本质到更深刻的本质，人对事物、现象过程等的认识是一个不断深化的无限过程。作为人类认识的结果，知识的进化和增长意味着人类认识能力的不断提高，更意味着人类社会实践能力的不断进步。正是在这样的意义上，我们说，只要人类的认识和实践活动代代延续，人类的知识就必然处于一个动态的发展过程之中，且不断获得进化和增长。

资料 6-7

知识的圆圈

　　古希腊哲学家芝诺用大圆和小圆来比喻人所获得知识的多少。他指出：好比大圆的圆周比小圆的圆周大，掌握较多知识的人比知识较少的人所接触到的无知范围要大，知识越多的人越会感到自己不懂的东西很多。通常所说："学然后知不足，教然后知困。"由"一罐不响，半罐叮当"到"初学三年天下无敌，再学三年寸步难行"，虽然有些夸张，但讲的都是知识好比无垠的海洋的道理。

二、教育思想中的知识命题

（一）知识即美德

"知识即美德"，这一闪烁着哲学光芒的教育命题出自苏格拉底之口。他认为一切美

---

① 罗素著. 人类的知识 [M]. 张金言, 译. 北京：商务印书馆, 1983：2.

德都离不开知识，知识是美德的基础，知识贯穿于一切美德之中；美德不是孤立存在的一些观念和准则，任何美德都须具备相应的知识，无知的人不会真正有美德。简言之，真正的德性只有一种，那就是知识；真正的邪恶也只有一种，那就是无知。为了论证自己的观点，苏格拉底对当时流行的四种美德（即智慧、正义、勇敢、节制）都进行了论述，结论是：每一种美德都离不开知识，知识是美德的本质。首先，智慧是一种美德，但有智慧的人必须善于思考，而思考离不开知识，这种知识就是辨别是非、真假、善恶的能力。其次，正义是一种美德，而这种美德的基础是能正确处理人与人之间关系、处理他人与我之间关系的知识。再者，勇敢是一种美德，而理性的知识贯穿于勇敢之中，没有理性的知识，勇敢是无益的。进一步来说，如果勇敢不是基于知识和智慧，"勇敢"到无法无天、无所畏惧，那就会变成一种可以称其为"鲁莽"的罪恶。最后，节制是一种美德，而节制离不开克制欲望、了解需求、严于律己的知识。因此，苏格拉底倡导知识与美德的统一性，认为正确的行为来自正确的思想，美德基于知识又源于知识，没有知识便不能为善，也不会有真正的幸福。他说："金子和银子都不能使人好一些，而有智慧的人的思想却能使人富有美德。"

当然，"知识即美德"，这里的"知识"，不是指关于自然的科学知识，也不是所谓的形而上的"逻各斯"（logs），而是人对"美德"的理性把握。在苏格拉底这里，"美德"包含了人的一切优秀品质，包括这些品质在现实中发挥作用这样一种能动性，因而可以理解为"人"的本质，是人之为人之"理念"。这样，关于"美德"的知识，实际上就是关于人的"理念"的知识，就是人的自我认识，就是"认识你自己"。苏格拉底在哲学思想上的名言就是"要认识你自己"。所谓认识自己，在他看来，就是反思自我，就是要提高自己的自我意识，认识到自己是一个有灵魂、有理性的人，人应该觉悟到人所具有的尊严，应该能够运用思考对事物作出独立的判断。正是基于这样的认识论，苏格拉底确定教育的目的在于通过认识自己达到获得知识，实现知识与道德的统一，最终成为有智慧、有美德的人。

知识即美德，但是，对于独立的个体而言，知识和美德从哪里来呢？苏格拉底的回答是："美德由教育而来。"美德不是天生的，知识也不是与生俱来的，所以，实现人的美德，必须使人接受知识、理解知识和掌握知识，而人对知识的理解和掌握又离不开教育。这样，苏格拉底就把教育看成了美德的来源，从而也就突出了教育对于人发展的重要性。苏格拉底强调教育的重要，但是，他认为哲学家和教育者的任务不是臆造和传授知识（真理），而应当做一个新生思想的"产婆"去接生新的思想，哲学家和教师的任务是帮助人们发现自己内心的知识（真理）以达到认识自己实现美德的目的。因此，他在讲学和辩论时经常采用谈话、问答、讨论或提问等方式来揭露对方的矛盾、讽刺对方的错误，他并不直接告诉对方自己的观点。在争辩中，使对方不得不承认自己观点的错误，从而承认自己的"无知"。他的这种方法后来被人称为"产婆术"或"精神助产术"。也正是运用这种方法，苏格拉底在辩论中进一步论证了自己的"知识即美德"、"要认识你自己"和"美德从教育中来"的命题。

经典的命题可以是永恒的。其实，探讨"知识即美德"的根本意义在于，可以使我们正确地认识教育思想中知识与美德的关系，科学地分析知识和美德在人的发展中的作用，使人在求知的过程中形成美德，使任何一种美德都具备科学知识的基础。正因为

"知识即美德",所以苏格拉底认为,"明知故犯"只是表象,实际上是不知不应犯而犯。譬如,一个人之所以偷盗,是因为他认为偷盗是好的,能给他带来好处,尽管在面对法庭时他也会像大家一样,说出"偷盗不好,不道德"之类的话来,但这只是敷衍之词。个人有知识就是有道德,而无知识就是无道德。如果他真的认识到了偷盗不好,不道德,就根本不会去偷盗了。一种行为是善还是恶,就要看它是不是在知识的指导之下。亚里士多德对"无人有意作恶"这一断言有这样的阐述:"如果人们不相信一件事是最好的事,他们就不会去做这件事;如果他们这样做了,那只是出于无知。"

总之,苏格拉底提出"知识即美德"的主要目的,在于强调知行合一、真善一体的道理。就苏格拉底的道德实践本身而言,就是对"知识即美德"的最好注释。当被判处死刑后,他多次有生的选择:他可以交付一笔赎金,换取生命,他的朋友也愿意代他交付赎金;他还可以把妻子和孩子带上法庭求情,用妇孺之情感化陪审团;在临刑前夕,朋友们又为他安排好了出逃的道路。但他认为这些行为都是与法律相抵触的不正义的行为,他在知道什么是正义之后就不能再做不正义的事。他宁可承受不正义的惩罚,也不愿做不正义的事。因为人们对他不正义的惩罚乃是出于无知,而他若做不正义的事则是出于自愿。这样,苏格拉底为"知识即美德"、"无人有意作恶"的道理而付出生命的代价,也就可以理解了。

知识与道德一直是教育的两个核心议题,撇开知识与道德,教育便不成为其为教育。今天,人们越来越清醒地认识到教育领域正确处理知识与美德关系的实际价值所在,因此,苏格拉底观点的现实意义亦愈加凸显。其实,自从启蒙时期卢梭以他卓尔不群的敏锐目光关注真与善的关系,发出"科技越进步,道德越堕落"这一振聋发聩的呼声之后,历史一次又一次地证明了苏格拉底的论断。人类知识的增长是有目共睹的,但人类道德知识的进步却似乎找不出有力的证据。教育,如果只是倾情和沉溺于所谓的科学与技能的获得,而忽视人文道德知识的涵养,忽视理想信念,忽视情感、态度、价值观,忽视作为一个完整的人的整体人格,必然以失败而告终。我们相信,正确的思想必然导致善的行为,错误的思想必然导致恶的结果。

(二)知识就是力量

"知识就是力量",是弗兰西斯·培根(Francis Bacon,1561—1626)关于知识的一个经典性命题。

培根是一位以提倡近代自然科学和科学教育而著名的重要哲学家,开辟了近代科学教育发展的道路。他著有《学术的进步》(1605)和《新工具》(1620)等,被马克思称为"英国唯物主义和整个现代实验科学的真正始祖"。培根曾经尖锐地批判过中世纪经院哲学,认为经院哲学和神学严重地阻碍了科学的进步,主张要全面改造人类的知识,使整个学术文化从经院哲学中解放出来,实现伟大的复兴。他认为,科学必须追求自然界事物的原因和规律,而要达到这个目的,就必须以感官经验为依据。他提出了唯物主义经验论的原则,认为知识和观念起源于感性世界,感觉经验是一切知识的源泉,要获得自然的科学知识,就必须把认识建筑在感觉经验的基础上。他还提出了经验归纳法,主张以实验和观察材料为基础,经过分析、比较、选择、排斥,最后得出正确的结论。

就知识概念而言,历史上一直存在着经验主义和理性主义的长期对峙。经验主义强调真正的知识是对外界事物的真实反映;理性主义则强调知识的本性和人的本性,而不是现实的本性。作为近代经验论的奠基人，培根反对任何先验的观点和范畴，认为人类的一切知识都来源于感觉经验，都是对外部世界各种联系的反映。为了获得新知和确保知识的可靠性，他呼吁人们抛弃长期以来控制人们思想的"四种假象"。① 在《新工具》一书中，弗兰西斯·培根以"知识就是力量"等名言对科学知识的价值做了高度概括。他认为，知识是认识自然、驾驭自然的伟大力量，是改革社会的力量，也是形成完善人格的重要工具，充分肯定和强调了知识对社会、对人的形成的重大作用。他主张按照事物的本质和人类的理性能力对科学知识进行分类。他把人类的理性能力分为记忆、想象和理性三种，与此相应，他把科学分为历史、诗歌和哲学三大类，每类之下，又细分为若干项。培根根据当时的科学状况，开列了一个百科全书式的学科大纲，几乎包括了科学知识以及新技术的各个方面，这个新的学科体系对后来学校课程的科学化影响很大。总体来看，培根探索了知识发展的规律，揭示了知识的价值与功能。知识不在于思辨，而是一种力量，这是培根关于知识意义的深刻揭示。"知识就是力量"这一命题的基本内涵可以在以下三个方面得以阐释：

首先，知识是人类控制自然变化、支配社会发展的一种力量。作为人类认识活动的结晶，知识具有其天然的认识和驾驭外在世界的工具价值。众所周知，知识在认识世界、改造世界、推动人类社会进步和发展方面具有重要的使用价值。其实，从古至今，不同历史条件下的人们都一致认同知识在促进人的进化和社会发展方面的"认识价值"所在。这是由知识的本性所决定的，也就是说，价值语境中的知识是以真理（度）成分为判断尺度的，它是人类认知活动的积极成果，是真理（合规律性）和价值（合目的性）的统一。这里，作为真理性的科学知识的实践意义在于："由于知识的创新者、实现者都是人，因此在知识经济时代，知识在本质上所体现的首先是人的存在价值，人的生存与发展的价值，这种价值的现实基础和表现形式就是人的实践地存在着。"② 知识行动化，行动知识化，这是作为知识行动者的人的活动的基本特征。

其次，知识可以作为个体生活的手段和资本。如前所述，知识是人们在社会实践活动中总结和提炼出来的，是知识性劳动的结果。众所周知，在信息爆炸的知识经济时代，知识具备了商品的属性，进而表征为一种具有神奇力量的东西，即通过参与交换可以招徕巨额利润，进而直接决定着个人、组织乃至一个国家的前途和命运。从培根的"知识就是力量"到邓小平的"科学技术就是第一生产力"，知识越来越清晰地表征为一种资源、一种财富、一种资本，已经成为各类劳动过程中不可或缺的生产资料的重要组成部分。这里，知识的价值是凝结在知识产品中的一般的人类劳动。在知识经济条件下，知识已经上升为第一生产要素。有人预言，在21世纪，知识将取代权力和资本，成为最重要的经济力量。当然，需要说明的是，作为商品的知识，其价值由生产知识过程中所凝结的社会劳动量来决定，这是知识本身的内在价值。知识的使用价值则是知识在使用过程中所体现

---

① 值得注意的是，在著名的关于"部落假象"、"洞穴假象"、"市场假象"、"剧场假象"的论述中，培根明显地流露出对所谓的从古希腊苏格拉底等人以来的那种理性的批判。培根在强调归纳推理对于知识获得的重要性时，却丢弃了归纳的相反方面即演绎推理在知识体系中的根本价值。

② 许斗斗，林林. 当前"知识价值"研究的现状与反思 [J]. 福州大学学报：哲学社会科学版，2002（2）.

出来的经济价值,它是知识被消费的一种表现,是知识产品投入生产后的价值转移。知识的学术价值,也是知识使用价值的形式之一,表现了它在特定领域中的适用性、创造性。

再者,知识作为一种生活的智慧和态度,即知识为人的充分、全面的自由发展奠定基础。人是一种具有理性的存在者,这是其因此而与动物区别开来的根本性特征。就最日常的现实生活而言,一个没有知识或者说"无知"的人更是极其可怕和不可思议的。苏格拉底曾说过:"无知是认识自己的唯一途径。"相比于古代人,现代社会的知识总量远远大于古代社会。但是,就我们单个人的个体知识而言,相比于当今这个知识爆炸的社会而言,我们不得不承认自己依然处于一种"无知"的状态。在西方哲学传统中,追求知识的生活被视为一种哲学的生活,是所有生活中最好的生活。对哲学家来说,哲学归根结底是一种生活方式,知识是一个人支配自我的力量,其价值在于自我审视和自我把握,即依靠知识来引导生活。"未经审视的生活是一种不值得过的生活",这是柏拉图借苏格拉底之口所留下的一句哲学经典。康德也曾经发表过类似的观点,在他看来,人是有道德、有理性的动物,道德、理性乃是人之所以为人的根本特点,只有当人在理性的帮助下接受了道德规律,才能真正成为有德性的人。这里,知识的目的是为了自我的成长,知识的效果表现在人的内在层面,所强调的是知识的个性化特征及其意义。而这些正是知识的道德价值、审美价值和信仰价值之所在。也正是在这样的语境下,我们才可以形象地说,"知识好比一个百宝箱,里面藏了大量珍宝:不仅内含有关客观事物的特性和规律,而且内含有人类主观能力、思想、情感、价值观等精神力量、品质和态度。"①

(三) 什么知识最有价值

什么知识最有价值?斯宾塞(Herbert Spencer, 1820—1903)早在19世纪就提了出来并给出了确切的回答:科学知识。

在斯宾塞看来,最重要的问题并不在于知识有无价值,而在于其比较价值,其中,具有最大比较价值的知识是科学知识。"这是从所有各方面得来的结论。为了直接保全自己或是维护生命和健康,最重要的知识是科学。为了那个叫做谋生的间接保全自己,有最大价值的知识是科学。为了正当地完成父母的职责,正确指导的是科学。为了解释过去和现在的国家生活,使每个公民都合理地调节他的行为所必需的不可缺少的钥匙是科学。同样,为了各种艺术的完美创作和最高欣赏所需要的准备也是科学。而为了智慧、道德、宗教训练的目的,最有效的学习还是科学。"② 斯宾塞指出,在科学教育与古典教育之间的争论中,首先要解决知识的比较价值问题。在一切教育问题中,这是最为重要的问题。由于学生的学习时间是有限的,因此就更加需要对知识的价值进行比较,从而把有限的学习时间花在最有价值的知识学习上。价值最大的给予最大注意,价值小些的就注意少些,价值最小的就最少注意。在科学知识最有价值的前提下,确定知识的比较价值就是确定哪些科学知识对我们最有用处。斯宾塞认为,由此出发,知识的比较价值可以确定为下列一个次序:关于直接保全自己的知识;关于获得生活必需品养活自己的知识;关于家庭幸福所需要的知识;关于社会福利的知识;关于培养各种艺术爱好的知识。这个次序应该是安排

---

① 王策三. 认真对待"轻视知识"的教育思潮——再评由"应试教育"向素质教育转轨提法的讨论[J]. 北京大学教育评论, 2004 (3).
② [英] 斯宾塞著. 教育论[M]. 胡毅, 译. 北京:人民教育出版社, 1962:43.

学校课程内容的基础和出发点。

正是建基于"科学知识最有价值"这一理论假设之上，斯宾塞提出以人类生活为基础，制定以科学知识为核心的课程体系：（1）为直接保全自己的活动做准备，学校应开设生理学、解剖学。这是阐述生命和健康规律，并使他们保持精力充沛和具有饱满情绪的知识。（2）为间接保全自己的活动做准备，学生必须学会获取生活资料和谋取职业的本领，除读写算外，学校应开设逻辑学、几何学、力学、物理学、化学、天文学、地质学、生物学、社会学等。这些都是与生产活动有直接关系，可以提高生产活动效率和赚取最大利润，从而间接地保全自己的知识。（3）为抚养教育子女做准备，应开设教育学、心理学等。这是为了正当地履行父母的职责所需要的知识。（4）为将来尽公民职责做准备，应开设历史学和社会学。这是作为一个社会公民合理地调节自己的行为和履行社会义务所需要的知识。（5）为能善于在闲暇中满足个人爱好和感情的需要，应开设文学和艺术等课程。这样，根据人类生活的五种主要活动的重要程度，便可以把各种教育排列成一个合理的次序，那就是：准备直接保全自己的教育；准备间接保全自己的教育；准备做父母的教育；准备做公民的教育；准备生活中各项文化活动的教育。这样，斯宾塞便比较系统地构建了他的"教育预备说"。他指出，"怎样运用我们的一切能力使对己对人最为有益，怎样去完满地生活？这个既是我们需要学的大事，当然也就是教育中应当教的大事。为我们的完满生活做准备是教育应尽的职责；而评判一门教学科目的唯一合理办法就是看它对这个职责尽到什么程度。"总之，斯宾塞认为，教育就是教导一个人怎样生活，使他获得生活所需要的各种科学知识，学习科学知识是一个人完满生活的最好准备。

在"科学知识最有价值"和"教育预备说"的基础上，斯宾塞对传统的古典主义教育进行了无情的批判。斯宾塞指出，在当时的英国学校教育中，"装饰主义"的传统习惯势力十分强大，以至教育中装饰胜过了实用。在古典主义教育传统的影响下，英国学校教育所考虑的不是什么知识最有价值，而是什么能获得最多的称赞、荣誉和尊敬，什么最能取得社会地位和影响，怎样表现得最神气。由于古典主义教育的传统习惯势力，学生在学校里所学的内容除读写算外，大部分都同生产活动无关。为了受到所谓的"绅士教育"，以及获得某种能受人尊敬的社会地位，学生必须死记硬背拉丁文和希腊文。然而，斯宾塞认为，学生在他整个一生中，十之八九用不到拉丁文和希腊文，这是大家都熟悉的老生常谈。由于学校教育所追求的是装饰先于实用，课程内容的安排很少考虑是否真正对一个人的心智发展和社会进步有好处。尽管科学知识已是近代社会生活成为可能和继续发展的基础，但是人们并没有注意这个事实，而因司空见惯而忽略了。斯宾塞认为，学校课程中忽视比其他一切都重要的科学知识学习。崇尚古典主义教育的英国教育制度的根本缺点就在于："它为了花而忽略了植物，为了想美丽就忘了实质。"[1]

总之，人类历史的实际进程和基本方向直接取决于人类知识增长的整体状况。如果我们不能够科学、理性地把握人类整体知识增长的未来趋势，我们也就不可能预见人类文明的必然走向与可能前景。如果我们不能够判断什么知识对于21世纪的公民最有价值，我们也就无从对新世纪的教育实践进行批判、规划和引领。斯宾塞关于"什么知识最有价值"的追问及其解答，发人深省，是课程发展史上的一个重要里程碑，它标志着课程研

---

[1] ［英］斯宾塞著.教育论［M］.胡毅，译.北京：人民教育出版社，1962：31.

究的正式开始。但是，当"科学"在现代课程领域大行其道时，古典的"人文主义课程"就不可避免地受到怀疑、批判乃至走向衰落。或者说，当以传授实用知识和技能为宗旨的科学教育课程观产生时，"人文"让位于"科学"也就成为历史的必然。斯宾塞无疑是科学主义课程观的最主要的代表。但是，他过分强调自然科学教育的同时，却忽略了人文科学、审美和道德教育，忽略了人文与科学之间的内在联系，略有"功利"和矫枉过正之嫌。但无论怎样今天面对现实的困惑与未来的挑战，我们究竟需要教给学生哪些知识？答案依然存在于对"什么知识最有价值"这一问题的仔细体味之中。

（四）谁的知识最有价值

课程是教育的心脏，知识是课程的内核。只要教育存在，就无可回避知识的选择问题。人类的知识浩如烟海，纷繁、复杂而多样。为了教育功能的充分发挥，为了教育活动的便捷、有效，为了教育目标的顺利达成，人们不得不对无限多样的人类知识总体进行精心的选择、组织乃至控制。或者说，受制于教育时空的特殊情境，人们必须对不同类型知识的多方面价值进行仔细的鉴别和筛选，否则，便无法保证学校课程知识的合理性、合法性和可靠性。正是在探讨课程的知识准入机制的过程中，"谁的知识最有价值"这一问题应运而生。

20世纪70年代，作为当代美国的课程理论学者和教育社会学家，阿普尔在其代表作《意识形态与课程》中，明确地提出了"谁的知识最有价值"的问题。阿普尔以知识社会学的视角考察了知识、课程与意识形态的关系，指出"应当教什么"的问题并不能仅仅被视为一个纯粹的技术问题，在本质上，它还是一个政治和伦理的问题。为了阐明这个问题，阿普尔从关系论的角度来理解教育，把教育与更广泛的社会不平等联系起来，从而发现了学校以及课程是如何完成意识形态的再生产这一社会职能的。他认为，知识已经成为社会阶层的分层标志和各派政治势力争夺影响力的筹码。正因为意识到知识是意识形态的一部分，而且被统治者和社会中既得利益者以某种符合其利益的方式筛选进社会，阿普尔指出：在整个可能获得的知识领域中，只是有限的部分被视为法定知识和"值得"传递给下一代的知识而进入课程，而且，一项知识无论对社会发展有何价值，无论在现存知识总体中处于何种地位，无论是否符合受教育者身心发展的需要，都要经过社会主导价值观的"过滤"，最终才能成为学校课程中的一部分。

至此可见，知识与课程是两个具有天然联系的逻辑概念。无论怎样看待知识，也不管如何理解课程，知识与课程的关系始终是课程变革史上的关注焦点。从苏格拉底的"知识即美德"到培根的"知识就是力量"，到斯宾塞的"什么知识最有价值"，再到阿普尔的"谁的知识最有价值"，我们可以清楚地发现知识与课程的关系的转变，即知识在课程中的性质由"价值中立"发展到"价值负载"，这是课程发展史上的重大进步。工业社会的教育知识观是"什么知识最有价值"和"知识就是力量"，后工业社会的教育知识观则是"谁的知识最有价值"和"知识就是权力"。在知识经济社会，社会的不平等很大程度上导源于权力分配的不平等，而权力分配的不平等很大程度上导源于知识分配的不平等。因此，任何课程都不是中立的，恰恰相反，任何课程都是一定的教育文化观和教育知识观的具体反映，都是特定利益群体的立场、观点和诉求的具体反映。

从2001年开始，为了全面推进素质教育，我国开始了新一轮基础教育课程改革。在新课程改革的过程中，有两个闪光点：其一是课程知识观的变化，即从对"什么知识最有价值"的执著追求到对"谁的知识最有价值"的深层拷问;其二是将人的生命价值上升为教育的最高旨趣,即回归生活世界、塑造"完整的人"的教育理想得到了进一步张扬。由于知识观的深刻变革,人们开始从多个视角去审视知识的不同形态:存在论、生存论、结构论、解构论、建构论,等等。阿普尔"谁的知识最有价值"问题的提出(以下简称"阿普尔问题"),让人们已经习惯了的"斯宾塞问题"真正面临一场被解构的危险。从"斯宾塞问题"到"阿普尔问题",引发了课程知识观上的一场深刻变革:那些曾经被认为是绝对的、普遍的规范和真理,正在受到人们的质疑。在阿普尔的视野中,知识总是与某个人(或群体)从某一角度对事物的看法有关,有各式各样的"眼睛",就会有各式各样的"真理"。在知识和知识观问题上,不同的人必然走上各自朝圣的路,因此,多一些宽容,多一些理解,多一些沟通,多一些对话,必然成为探索真理与自我认识的有效途径。

资料 6-8

对话是探索真理与自我认识的途径

苏格拉底的对话是他生活中的基本事实:他经常和手工艺匠、政治家、艺术家、智者与艺妓讨论,他像许多雅典人一样,将生命消磨在街头、集市、运动健身房和餐宴上,这是一种与每一个人对话的生活,但这种对话对雅典人来说是极其新鲜而不寻常的:一种在灵魂深处激动、不安和压抑的对话。如果说对话是自由不羁的雅典人的生活方式,那么现在作为苏格拉底哲学的推理方式则有所不同了。因此,只有通过人与人的交往,只有了解事物的本性,才能获得真理。为了追求真理,苏格拉底需要群众,而且他确信群众也同样需要他,尤其是青少年,因此苏格拉底决心献身于青少年的教育事业。

苏格拉底主张教育不是知者随便带动无知者,而是使师生共同寻求真理。这样师生可以互相帮助,互相促进。师生在似是而非的自我理解中去寻找难题,在错综复杂的困惑中被迫去自我思考,教师指出寻求答案的方法,提出一连串的问题,而且不回避答疑。当基本知识清楚于胸之后,真理就清晰显现出来,而成为维系群众精神信仰和安身立命的纽带和本源。苏格拉底死后兴起的对话式的散文创作,就是依据这一道理,而柏拉图就是这类创作的导师。

在一筹莫展的"思"的痛苦中,会产生自己独立的判断力,在米诺篇(柏拉图的《对话录》)中有这样一个例子:有一个奴隶,最初他对一道数学题有绝对把握,经过反复提问质询以后,他陷入了进退维谷的窘境,从而猛醒自己的可笑和无知,经进一步的追问,他顿然感悟从而获得了正确的答案。根据这一实例,用对话的形式可以辨明真理。两位对话者并不知道真理在哪里,其实真理却已经在那里,两位对话者绕着真理转,并被真理所引导。

(资料来源 [德]斯贝尔斯著.什么是教育.邹进,译.北京:生活·读书·新知三联书店,1991:11-12)

对话便是真理的敞亮和思想本身的实现。对话以人及环境为内容，在对话中，可以发现所思之物的逻辑及存在的意义。

第三节 教育的学习论基础

"学会学习"是现代教育的一个基本理念，是信息社会和终身教育时代的必然选择。在一定意义上，教育改革和发展的过程就是一个促进和完善学习的过程。甚至可以说，对于学习的认识，直接决定着对于教育的看法，有什么样的学习观，就有什么样的教育观。从教育的本质（核心）内容在于促进学习这一意义上来看，一切教育形式，包括家庭教育、学校教育、社会教育等，都是学习的特殊形式。"从表面看是教育决定学习，但在根本上则是不同的学习观决定了不同的教育观。今天教育上的差别在很大程度上不是经济，政治或社会地位，种族偏见带来的，而是由人们的教育观念，特别是评价学习能力的不同标准带来的。换句话说，对人类学习本质的看法左右着人们对教育的选择。"① 纵观古今中外教育的历史演变，可以发现，由学习到教学，再到教育，学习的组织形式直接决定着教育的实体结构和基本形态，不论是理论还是实践层面上，它们之间都存在着多重逻辑关联。其实，从包含与被包含的关系上看，我们完全可以将学习视为教学的主轴，将教学视为教育的核心，以学习为视角，往往很容易看出现行教学种种弊端的根源所在，而且也比较容易发现现代教育的种种误区在哪里。

一、什么是学习

从"教师中心"到"学生中心"，从重视"教"到关注"学"，必须有科学的学习理论作为指导，必须对学习的定义、动机、策略、分类等有一个比较系统、深入的认识。

（一）学习的定义

一般认为，学习有广义和狭义之分。从广义上说，可以将学习理解为人和动物在生活交往、实践活动过程中获得个体经验的过程。这样，学习乃属动物和人类世界的普遍现象。因为，从低等动物到高等动物，从婴儿到成人，都不得不依赖于个体经验的丰富、发展来适应不断变化的生存环境。

就其狭义而言，学习往往专指学生在学校里的学习，即将学习理解为学生在教师指导下，有目的、有计划、有组织、有步骤地获得知识，形成技能，培养情感、态度、价值观的过程。相比较而言，作为学习的一种特殊形式，学生的学习在学习内容上以掌握前人经验和社会文化为主；在学习情境上以师生互动、交往为主；在学习形式上以语言交流、课堂教学为主；在学习目标上以促进德、智、体、美、劳全面和谐发展为宗旨；在学习过程中，则要经历感知、理解、记忆、应用等不同阶段。这样，可以将学生的学习视为一种比较特殊的认识活动，它是学生掌握人类科学文化知识和发展各方面生活能力的复杂过程。

在汉语里，学习是由"学"和"习"两个字组成的一个复合词。孔子最先把这两个字联系在一起，曰："学而时习之，不亦说乎？"意在强调：学过之后，及时、经常地温习，不是一件很愉快的事情吗？"学"是一个通过闻、见、思而获得知识、技能的过程，

---

① 郝文武. 教育：主体间的指导学习 [J]. 教育研究，2002（3）.

主要是获得感性经验、书本知识。"习"则是温习、实习、练习，主要是巩固知识、技能，有时还包括行的含义在内。二字合一，"学习"便整合了学、思、习、行等多重意义，成为统一知识与技能，过程与方法，以及情感、态度与价值观三维目标的动态过程。值得注意的是，因为升学竞争、应试压力等多方面原因，现行的学校教育严重扭曲了学习的本质特征，造成了学生的畸形、片面发展。这样，重新认定学习的内涵，重新解释学习的性质，重建学习概念，成为当代教育理论研究的重大主题。

（二）学习动机的激发与培养

所谓动机，乃个体行为发生的直接原因和内部动力。诱因和内驱力是构成动机的两个基本因素。一般认为，动机具有激发行为、行为定向和维持行为三种作用。所谓学习动机，乃推动学习活动的直接原因和内部驱动力。其实，任何真正意义上的学习，都具有其特定的学习动机。一个人为什么学习，以及学习的态度和努力程度如何，都可以从其学习动机方面得以解释和说明。或者说，一个人的学习动机直接影响到一个人的学习目标、学习状态和学习结果。因此，对于中小学生而言，学习动机的激发和培养非常重要。

1. 学习动机的激发、维持

中小学生学习动机的激发和维持，可以分为外在动机和内在动机两个方面的激发和维持。其中，外在动机的激发和维持应注意以下两个方面：

（1）确立明确的学习目标，使学生感受到合理的期望与要求。其中，确立目标时，一定要力求具体、明确、可行，尽量将那些宏观目标分解、细化，切忌浮泛、空洞或过于远大。比如，一个学年的课程目标，只有分解细化为半期目标、单元目标乃至每节课堂教学的目标后，才能真正对学生产生激励和引导作用。实验表明，不少学生之所以没有完成学习任务，很重要的原因在于他们不知道具体的学习目标。此外，期望和要求一定要适度，不能太高，也不能太低，"跳一跳摘桃子"是一种比较好的选择。

（2）对于学生的学习结果，给予及时而清晰的评价、反馈。其中，评价的方法应力求灵活多样，除了通常用的分数外，还可以评等级、下评语，发挥语言文字的鼓励、表扬或批评功能。实践证明，只有科学评价和及时反馈，学生才能明确自己的成败得失，才能知道自己与学习目标的实际距离。这里需要强调的是，各种评价、反馈，应注意个别差异性，且尽量正强化，少用负强化。比如，对于那些学习成绩较差、自信心不足的学生，应以表扬、鼓励为主，尽量发现其优点、闪光点，为其提供较多的成功体验。而对于那些学业成绩较突出，但容易产生自满情绪的学生，则有必要提出更高的要求，在表扬的同时及时指出其不足之处。

至于内在动机的激发和维持，关键在于引发学生的"认知好奇心"。所谓认知好奇心，是一种探求未知世界、指向学习活动本身的内在驱动力，主要表现为对于外界信息和所遇问题的执著、好奇、感兴趣，刨根问底。认知好奇心有时也被称为认知动机，它是内在动机的核心所在。大多数老师都知道，精心创设问题情境，将学生引入一种认知矛盾状态，激发其解决问题的好奇心、求知欲，是有效教学的重要途径。比如，为学生提供有多种选择答案的问题，提出与学生现有认知相矛盾的现象，或者在学生掌握了一个基本法则后，提供有悖于该法则的一个特例，都是激发学生认知好奇心的有效策略。

2. 学习动机的培养、强化

中小学生学习动机的培养和强化，主要包括正确的成就动机（achievment motivation）

和良好的自我效能感（self-efficacy）两个方面。

(1) 培养、强化正确的成就动机

所谓成就动机，是个体追求自认为重要的有价值的工作，并力图取得成功的动机，即一种以高标准要求自己且力求实现目标的动机。成就动机的最大价值在于，能使人正视所遇到的挫折和失败，并表现出极大的韧性和毅力，往往不达目的决不罢休。现实生活中，如同一部强大的"发动机"那样，成就动机可以激励人们努力向上，不断取得成功，因此，无论是对个人发展还是社会进步，都具有极其重要的作用。比如，我们不难发现，那些具有强烈成就动机的学生，总是能刻苦努力，排除干扰，克服学习中的种种困难和障碍，不断取得进步。

帮助学生学会对成败得失进行正确归因，培养其正确的成就动机，是教师、父母不可忽视的重要责任。这里，有两点需要特别注意：①中小学生成就动机的高低与其家庭教育直接相关。其中，父母的成就动机、父母对子女的各方面要求和教育方式直接影响其成就动机的形成。比如，父母对子女提出各种要求时，如果能以身作则，就容易培养其成就动机。相反，如果父母对子女溺爱，面面俱到，凡事代办，就很难培养其成就动机。②教师的榜样示范，以及对学生学业成绩的评价手段，直接影响到学生成就动机的强弱。一般来讲，成就动机较强的教师的言行有助于激发学生的成就动机。再就是，学生的学习结果与其成就动机呈正相关。学习成绩优秀的学生通常成就动机强，学习成绩差的学生通常成就动机弱。这就要求教师在对学生进行学业评价时特别小心，充分发挥学业评价对于学生成就动机的强化作用。另外，不同学生的成就动机除了与个人的理想、信念和世界观有关外，还与他们所属的群体的成就动机有一定关系。当一个班级或学校的成就动机普遍增强时，个体的成就动机必然会随之提高；反之，则会减弱。

(2) 培养、强化良好的自我效能感

所谓自我效能感，是指个体对自我能否成功完成某项任务的主观判断，是判断个体自我能力感和自信心的基本尺度。自我效能感这一概念最早由美国心理学家班杜拉（Bandura）于20世纪70年代提出，在80年代，自我效能感理论得到了丰富和发展，也得到了大量实证研究的支持。班杜拉认为，构建自我效能有四个主要的信息来源：作为能力指标的动作性掌握经验，也就是亲身获得的成就经验；通过观察他人获得的替代性经验；使个人知道自己拥有某些能力的言语说服及其他类似的社会影响；一定程度上人们用于判断自己能力、力量和机能障碍脆弱性的身体和情绪状态①。自我效能感与一个人的成就动机、成就行为具有相互促进的关系。依照班杜拉的自我效能感理论，下面几种方式可以增强学生的自我效能感：

①高度重视亲历的掌握性经验。成功经验会提高自我效能评估，反复的失败会降低自我效能评估，尤其是在失败行为过早出现并且为个人不可控因素造成时更是如此。实践证明，不断成功会使人建立起稳定的自我效能感，这种效能感不会因一时的挫折而降低，而且还会泛化到类似情境中去。简言之，成功的体验孕育成功，并增强个体的自我效能感。对于教师而言，重视学生自我效能感的培养，关键是要让学生不断地感受成功，从而不断

---

① [美] Albert Bandura 著. 自我效能：控制的实施 [M]. 缪小春，等译. 上海：华东师范大学出版社，2003：79.

地相信自我，不断地挑战自我，从一个成功走向另一个成功。

②充分利用来自他者的替代性经验。替代性经验是指通过观察他人行为，看到他人能做什么，注意到他人的行为结果，以此信息形成对自己行为和结果的期待，获得关于自己的能力的可能性认识。一般情况下，当一个人看到与自己的水平差不多的示范者取得了成功，就会增强自我效能感。相反，看到与自己的能力不相上下的示范者遭遇了失败，就会降低自我效能感。这给予教师的启示是，可以将程度相当的同学分成合作小组，在小组学习的过程中，为大家提供相应水平的资料，在每次任务后对其中的优秀者进行特别表扬，让他们与小组同学分享学习心得，充分发挥榜样示范作用。

③灵活运用言语说服。影响自我效能感的另一个信息源是他人的鼓励、评价、建议、劝告等。所谓言语说服，就是通过言语使他人相信自己有能力获得想要获得的结果。大量实践表明，通过说服使自我效能感增强到一定程度时，不但能够促使一个人付出艰苦的努力去获得成功，而且能够强化个体在某一方面的兴趣和特殊才能。但需要注意的是，依靠这种方法形成的自我效能感往往难以持久，一旦出现思想困惑或难以处理的情境时，往往会迅速减弱。另外，如果言语说服与个人的直接经验不一致，也难以产生理想的说服效果。这就要求广大中小学教师运用言语说服来培养学习动机时，一定要深入了解学生，做到有理有据，生动活泼，做好打持久战的心理准备。

④关注个体的生理和情绪状态

一个人的生理与情绪状态会直接影响其自我效能感的水平。一个人的行为动机、行为能力和行为结果往往依赖于一个人的生理和心理状况。比如，当人们没有陷入灾难性的唤醒状态，比感到紧张和不安时，更易于获得成功。研究表明，消除主观恐惧可以提高自我效能感，并相应带来行为表现的改进；相反，生理上的疲劳、疼痛和强烈的情绪反应，直接影响个体对自我能力的判断，进而降低自我效能感。这就要求我们中小学教师在平时教学的过程中，一定要创设良好的学习情境，关心学生身体和精神各方面的情况变化，注意劳逸结合，不打疲劳战。

(三) 学习的方式、方法与策略

学习动机是关于"学什么"尤其是"为什么学"的问题，而学习方式、学习方法和学习策略则是关于"怎么学"尤其是"怎么学好"的问题。下面重点探讨三者之间的区别与联系，并简要介绍各自的实际内涵。

首先，学习方式与学习方法和学习策略有所不同。一般而言，学习方式是指学习者在学习过程中所表现出来的在基本行为、基本态度、认知习惯以及认知取向等方面的总体特征。学习方法是指学习者在学习过程中所采用的各种技术、技巧和手段。学习策略是指学习者为完成某项学习任务或实现某项学习目标所设计的程序、步骤，所选取、组合的一系列技术和方法。由此可见，学习方式是一个更为宏观、上位的概念，而学习方法、学习策略则是比较具体、下位的概念，学习方式相对稳定、持久，学习方法、学习策略则相对灵活、多变。

其次，学习方式与学习方法有所不同。学习方式往往被用以描述不同学习者在感知、记忆和思维方面的个性差异，所强调的是不同学习者经常采用和偏爱的学习方法，以及习惯化了的认知风格。因而，可以将学习方式视为包含许多具体学习方法的一个集合。更确切地说，学习方式不仅包括了学习方法，而且融合了学习习惯、学习意识、学习态度、学习品质等多方面的心理因素。

再次，学习方法与学习策略有所不同。"工欲善其事，必先利其器。"如果将学习方法理解为完成学习任务的手段和途径的话，学习策略就是对多种学习方法的有效运用和整体安排。相比较来看，学习方法是学习者在完成学习任务过程中的具体做法。比如，学习者在听、说、读、写等方面的各种实际操作，都可视为学习方法。而学习策略则是学习者综合学习内容、学习目标、学习条件各方面情况后，对多种学习方法的精心选择和调配，更能体现学习者的主动性、学习方法的有效性以及学习活动的程序性。比如，学习时做什么不做什么、先做什么后做什么、用什么方法做好、做到什么程度等诸多方面的问题，都属于制定学习策略时必须考虑的内容。

最后，学习策略与学习方式有所不同。结合前面几点论述，我们不难发现，学习策略是学习者为有效实现学习目标而对学习活动所进行的自觉规划和调控。学习策略所体现的是学习者在学习过程中的自我监控意识和自我监控水平。甚至可以说，制定学习策略的过程其实就是学习者进行自我评价、自我规划、自我管理的过程。而学习方式则是对学习者所一贯使用的学习策略、学习方法的总体概括，所体现的是学习者对于学习活动的总体态度、心理倾向和习惯性行为模式等。大量实践证明，学习方式受个人生理、心理条件影响，但更与家庭教育、学校教育和社会文化有关。或者说，各种学习方式都有其特定的历史传统，都有其优势和缺陷，它们因人因地而异，但难以进行优劣判断。我们之所以常说"转变学习方式"、"优化学习策略"，是因为任何学习方式需要扬其所长避其所短，充分发挥不同学习方式的最大优势。真正聪明的学习者绝不会囿于某一种学习方式而不思进取和改变，而针对具体的学习内容和学习目标而言，不同的学习策略则会有明显的好坏之分和优劣之别，因而需要不断优化和完善。近十年来，我国基础教育课程改革之所以强调由他主学习转向自主学习、由孤立学习转向合作学习、由接受学习转向探究学习，与以上认识有直接关系。

资料6-9

学习在你身上真的发生了吗？

学生的天职是学习，从小学生到大学生，每天最主要的精力都花在学习上，然而，有相当多的学生不知道如何学习，学习效率很低，有些学生甚至产生了厌学情绪。

教师有各自不同的专业，但各专业教师共同的使命则是教会学生如何学习，然而大多数教师把所有精力都花在研究和传授专业知识上，从来不教学生如何学习，甚至不知道应该在研究学习上下工夫，以至连自己都不知道如何高效地学习。

学习是教学的基础、教育的基础，如何提高个体与社会的学习能力，显然应该成为教育学理论研究的重大课题，然而在现行教育学的教科书中，不仅没有专门的章节研究和讨论学习问题，甚至连学习的概念和定义都找不到。

上述三个问题应该引起教育实践和理论工作者的深思，从中不难看出现行教育种种弊端的根源，也许还能找到走出现行教育种种误区的希望之路。

环顾世界教育的发展，学习方式的变革风起云涌，指导这场变革的学习科学与学习技术已经从教育理论研究的边缘地带,走向热点与中心地带,其探索的主旨,是要在两种学习文化的冲突中创造新的学习文化。

"学习在你身上真的发生了吗?"这是近年来世界各国学习科学前沿的研究者向教师、学生和每一位学习者提出的问题。

此问题似乎有些蹊跷甚至怪异:学生每天不都在学习吗?

其实,究竟什么才算真正的学习?如何将学生引入有意义的学习之健康轨道?这不仅是学习科学的前沿研究,而且是学习文化创新的重大难题。

各派学者对此问题的答案不尽相同。综合各种高见,并结合我个人的体验,有几点是必须强调的:

知识不同于信息,无法传递,也不可能依靠教师从外部输入;真正意义上的学习必须以个人的兴趣和意愿为前提;必须以问题来引导;必须有内在动机和自我驱动力;必须有对话和交流;必须充分利用教育技术创设高效的学习环境与学习资源;并取得真正的学习成效和美好的情感体验。

如果不具备这些条件,尽管你在不停地看书、背书、应付考试,但实际上学习在你身上并没有真正发生!却耗费了你大量精力和宝贵的青春年华,更为可怕的是:养成了许多学习的坏习惯,获得了消极、有害的学习体验!如果你不能尽快与这些不良的,甚至是可怕的学习习惯和心态告别,其后果会怎样?

此问题不仅尖锐、深刻,而且振聋发聩!希望它能伴随着新年的钟声,将哪些还在枯燥、低效的教学生涯和学习生活中昏睡的师生震醒!

在理论与实践的结合中深入探究学习科学与技术,绝不是一件容易的事,因为这不仅是多学科交叉的前沿探索,而且面临当代信息技术的挑战,尤其要冲破现行教育观念、体制和学生多年来形成的学习习惯等重重障碍,还有教师评价与考核、晋升政策、体制的束缚,其中的艰难和酸甜苦辣,没有真正置身其中,恐怕是难以理解和体会的。

在艰难的学习文化创新探索中,我们深切地感受到:在以教师讲授为主的课堂中,学生是不可能真正成为学习主体、主人的。只有当学生从被动接受知识的课堂教学中解放出来,运用日新月异的信息技术在自主学习与协作学习的新型课堂中迎接各种学习挑战,充分施展每个人的创造性才华时,学习主体的地位才有可能确立;而当他们真正理解了学习之不可替代性,真正懂得了应该也必须对自己的学习活动和学习结果承担全部责任时,他们才会努力去提高自己的学习效率与学习能力,只有进入到这样的学习境界时,学生才真正成为自己学习的主人!

(资料来源 桑新民. 学习在你身上真的发生了吗? 软件导刊:教育技术. 2008(2))

从事这样一种极富挑战性的教育创新实践,就如同置身于教育思想之江河的源头!每时每刻都会激发我们对学习、对教学、对教育乃至对生活、对人生的灵感与创造!当然,要想获得更多的收获与提高,就必须紧密联系实践中的各种挑战与困惑,去读书,去深入钻研理论,在反思中提高自己的学养。

二、主要学习理论流派

作为心理学的一个重要分支学科,学习理论主要以学习行为以及学习者的认知心理为研究对象，旨在揭示学习的基本要素、主要特征和发展规律等。实践证明，学习理论是教育教学过程得以展开的重要理论基础，一名教师如果不具备学习理论方面的基本知识，如果没有认真思考过学习的性质、学习的过程、学习的动机、学习的迁移等基本问题，如果不能够对学生学习的方式、方法和策略等进行适时而科学的指导，他（她）的教育教学活动必然是低效甚至是无效的，也断然不会成为优秀的教育工作者。为此，下面扼要介绍行为主义、认知主义、建构主义关于学习的基本观点，以便我们对学习理论形成一个初步印象。

（一）行为主义学习观

行为主义学习理论由美国心理学家约翰·华生（Watson John Broadus，1878—1958）于20世纪初创立，后经格思里、赫尔、桑代克、斯金纳等得到进一步发展。行为主义学习理论在美国占据主导地位长达半个世纪之久，期间，斯金纳提出了操作性条件作用原理，并对强化原理进行了系统研究，将行为主义学习理论推向了高峰。他根据操作性条件作用原理设计的教学机器和程序教学，一度风靡全球。

行为主义把学习看成个体行为方式或频率的改变。在斯金纳看来，心理学所关心的是可以观察到的外在行为，而不是行为的内部机制，心理学的任务就是要确定刺激与反应之间的函数关系。在华生看来，人类的行为都是后天习得的，环境决定了一个人的行为模式，无论是正常行为还是病态行为都是学习的结果，而且可以通过学习得以改造或消除。因为，只要把握刺激与反应之间的内在规律，就能根据刺激预知反应，或根据反应推断刺激，达到预测并控制动物和人的行为的目的。他被广为传播的一句话是："给我一打健康而又没有缺陷的婴儿，把他们放在我所设计的特殊环境里培养，我可以担保，我能够把他们中间的任何一个人训练成我所选择的任何一类专家——医生、律师、艺术家、商界首领，甚至是乞丐或窃贼，而无论他的才能、爱好、倾向、能力，或他祖先的职业和种族是什么。"①

行为主义认为心理学不必要研究意识，而应该研究行为，主张采用强化、惩罚、消退等客观的操作法，来矫正个体的不良行为或引发个体行为的积极变化。按照行为主义学习理论，学习就是刺激与反应之间的联结，其基本假设是：行为是学习者对环境刺激所做出的反应。行为主义者把环境看成是刺激，认为所有行为都是个体经过环境作用而习得的结果。这样，在学校教育教学过程中，教师的主要作用就是掌握塑造和矫正学生行为的基本方法，为学生创设合宜的环境，在最大程度上强化学生的积极、合理行为，消除其消极、不合理行为。

需要注意的是，行为主义学习理论在将学习的起因认定为对外部刺激的反应时，忽视了由刺激所引起的个体的内部心理变化这一环节，甚至认为学习与内部心理过程无关。这样一来，人类复杂的学习活动被简化为机械、被动地接受外界刺激，教师的任务就是反复操练，让学生做出正确的外部行为反应。这无疑否定了人的内心世界的复杂性、丰富性、灵敏性，也必然与人的主体性、选择性和创造性这一事实发生矛盾。

（二）认知主义学习观

从历史的角度看，大多数学习理论研究者的专业背景都是心理学，他们关于学习的很

---

① 施良方. 学习论[M]. 北京：人民教育出版社，1994：56.

多研究往往以动物为直接对象。在这一点上，行为主义者尤甚。由于用动物实验来推断人类学习，把学习过程描述得过于简单、机械，行为主义者的不少观点屡招诟病。20世纪60年代，认知学习理论得到快速发展，进而代替了行为主义心理学的统治地位，学习理论开始从行为模式转向认知理论模式。其中，皮亚杰的建构主义学习理论、布鲁纳的认知结构学习理论、奥苏贝尔的认知同化学习理论、奈瑟的信息加工学习理论等都产生了很大影响。

认知学习理论所研究的是个体处理环境刺激时的内部心理过程，所关注的是信息的接收、组织、储存和提取问题，学习者的行为不是其关注的重点，它试图说明的是学习者知道什么以及是如何知道的。认知学习理论认为，个体通过与环境的相互作用而赋予经验以意义，并对经验进行组织和再组织，从而修正或建构自己的认知结构。例如，皮亚杰认为，儿童的智慧和道德结构并不是环境直接内化的结果，而是环境与个体图式之间建立联系，通过内部的协调、创造而得到建构的，这是一个个体利用已有图式（即认知结构）与环境进行相互作用，通过同化和顺应而达到与环境的动态平衡的过程。布鲁纳认为，学生不是被动的知识接受者，而是积极的信息加工者，他在对知觉和思维、认知和发展进行深入研究的基础上提出了发现学习理论，认为教师应当引导学生通过主动探索而解决问题，从而获得智慧或认知生长。奥苏贝尔认为，影响学习的最重要因素是学生已有的认知结构，他强调学习材料必须是有意义的（与学生已知的东西有联系），这样，新知识才能与学生认知结构中的有关观念发生作用，才能实现新旧知识的同化。

可见，与行为主义者的"刺激—反应"理论不同，认知主义者的学习研究视角明确地转向了学习者的心理变化问题。他们试图揭示学习者的内部心理结构及其变化规律，认为学习不是简单的刺激与反应的联结，而是一个学习者积极主动地形成新的认知结构的过程。在个体与环境的关系上，认知学习理论认为，是个体作用于环境而不是环境直接引起人的行为，环境中的各种刺激是否被注意或加工，取决于人的内部心理结构，取决于人的内部心理结构所做出的积极选择。正因为在认同外界环境刺激的同时，认知主义开始关注学习者对刺激的加工过程，开始重视引起行为的思维转换问题，凸显了人在学习过程中的复杂性、主动性，因而获得了比行为主义更为广阔的发展空间。

（三）建构主义学习观

瑞士著名心理学家皮亚杰和前苏联早期著名心理学家维果茨基，是建构主义理论的奠基人。作为心理学的一个重要思想流派，建构主义对当代世界教育改革尤其对各种学习和教学理论产生了非常深刻的影响。

按照建构主义观点，知识无法通过教学直接灌输给学习者，学习不是简单的信息输入、储存和提取的过程，学习不是简单的知识累积，学习知识的过程即学习者自主建构意义的过程。因为，人类的知识只是对客观世界的一种解释，而不是最终答案，更不是终极真理，它们必然会随着人类社会的发展和科学技术的进步而不断被新的知识所超越和取代。同时，作为知识的主动建构者，学习者并不是把知识从外界搬到头脑中，而是依靠已有的经验，通过与外界的相互作用来建构知识的意义，事实上，没有任何两个人的知识建构是完全相同的。因此，对学习的评价不应以学习者记住知识的多寡来衡量，而应以在学习中主动参与的程度、协作学习的能力与贡献、意义建构的水平等因素来综合衡量。另外，建构主义特别强调知识应用的情境性，认为知识不可能放之四海而皆准，不可能适用于所有的情境。在面临真实的问题情境时，人们不可能凭借所习得的知识直接解决问题，而是要具体问题具体分析，对已有知识进行改组、重建，灵活运用。由此可以推断，任何真正的学习，都看重学习者的主动参与，都要求学习者充分联系已有经验，积极与他人协商、会话、沟通，在交互置疑的过程中建构知识的意义，任何真正的教学，都强调学生的独立思考，都尊重学生的个人理解，都保护学生的好奇心，鼓励自主性、探究式学习。

相比较来看，行为主义和认知主义都认同有一个真实存在的外部世界，前者认为教学的目的就在于让学生获得反应，后者认为教学的目的就在于拓展学生的认知结构。与这两者不同的是，建构主义学习理论认为，学习者在学习的过程中总是根据个人的需要、意向、态度、信念和情感等对外部信息进行加工和改造，而且由此所产生的富有个性的主观的东西非常重要。在皮亚杰看来，学习的过程就是一个由平衡→不平衡→平衡的过程，一个平衡的结束正是另一个不平衡的开始，对知识的理解永远处在不停的运动和变化之中。维果茨基曾经非常尖锐地批判过心理学研究中无视动物行为和人的心理活动存在本质差异的纯生物学观点和自然主义倾向，特别强调个体心理发展的社会文化历史背景问题。他指出，人的心理发展的第一条客观规律是：人所特有的高级心理机能不是从内部自发产生的，它们只能产生于人们的协同活动和人与人的交往中；与此相关的第二条客观规律是：人所特有的并且不断发展的高级心理结构与机能最初必须在人的外部活动中形成，随后才有可能转移至内部，成为人的内部各种复杂心理过程的结构。因此，人的心理发展既是个体的又是社会的，个体的知识建构过程和社会共享的理解过程是不可分离的。① 由此可见，从行为主义"刺激—反应"二元论到认知主义对学习者内部世界的关注，再到建构主义对学习者自主建构意义的高调提出，个体与社会之间的关系、学习情境的复杂性，尤其是学者的个体差异性和主观能动性问题，得到了普遍关注和深入探讨。

至此，我们不难发现，不同学习理论流派都有自己独特的教育主张，而且在学习的很多问题上也存在着很多分歧。其实，直到目前，什么是学习？人为什么学习？学习是怎么发生的？学习的过程和结果是什么？哪些因素影响学习？在学习的过程中如何促进记忆和减少遗忘？如何充分发挥学习的迁移功能？如何创造良好的学习文化？诸若此类的问题依然是不同学习理论争论的焦点所在。我们需要清醒的是，学习理论与教育教学实践是紧密关联的两大领域，这些焦点问题有待于教育学、心理学工作者尤其是教育心理学工作者做进一步的研究、探讨，也需要广大教师通过具体、丰富的教育教学实践给出生动、全面、系统的解答。

☞ 分析思考题

1. 下面是美国哲学家、教育家杜威在《人的问题》中的一段话，请结合实际谈谈教育与人性变化之间的关系。

---

① 桑新民. 建构主义的历史、哲学、文化与教育解读 [J]. 全球教育展望, 2005 (4).

如果人性是不变的，那么，就根本不要教育了，一切教育的努力都注定要失败了。因为教育意义的本身就在改变人性以形成那些异于朴质的人性的思维、情感、欲望和信仰的新方式。如果人性是不可变的，我们可能有训练，但不可能有教育。因为训练与教育不同，仅是某些技能的获得。本性上的才能可训练到一个更高效率的程度，而并无新的态度和倾向的发展，但后者正是教育的目标。①

2. 下面是美国哲学家、教育家杜威在《哲学的改造》中的一段话，请结合实际谈谈你对知识分类以及知识价值的总体认识。

工艺不过是末技，差不多可以说是一种贱业。谁会把造靴的技术和治国的技术等同起来？谁会把医生医治身体的技术和牧师医治灵魂的技术等同起来？柏拉图在他的对话篇里常常这样描写这种对照。靴匠虽能判定靴的好坏，但穿靴是好是坏和什么时候好穿靴，这些比较更重大的问题他却不能判定。医生虽善于诊断健康，但是活着或死了是好是坏，他却不晓得。技术者关于一部分技术问题虽属内行，但关于真正重要的，如对于价值的道德问题，他却无法解决。所以技术者的知识本来就较低，要受一种启示人生极致和目的的较高的知识所支配，这样技术的和机械的知识才得安于其所。②

3. 请结合实际，从教育学的视角谈谈你对"知识即美德"、"知识就是力量"、"什么知识最有价值"、"谁的知识最有价值"这几个知识问题的基本看法。

4. 在《学习的快乐》一书中，日本学者佐藤学把学习的性质理解为一种对话性实践。在他看来，学习就是一种"对话性实践"———一种"构筑世界"、"构筑伙伴"、"构筑自身"的三位一体的实践。简言之，学习是一种从已知世界到未知世界的旅行，在这个旅途中，我们同新的世界相遇（对话），同新的他人相遇（对话），同新的自身相遇（对话）。请联系实际，谈谈你对佐藤学"学习的三位一体论"的基本看法。

---

① ［美］约翰·杜威著. 人的问题［M］. 傅统先，邱椿，译. 上海：上海人民出版社，1965：155.
② ［美］约翰·杜威著. 哲学的改造［M］. 许崇清，译. 北京：商务印书馆，1958：8.

第七章 当代教育改革

☞ 本章提要

当今世界上大多数国家正在进行着持续不断的教育改革，或者可以说，教育改革已经成为席卷全球的潮流。教育改革的研究也已成为教育研究的重要组成部分。教育改革是什么？是什么原因引起了各国的教育改革？典型的国际教育改革的理论和实践为我们提供了窥探教育改革规律的宝贵素材。我国现今正在进行的新一轮基础教育课程改革是在国际教育改革的大背景下进行的，受到了当代教育发展趋势和新的理论的影响。梳理这些教育改革的实践，也有利于更为深刻地理解教育。

第一节 当代教育改革综述

联合国教科文组织国际教育发展委员会在《学会生存——教育世界的今天和明天》中指出："当代教育体系的特征是，它们正在经历一个连续不断地适应、改进、变革的过程……"① 世界上大多数国家正在进行着持续不断的教育改革，或者可以说，教育改革已经成为席卷全球的潮流。研究当代国际典型教育改革的实践，可以窥探出教育改革的一些规律所在。当教育改革已经成为教育的一部分的时候，教育改革的研究有利于更为深刻地理解教育。

一、教育改革的概念辨析

在众多研究教育改革的文献中，与改革类似的术语，例如变革（change）、改革（reform）、革新（innovation）、改进（improvement）、革命（revolution）等，是交替使用的。这些术语在内涵上有共通性，但是由于理念以及使用范围等的不同，之间的区别也是明显的。

（一）教育改革

在西方的教育文献中，教育变革是最广为使用的概念，相对来说，在我国"教育改革"一词更为人们所熟悉。"改革"在教育领域的"普遍使用"出现于19世纪，但直到"二战"以后，教育改革问题才引起学术界的高度重视，20世纪70年代才出版了一系列的相关论著，如特罗（Trow, W. C.）的《教育改革的途径》（1971）、汤泽（Tonsor, S.）的《教育的传统与改革》（1974）、鲍尔斯和金蒂斯（Bowles, S. & Gintis, H.）的

---

① 联合国教科文组织国际教育发展委员会. 学会生存——教育世界的今天和明天[M]. 北京：教育科学出版社，1996：219.

《资本主义美国的学校教育：教育改革与经济生活的矛盾》（1976）等①。

"改革"一词在《现代汉语词典》中的解释是，"把事物中旧的、不合理的部分改成新的、能够适应客观情况的"。从这个词义解释中至少可以看出以下几点：第一，改革的起因是原有事物中存在旧的、不合理的部分；第二，改革的目的在于使之变成新的、能够适应客观情况。教育改革通常而言就是将教育中存在的不合理的部分改成能够适应新的客观需求的活动。故教育改革属于有计划变革的范畴。袁振国教授认为："教育改革可以理解为按照某种预期的目标以改进实践的有意识的努力，它包括制定同旧目标无关的新目标、新政策，或赋予过去的教育以新的职能。"

因为涉及教育目标、政策等的变革，所以教育改革与教育政策的根本变化相关。教育改革较多地体现了政府对教育改变的意志，体现为国家或地方在教育政策上的变化。这是教育改革区别于教育变革与教育革新的重要判定标准之一。教育变革或教育革新更多的是在组织层面使用的概念，如学校变革、教学革新等，教育改革往往是政府以行政命令、政策文件、法律法规等方式推行的一种教育变革，因为教育改革只有与国家政策相一致，才能有效地达成目的。

（二）教育变革

国际著名教育变革理论专家哈维洛克（Havelock, R. G.）教授曾对"教育变革"作过如下定义："教育变革就是教育现状所发生的任何有意义的转变。"（Havelock, R. G., 1979）这个界定强调了两个方面：一是教育变革必将导致教育现状的转变，如果没有这种转变，理论与口号不能称之为变革；二是教育现状的转变是"有意义的"，这涉及对教育变革的价值判断，这也意味着不是教育现状发生的任何变化都是"教育变革"。

哈维洛克和古德（Good, C. V.）根据变革的推行方式，将变革区分为"有计划的变革"（planned change of education）和"自然的变革"（natural change of education）。（王万俊，1998）"有计划的教育变革"是有明确的变革目的，凭借一定的变革方案或变革策略推行的、蓄意的教育变革，我们通常所说的教育改革、教育革新、教育改进和教育革命都属于这类教育变革。"自然的教育变革"是指没有专门的变革方案和策略也没有明显蓄意性的教育变革。

（三）教育革新

教育革新同教育改革一样，也隶属于有计划的教育变革范畴，是有计划教育变革的一种重要形式。教育变革理论的主要创始人、美国学者迈尔斯（Miles, M. B.）教授1964年编辑出版的《教育革新》一书，大抵是第一本以"教育革新"为主题的专著。

尽管"教育革新"与"教育改革"是两个不同的概念，但许多重要文献都对两者给予了几乎相同的界定。譬如经济合作与发展组织（OECD）认为："革新是一种按某种预期目标以改进实践的有意识的尝试。"OECD的文件还补充说，这个定义"不排除也与制订同旧的目标无关的新目标、新政策或新职有关的革新"。波·达林（Dalin, P.）也认为："革新就是一种经深思熟虑的、旨在改进与既定目标相关的实践的尝试。"不过，纵观各种定义，还是迈尔斯教授在《教育革新》一书中的界定最能反映这一新概念的特质，他认为："革新这个术语指的是深思熟虑的、新颖的、专门的变化，这种变化被认为在实

---

① 邬志辉. 当代教育改革实践与反思 [M]. 长春：东北师范大学出版社, 2009.

现一个系统的目的方面更为灵验。"这个定义有以下几点值得注意：首先，革新在于"新"。革新重点在教育变革过程中一定要引入新概念、新方法、新技术、新制度、新标准，它是"新颖的"；其次，革新在于"研究"。革新不是突然冒出的新想法，它是深思熟虑的，是经过专门研究、试验的，对实现一个系统的目的是"更为灵验的"，是"专门的变化"。

（四）教育改进

作为学术话语的"教育改进"一词大致起始于20世纪80年代。坦格鲁德和瓦林（Tangerud, H. & Wallin, E.）的著作《学校改进的价值观与背景因素》（1983）和韦尔赞等人（Velzen, W. C, et al）的著作《学校改进——对实践的理论指导》（1985）可能是这方面较早的理论专著。值得指出的是，与教育改进相关的文献大多与组织有关，比如以上两本著作所使用的概念是"学校改进"而不是"教育改进"。

关于学校改进有影响的定义来自韦尔赞等人，他们认为"学校改进是一种系统的、持续的努力，其目的是在一所更多的学校中变革学习条件及其他相关的内部条件，其最终目的是更有效地实现教育目标。"从这一定义中，我们可以引申出以下思考：首先，学校改进关注的是学校发展。在教育变革的文献中，组织发展（Organization Development, OD）常被列于其中。所谓组织发展就是提升组织在不断变化环境里的学习与适应能力的过程。从学校发展的视角看教育变革，这是一个新的变化，它不仅重视变革这一过程本身，更重视实施变革之组织的能力建设，这较过去是一大进步。其次，学校改进的目的是促进学校的整体变革。学校改进概念融入了系统思维，它既注重学校变革的系统性（它涉及学校文化、人事、财政、制度、课程、教学等方面），还注重学校变革的持续性，对外部环境变化保持敏感的反应和动态的适应。

（五）教育革命

早在18世纪末叶的法国，"革命"一词就出现在教育领域，不仅如此，"革命"还是当时的一种"流行的用语"，人们喜欢称大革命后建立的学校为"革命学校"。在我国的"文革"时期也进行过许多"教育革命"的试点，譬如"缩短学制"、"废除升学考试制度"、"废除留级制度"、"让学生教学生"等，甚至在当时还引起了以中国教育革命为榜样，"学习中国样板"的国际运动。不过，把教育革命当做一个学术概念进行研究还是"二战"以后的事情。古德拉德（Goodlad, J. I.）的《学校革命》（1959）和阿德与迈耶（Ader, M. J. & Mayer, M.）的《教育革命》（1970）是最早见到的论述教育革命的专著。

教育革命也是有计划教育变革的一种重要形式。从语用学上看，教育革命概念主要在三种意义上作用：一是作为社会剧变时期社会革命的组成部分，尤其指新旧政权交替时期的教育变革。这是一种政治学意义上的教育革命，譬如"二战"后独立的非洲和拉美国家为剔除殖民主义影响所推行的教育变革就被西方学者称为教育革命。二是当教育变革目标与社会下层人员子弟教育状况的改善相联系的教育变革。这是一种社会学意义上的教育革命，譬如有学者把为了社会边缘群体所进行的教育变革措施称为教育革命。三是指教育系统或教育的某些组成部分发生根本性质上的变化。这是一种教育学意义上的教育革命，也是真正的教育革命，譬如现代信息技术手段的引入所导致的教育教学行为、方式所发生的根本性改变。

教育革命的产生是有条件的，只有当社会政治、经济、文化或技术发生革命性变化的时候，教育革命才有可能发生。一般来说，教育的进步大多是渐进的，即使是革命，它有一个长期的酝酿过程①。

综上分析可以看出，教育变革是一个广泛的概念，凡是引起教育现状发生有意义改变的，都可以称作是教育变革，从这个意义上说，教育改革、教育革新、教育改进、教育革命等都属于教育变革。教育改革与教育革新、教育改进在目的和方向上有共同之处，但是前者往往涉及教育政策的改变，较多地体现了政府对教育改变的意志，体现为国家或地方在教育政策上的变化，往往是政府以行政命令、政策文件、法律法规等方式推行，而后者未必需要如此，这是三者之间的重要区别。教育改革与教育革命的关系如同改革与革命的关系一样，在产生条件、目的、程度、实施方式上都存在着明显差异。

当代世界的教育改革，从本质上说，是各国或地区对原有教育现状中存在着不合理、不符合当代社会发展需求的部分进行的变革，这种变革的目的在于建立新的、更符合当代客观需求的教育目的、政策、课程内容以及教育教学策略、方法等。一般是通过政府教育政策的改变来实现，属于有计划的变革。

二、当代世界教育改革的背景

从20世纪后半叶至今，由于来自科技和经济发展的挑战、压力以及驱动，加上社会全面进步和未来发展给教育的启示，许多国家从基础教育到高等教育，从教育思想到教育实践，都迈出了强有力的改革步伐，目的在于加快人才培养的速度和提高人才培养的质量，积极造就和储备一支足以使本国能够在新世纪有效生存和发展的人才和劳动力大军，巩固和提升本国在世界舞台上的地位。21世纪是知识经济主导的世纪，经济形态的这种转变对教育提出了新的、更高的要求。为适应全球化、信息化、知识化的发展趋势，无论是发达国家，还是发展中国家，都把教育作为社会发展的关键环节之一。各国由于国情的不同，进行教育改革的诱因存在着差异，但在当代世界社会发展的大背景下，必然带有一定的共性。本节选择知识经济、科技革命、全球化及多元文化等②对各国教育改革最为重要的影响因素进行介绍，希望能够表现出当代世界教育改革的整体背景。

（一）知识经济与教育改革

知识经济（knowledge-based economy）源于人们对于知识与技术增长的关键角色的认识；具体表现为人力资本、创新与技术。经济增长基于知识与信息。知识被认为是生产力和经济增长的驱动力，经济社会越来越关注信息、技术与学习的重要性。

知识经济的"知识"是一个拓展的概念，它包括以下四个方面③：（1）知道是什么的知识（know-what）；这类知识是关于事实方面的知识，通过信息进行识别。（2）知道为什么的知识（know-why）；这类知识是关于自然、社会原理和规则方面的知识。（3）知道怎么做的知识（know-how）；这类知识是关于行事能力方面的知识。（4）知道是谁的知识（know-who）；这类知识是关于信息与社会相联系的知识，识别谁拥有知

---

① 邬志辉. 当代教育改革实践与反思[M]. 长春：东北师范大学出版社，2009.
② 陈时见. 当代世界教育改革[M]. 重庆：重庆出版社，2006.
③ Lundvall, B., Johnson, B.. The Learning Economy [J]. *Journal of Industry Studies*, 1994, 1(2): 23-42.

识，如何描述。

知识经济是和农业经济、工业经济相对应的一种全新的生产方式。农业经济是一种依靠土地和劳动力资源的自然经济，经济的发展基本上受自然的支配，在很大程度上依赖于土地和劳动力的占有；工业经济是伴随着资本主义而出现的一种以市场为资源配置机制的生产方式，经济发展更多地依赖于资源的垄断和资本的利用；知识经济是建立在知识的生产、分配和使用基础之上的经济。这里所说的知识，不仅包括社会科学、人文科学、技术科学在内的广义的知识体系，而且包括知识的生产、积聚、应用，尤其是知识进步及创新的能力。知识经济时代，决定经济发展的能力及保持经济竞争优势的最重要的因素则是创新意识与创新能力。知识经济这一概念的提出向人们揭示了这样一种趋势：人类经济发展将比以往任何时候都更加依赖于知识的生产、扩散和应用，知识已经成为我们经济社会的驱动力，人力的素质和技能成为知识经济实现的先决条件。可以说，知识经济时代就是一个依靠创新求发展的时代，知识经济需要的是富有创新能力的人。

在知识经济时代，知识本身也发生了相当大的变化。在知识的思考方式上，过去主要是单历程的，表现为部分理解的方式，而现在主要是多历程的，更强调整体理解；对于知识的范围，过去更注重知识的可编码性和最终可知性，更强调显性的知识，而现在更注重知识是无边界的和不确定的，更强调隐性的知识；对于知识的增长，过去坚持知识是靠累积而线性地增长，因而注重重复性的训练，而现在坚持知识是靠批判而有机增长，因而更加注重反思与批判性建构；在知识管理上，过去强调预测与控制，因而更关注知识的秩序或传递，而新的思维更强调洞察与参与，因而更关注知识的创新或生长；在知识获取的方式上，过去表现为个体的独立性，注重独立地获取所需要的知识，而现在表现为集体的协作性，注重知识分享。在知识经济的时代背景下，学习能力成为新的核心竞争力，更新知识是保持竞争优势的关键。创新无疑成为时代精神的聚焦和教育发展的主旋律。

（二）科技革命与教育改革

科学技术是人类认识自然和改造自然的结晶，它不断地促进经济结构变革、社会变革和认知变革，成为人类物质文明和精神文明的基石。今天，科学技术化和技术科学化是科学技术的鲜明特征。在一定程度上，科学正在变成技术。越是新技术，包含的科学知识越密集。由于现代技术的融合化趋势，各种高新技术都具有组合技术的性质，于是，技术不断向大型化、复杂化方向发展，而大型、复杂技术成功的关键就在于机械技术向"智能技术"的升华。同时，从硬件技术转向软件技术，从有形产品的开发转向无形产品的开发，从偏重硬件的发展路线转向注重整体的发展路线，当代技术正在进行新的整合。自然科学、工程技术还与人文科学、社会科学交叉、融会、综合，在广袤的学科发展空间崛起了许多新兴的学科。新技术革命浪潮对各学科领域的冲击，信息论、系统论、控制论、协同论、耗散结构论和突变论向各学科领域的广泛渗透，智力工程的研究触角向高科技领域的涉猎等，充分展现了科技的整体化趋势。而现代科技的整体化趋势又大大拓展了现代人思维能力的空间，有效地深化了思维方式的变革深度，从而进一步引起了现代科技发展的"链式反应"。

科技革命带来知识总量的急剧增长和知识陈旧率的加快，学生面对太多太多的知识，我们必须认真考虑，究竟哪些知识是他们应该学习的，哪些知识又是他们能够学习的，哪些知识是适合他们学习的。一般而论，他们应该学习的知识比他们能够学习的和适合他们学习的要多得多，学校必须对知识进行选择，必须教会学生自己对知识进行选择。同时，由于科技革命促成了教育手段的迅速变化，使现代教育技术手段变得越来越先进，使教育媒体走向多元化，而且这些教育媒体越来越多地具有了教育功能，学生可以通过多种媒体进行自主学习。在这一背景下，企图向学校中的学生传递他们所需要的所有知识已变得不可能，在学校接受的知识只是学生获取知识的一部分，教师已不是学生获取知识的唯一来源。

人类教育经历的每一次革命都是以科技进步为背景的。今天，以信息技术为主导的新科技革命成为当代教育革命的重要推动力，它将人们赖以生存的空间电脑化、虚拟化，网络成为人们获取知识、接受教育又一个重要的途径，网上教育成为重要的教育组织形式之一。互联网与最新电脑技术的结合，信息高速公路的出现，使远程教育这种人类前所未有的教育形式成为可能。受教育者不必按传统方式到固定课堂上课，而是可以在任何一个设有终端的地方随时开展学习活动，也可以自己通过检索数据库、专家教学系统等进行自学自测，还可以通过国际互联网向世界各所学校调阅资料，以拓宽知识范围。电脑技术运用参与式、启发式的教学，完全打破了学生单向获取知识的渠道。多媒体技术的教学应用、网络咨询，使对学生的因材施教成为可能。同时，虚拟实在技术可以使人们"亲身"体验各种可能发生的情况，为教学提供了一个崭新的天地。传统的以课堂为中心的教育方式，将逐步弱化，代之以学生为中心，以实践为基础的现代教育方式。因此，教育无论从内容上还是形式上都发生了深刻的变化。学校只是学生获取知识的部分来源，在学校所获得的知识可以终身享用的局面被完全打破，终身教育成为教育的重要特征；新的科技革命成果成为教育的主要内容，远程教育成为颇有生命力的教育形式，个别化教学成为可能，培养人的个性和创造力成为教育的首要目标；科技革命带来的教育媒体多样，而且极大地搞活了媒体的教育功能，这在很大程度上促进了教育的变革。"如果我们想把握住这些传播网络的迅速发展，那么教育不容置疑地应发挥其重要作用。"

(三) 多元文化与教育改革

当今世界，人类生活在多元文化相互激荡的时代。民族文化与异域文化，传统文化与现代文化，主文化与亚文化，雅文化与俗文化，东方文化与西方文化，强势文化与弱势文化，等等，冲突无处不在，而融合与创新也日益加深，各种文化之间的强弱消长影响着历史的进程。

文化归根结底是人类追求自觉、自由活动的内在精神，是人类所特有的群体活动方式，是人们在社会实践中创造的物质财富和精神财富的总和。丰富多彩的文化把无数个体联结为社会，又把前后相继的社会缀接为历史。因此，文化是纽带、是桥梁，是人类赖以生存和发展的文明基础。一个主权国家文化发展和文化积累所形成的现实力量越来越成为综合国力的重要标志。

同时，文化总是具有民族性的，一个民族之所以为一个民族，最重要的标志就是它的文化。不同的民族对自然界和社会现象的认识和理解不同，所创造出的文化也就不同，形成各自的文化传统。在现代化的过程中，各民族的文化维护着本民族的特性，在原有的轨道上发展，并积极参与世界文化的交流与融合，形成了世界文化的多元性。

旧有的教育通常是一元文化的教育，主要是关注和反映主流文化，而对于非主流文化关注甚少，因而表现出高度的同一性或统一性，对于不同区域、不同民族的差异性也较少涉及。多元文化要求教育要体现和反映各种文化的传统与需要，要尊重每一个体的文化背景与经历；要求教育具有更大的弹性或灵活性，以满足不同文化的需要；要求教育更多地具有区域性和民族性，反映不同区域、不同民族的实际状况和要求。总之，多元文化要求教育更多地立足多样性，追求个性化，这对长期以来形成的具有高度统一性的教育无疑是一种巨大的挑战。

面对新世纪扑面而来的各种严峻挑战，许多国家在对未来社会的预测和对现行教育制度进行反思的基础上，提出了"培养德智体全面发展的、具有创新意识和创新能力的现代化人才"的教育目标。一些有远见的战略家们开展"教育与灾难之间的赛跑"，把发展教育，培养具有创新精神和创造能力的高素质人才作为治国之策。各国为了增加经济实力和提高国际竞争力，都在努力建立一种能使生产工人到专家学者、从蓝领工人到高级经理都能受益的创新教育体系，以培养更多的高素质人才参与改进和发展经济，提高整个国家的竞争力。

第二节 当代世界典型教育改革

20世纪教育发展的历史其实就是一部教育改革的历史。伴随人类社会空前迅猛的发展，教育不断改革，其改革强度和影响范围都是前所未有的，促进了教育的现代化、民主化、终身化和国际化，从而大大推动了教育的繁荣发展。在20世纪百年教育发展的历程中，无论是教育理论创新，还是教育实践探索，都给人类留下了宝贵的遗产和财富，同时也提供了丰富的历史经验，为21世纪的教育改革和发展提供了强有力的基础与借鉴。本节中我们将介绍一些国际典型的教育改革，试图从他们的理论和实践中，为我国的教育改革提供借鉴。

一、当代美国教育改革

正如约普利曼和詹姆斯·范帕滕所说的："美国的历史，从肯尼迪和约翰逊的政权到里根、布什和克林顿的政权，均受社会改革运动所左右。"伴随着国家政治、经济的改革，教育改革也是一浪接着一浪。美国教育改革的历史是在以追求生活适应、强调教育切合需要为特征的人本主义教育思潮和以追求学业优异、强调学术质量为特征的科学主义教育思潮之间不断摇摆起伏的历史。经过长期的较量，二者的对立和差异日渐削弱，逐渐交叉融合，以至于齐头并进。

（一）20世纪50年代前的美国教育改革

20世纪前半期，在美国教育史上一般被称为"进步主义教育时期"，进步主义教育理论曾对美国学校教育产生过很大的影响。进步主义教育思潮产生于19世纪末和20世纪初，是伴随着进步主义教育运动而兴起的一种教育思潮，其早期的代表人物有简·亚当斯·瑞斯和莱斯，进步主义教育思想的形成得益于帕克和库克的不懈努力。19世纪后期，越来越多的人开始反对传统教育，同时出现了"进步教育"这个名词。当时的进步主义者实际上是一些信奉自然主义教育思想，主张对教育革新的自由主义者。他们没有统一的组织，所谓的"进步教育"也是泛指一切针对传统教育的教育。20世纪初，美国出现了许多不同于传统学校的新型学校。1912年，为了推动进步教育的发展，推进进步学校的实验，进步主义者成立的"进步教育协会"。并在 1920 年，提出体现进步主义教育思想的七条原则，即保持身心健康；掌握基础训练；成为家庭有效成员；养成就业知能；胜任公民职责；善于运用闲暇时间和具有道德品质，作为全国中学教育目标的指导原则，以满足美国社会生活对教育的要求。这些进步主义的主张，直至第二次世界大战前，在美国学校教育中仍起着理论指导的作用。在这种理论影响下，美国注重儿童个人经验的活动课程得到迅速发展，而传统的系统传授书本知识的教学遭到了批判和否定；强调教学与社会生活的联系；教学方法从讲授法转向解决问题为主的各种新式教学模式，如设计教学法、单元教学、分班分组教学、实验室制教学等。到此为止，进步主义教育已经基本形成自己的一套教育理论。

到 20 世纪 20 时代，进步主义教育的势力已经从原来的私立学校波及公立学校，美国初等教育的面貌几乎全面改观。1929 年秋，美国率先陷入一场空前的经济危机，随后，资本主义各国陆续卷入这场灾难。经济危机对美国各个方面产生深刻影响。经济危机所引起的教育经费问题很快转移到教育自身性质的问题上来。其中争论的主要问题是：教育的社会作用以及进步教育与传统教育孰优孰劣的问题。经济危机引发的这场争论，导致进步主义教育内部发生分化，出现了以康茨为代表的改造主义，同时，进步主义也受到了永恒主义和要素主义的攻击。在这种情况下，进步主义者对进步主义教育理论与实践进行了反思和修正。第二次世界大战以后，由于国际政治、经济形势的变化以及进步主义教育自身存在的弱点，进步主义教育的力量日渐衰微。1955 年 6 月，进步主义教育协会宣布解散，两年以后，《进步教育》杂志停刊，这些标志了美国教育一个时代的结束。

进步主义教育思潮的代表人物是美国的实用主义教育家杜威。杜威的进步主义教育思想体系博大精深，论证审慎周密，反映了美国资本主义工业化和民主化的必然要求。进步主义教育虽然受到杜威经验自然主义哲学的影响，但是，作为一种教育理论与实践，不同的进步主义者在教育各个方面的观点并不一致，而且，在进步主义教育发展的不同阶段，其侧重点也不尽相同。综合各种观点，其基本主张是：

（1）教育即生活，教育即生长，教育即经验的改组和改造。杜威主张教育为当下的生活服务，由于生活是一个发展过程，生长过程，所以教育也是生长，这是从教育的纵向来说的；而从生活的横向来说，则是人与环境的相互作用。教育实际上是经验的改造或改组，促进学生形成更新、更好的经验。教育所有的社会成员，发展个人的首创精神和适应能力，必须把生长作为一切成员的理想标准。

（2）杜威以其经验论哲学为基础，提出了"做中学"和"从经验中学"的课程理论。强调教法与教材的统一，强调目的与活动的统一，主张在问题中学习。他认为，教学的任务不仅在于教给学生科学的结论，更重要的是要促进并激发学生的思维，使他们掌握发现真理、解决问题的科学方法。课程必须与儿童的生活相沟通，以儿童为出发点、为中心、为目的。课程的内容不能超出儿童的经验和生活范围，课程要考虑儿童的兴趣和需要。衡量课程的标准是能否促进儿童的生长和发展。根据儿童中心的思想，他提出了自己的课程主张：①儿童和课程之间的关系不是相互对立而是相互联系的。他认为，儿童是起点，课程是终点，只要把教材引入儿童生活，让儿童直接去体验，就能把两者连接起来，使儿童从起点走向终点。②学校科目相互联系的中心点，不是科学，不是文学，不是历史，不是地理，而是儿童本身的社会活动。

（3）在对教学方法的研究与探讨上，杜威非常关注对学生思维能力的培养和训练，他要求学生必须掌握科学思维的方法。以杜威为代表的进步主义教育家十分推崇这种从做中学或从经验中学的教学方法。这种方法强调教学必须考虑儿童本性发展的特点，必须考虑儿童的接受能力和个别差异，教学必须考虑儿童的兴趣和需要，使儿童积极、主动的学习。

（4）道德教育所要解决的根本问题就是协调个人与社会的关系问题，杜威指出，"一切教育的根本问题"是协调个人和社会的关系。在道德教育过程中，杜威反对空洞的道德说教，主张道德教育必须给儿童健康成长的社会环境。他认为教育的道德性和社会性是相通的，因此，加强道德教育的根本举措在于给学生提供社会性的条件。

（5）杜威提出教育无目的论。教育的目的在过程之中，而不是在过程之外。活动自身便是达到目的的手段，这样的活动才是真实的、生动的、变幻无穷的，有意义的。反之，如果目的在过程之外，即目的是外部强加的，那么活动自身便不能成为达到目的的手段，这样的活动便不能在特定的情况下激发智慧，是盲目的、机械的、有害的。

进步主义教育思潮是20世纪不断涌现的各种教育思潮中影响最大的一种教育思潮，由进步主义教育思想推动的进步主义教育运动，构成了20世纪初波及全球的第一次教育改革的浪潮。进步主义教育思潮最重要的意义就是解放了儿童，进步主义教育实践的目的就是使儿童获得自由。正是由于进步主义教育思潮的产生和发展，推动了以批判传统教育为中心的教育改革的发展，使儿童的兴趣、需要、现实生活以及心理发展的阶段成为考虑一切教育问题的出发点和目的。由此，新的教育观、新的儿童观、新的教学观得以确立，课堂生活的意义发生了深远的变化，对成长中人的需要有了更多的认识，师生关系变的富有人性和民主化。进步主义教育最主要的不足就是在避免传统教育的极端形式主义的同时，走到了另一个极端。出现了浓重的"儿童中心"和极端的个人主义倾向。进步主义教育对儿童的天性抱有一种浪漫主义态度。所以，在教育中过分强调儿童自己、充分的自然发展，与此相应，过分强调避免成人和教师对儿童的管束。结果导致：①智力的、道德发展方面的训练缺乏系统、严格的要求。②否定教师的主导作用，忽视教师的指导与教导职能，使教育成了一种近乎混乱与无政府状态的儿戏事情。③打破学科之间的界限与各门学科的知识体系，导致课程、教材缺乏全面计划、安排和连贯，学生得到的只是片段的、零星的知识。④由于放弃教室里的任何约束，导致儿童道德、行为的放纵无羁。20世纪30年代以后，进步主义教育受到来自各个方面的责难和批判，批判的焦点就是教育的社会功能问题。进步主义教育思潮产生的影响是深远的，它不仅影响了当时的包括美国在内的各个国家的教育改革，而且在今天，这种思潮的一些基本主张的影响依然存在。

（二）"新课程"运动（20世纪50年代）

1957年，前苏联成功地发射了第一颗人造地球卫星，使美国政府为之震惊，而公众则把目光投向了公立学校的教育质量上，责备美国的宇航技术落后是学校教育质量下降所致，进而认为这是进步主义教育偏废基础性、系统性，降低学术标准所造成的恶果。正如丹妮·里威奇教授在《走在十字路口的美国教育：1954—1980》一书中所描述的："政府官员一再表示了对科技领域研究人才缺乏的关注。另外，他们批评进步主义教育忽视了基本的学术科目——英语、历史、自然科学、数学和外语……人造地球卫星的发射是追求高标准的不同结果的标志……人造地球卫星的发射，并不是因为俄国多么的先进，而恰恰是因为美国的落后所致"。于是，美国政府很快就将国防建设与教育紧密地联系在一起，并于1958年颁布了《国防教育法》，确立了以培养高科技人才为目标的教学新体系。该法案拨专款资助科学、数学和现代外语三门"新三艺"课程的研究和改革；提供相关教学措施；推进引导、咨询和测试计划，特别重视发现和培养天才儿童。很快，新数学、新化学和其他新的修订版本被引入学校教学，暑期学校则为教师提供了新教材和新教法方面的培训。此后，学者们进一步提醒人们充分认识："教育是我们的第一道国防线"。正如佳斯特斯·华伦在最高法院的建议案中所指出的："今天，教育或许是国家和地方政府最重要的功能。义务教育的立法和给教育大量的投资，均可说明我们已经认识到了教育对一个民主的社会是多么的重要。"

（三）促进教育机会平等运动（20世纪60年代）

当代美国教育改革的第二次浪潮是20世纪60年代中期伴随着运动而开始的。改革的主要目标是促进教育机会的平等。1954年5月27日，美国最高法院驳斥了自1850年以来一直被认为是正确的，从理论上将黑人排除在白人学校之外的、所谓的"尽管分离但地位是平等的"论调，并决定要在学校废止种族隔离。但是，最高法院的决策并没有在实行种族隔离的学校产生即刻的反响和效应：尽管一年以后最高法院下令加快废止学校的种族隔离，可是许多学区仍然反对黑人儿童与白人儿童一起就学。甚至，有些学校还成了抵抗最高法院决定，坚持实行种族隔离的"战场"。正如乔·斯普林所说："尽管最高法院和联邦政府一直在强调反对学校的种族隔离，但学校里的种族隔离现象依旧存在。一些学校尽管实行了不同种族儿童的同校制度，但事实上在学科学习和学校活动方面仍然采取了不同的做法。"

除了废止学校中的种族隔离，促进教育机会平等运动的另一策略是通过立法大力资助弱势群体。1965年，美国国会通过了《初、中等教育法案》。该法案要求根据各学区贫穷儿童的数量分配资金，通过为小学、初中学生提供课本、器具和实物来确保贫困生有足够的学习资料，资金由各州和地方政府控制，到1966年，这项计划的投入总额达120亿美元。1968年，国会又通过了另一补充法案《双语教育法案》，主要是为那些英语能力较差的低收入儿童提供联邦资助。该法案没有详细说明双语教育的含义而是解释说，法案为地方学区提供资金用来发展和实施新的、理想中的初等及中等学校计划，以满足非英语背景学生的需要。在整个60年代，社会改良派在呼吁课程改革方面表现突出。他们主张的课程是为少数人和穷人更多平等地参与社会经济生活做准备。在他们看来，教育的主要目的变为消除贫困和种族歧视，新科学和数学课的讨论让位于补偿性教育和基础课程的提议。这些课程上的变化为贫困儿童提供了平等的受教育途径以促进他们基本技能的发展。

（四）生计教育运动（20世纪70年代）

20世纪50年代末至60年代的教育改革，使得美国中小学教育取得很大的发展，但是新教材编写人员大多是没有中小学教学经验的科学家，导致课程难度大，忽视广大学生的实际接受能力造成两极分化。此外，因经济发展也使得职业教育受到过度重视，由于学校职业教育主要是为学生谋生和就业做准备，就其内容而言比较狭隘。随着科技的迅速发展，这种狭隘的职业教育已不能适应社会的需要。基于上述等原因，又引发了美国70年代的教育改革。

1971年，美国教育总署时任署长马兰认为，由于工业和技术的进步，人们不能再为了一个终身的职业接受职业训练。如果按照原来的职业教育制度，一个人一生中将要学很多技能，因此要改革美国的教育制度，提出"生计教育"。马兰所说的"生计教育"，其实是一种扩大了的职业教育，能使公民适应变化所需要的技术、知识和态度，从而使社会不仅能继续生存而且还能繁荣昌盛。

生计教育的特点和主要措施主要有：

第一，制订从幼儿园到中小学校、大专院校直至成人教育的生计教育计划，涉及各个阶段的教育对象；

第二，把2万种以上的不同职业归纳为15个职业组。六年级以下通过各种教学使学生了解能够选择的各种职业。六年级以上的学生通过各种教学途径熟悉这些职业组。七年级、八年级学生开始学习他们感兴趣的职业组知识。九年级、十年级的学生开始选定其中一组学习。

第三，在教育的模式上，强调以"学校为基础"，加强与企业和家庭等各方面的合作，甚至建立合作办学机构；

第四，国家运用各种设施，如电视、函授等，使职业教育与成人教育结合为一个整体。

1976年11月，在得克萨斯州的休士顿举行了有学校教师以及各界代表8 000多人参加的生计教育讨论会。会上交流了生计教育的实施情况，进一步明确了生计教育是一种扩大的职业教育，职业教育是生计教育的一部分。职业教育计划是按照教学计划在专门的教室进行，而生计教育是讲授有关工作和将来职业生活方面的内容，是使普通学校的学生学习职业上的知识技能和了解职业生活。由于生计教育过分强调职业、劳动和实际经验，教学方法上过分注重个别化教学等问题，最后并未作为一种教育制度在美国普遍推行。

（五）"恢复基础"运动（20世纪70年代后期）

20世纪70年代初期兴起的生计教育运动，对社会改良起到一定的作用，但是片面强调个性化教学使学生严重缺乏读、写、算等基础知识，教育革新流于形式。特别是70年代以后，在与日本和前联邦德国经济竞争中的连连失利，超级大国的地位岌岌可危。政界、企业界、教育界对此强烈不满，要求"恢复基础"，重视基础知识和基本技能的教学。1976年美国教育界要求"返回到基础"的教育运动就此拉开序幕。

恢复基础教育运动的主要内容有：第一，在小学，要把读、写、算作为重点；第二，在中学，要侧重于国语、自然科学、数学、历史的教学；第三，在学校教育的各个阶段上，强调教师要起主导作用；第四，在教学方法上，强调练习、背诵、家庭作业和评定的运用；一律取消教育革新；第五，在升级上，要依据成绩，改变看年龄或时间的做法；第六，严格纪律，允许体罚，规定服装和发型；第七，取消选修科目，加强传统课程学习；爱国教育应成为课程根本组成部分。

这个运动其实恢复了"传统教育"的某些做法，美国各界对此看法不一，曾引起当时教育界的激烈论争。有人认为，这个运动具有复古味极强的保守主义性质；也有人认为恢复基础是必要的，但要弄清什么是基础科学，又要恢复到哪里。虽然全国大多数学区和学校都承认重视"基础"的必要性，但是全国采纳这个运动所提出的要求的学区和学校也不多，又为80年代教育改革埋下了伏笔。

在70年代，促进教育机会平等仍然是美国教育改革的一项重要任务。联邦的法案为那些处于教育体系边缘的人们带来了成功和鼓舞。1972年，国会通过了禁止性别歧视的《教育修正法案》。1975年，由福特总统签署了《全体残障儿童教育法案》，以保证残障儿童接受免费、适当教育的权利。

（六）学校重建运动（20世纪80年代）

20世纪80年代，美国社会开始由工业社会向信息社会转变，工业生产劳动从劳动密集型向知识密集型转变，提高教育质量和公民的科学文化水平成为时代的迫切要求。而近年美国学生SAT成绩的下降，17岁以下人群的高文盲率等不良表现引起了社会各界的忧虑、重视。1983年4月，美国国家高质量教育委员会发表了《国家处于危险之中：教育改革势在必行》的报告，美国社会再次掀起了与"恢复基础"性质相近的学校重建运动。重建"意味着规则、角色、关系体系的改变，以至于学校更有效地服务于现存的目的，或者一起服务于新的目的"。

1983年，恩斯特·鲍尔在为卡耐基教学促进基金会所著的《高中：美国中等教育报告》中要求强化高中学术课程的建议被广泛采纳。1987年年底，美国教育部的秘书威廉·本奈特提出为所有高中生开设严格的学术性核心课程，这使高中课程优异化达到了一个高潮。在美国教育部的宣传册《詹姆斯·麦德森高中：为美国学生的课程》，本奈特描述了一个理想高中的课程体系：英语（4年）、数学（3年）、科学（3年）、社会研究（3年）、外语（2年）、自然（2年），还有一个学期的艺术和音乐史。其中25%的课程计划可供学生选择。正如阿德米罗·里可弗指出的，"以3R为基础的真正的通才教育理想应该回归，这种教育能够铸造流利的口头表达能力和清晰的书面表达能力。强迫的学术课程必须给予选择的优先权"。

这些国家报告在20世纪80年代横扫全美，对美国教育产生了持久而深刻的影响。报告中的许多建议已被执行或在地方组织被热烈讨论，学校委员会、校长、教师、公众等热切关注这场改革。可以说，《国家处于危险之中》以及80年代其他相似的报告引导了这个时代的教育改革运动。在这场运动中，各州制定了较高的毕业要求，统一了课程的管理，增加了对教师和学生双方的考核，提升了对教师的资格要求。全国各学区进一步强调计算机知识、家庭作业和基本技能；制定了参与运动的最低标准；延长了在校时间和学年长度。

（七）教育选择与国家标准运动（20世纪90年代）

美国教育改革的第五次浪潮是伴随着"2000年教育目标"的出笼而掀起的，其着眼点是强调教育的国家标准。众所周知，美国历来没有国家统一的教育制度，也没有统一的国家课程，而国家有关部门或机构所提出的教育目标和标准在实践中并没有受到普遍的认可和重视。也根本无法起到实际的指导作用，各州有各州的要求，各校有各校的做法。到了90年代，教育质量的参差不齐已经成为美国教育的一个突出问题。1991年和1993年布什政府和克林顿政府分别公布了指导整个美国教育改革的纲领性文件《美国2000年：教育战略》和《2000年目标：美国教育法》，这两份文件吹响了美国教育标准国家统一化的号角。《2000年目标》继续确认了布什政府制定的六项"国家教育目标"，只是其中第三项目标引起了较大争议。新的第三项目标鼓励许多专业组织鉴定评价的标准和方法。同时，它提高了四年级、八年级、十一年级学习方面的严格程度，所规定的较高的标准也影响了各年级的水平。在内容标准上，除了强调知识，还强调批判性思维和解决问题技巧的运用。而建立这些标准的机构是像国家科学教师协会（NSTA）和国家社会研究委员会（NCSS）这样的专业组织。此外，美国教育部为制定标准的专业团体和机构提供资金支持。这场国家标准运动是美国政府参与塑造教育机构的范例，特别是它影响了教什么、如何去教、学什么、如何评价的问题。然而，当《2000年目标：美国教育法》引起全国大范围的讨论和关注的同时，并不是每一个人都赞成。一些人认为目标提升了国家课程，也代表了政府对教育的过多"侵犯"。争议虽然存在，但同时，除了弗吉尼亚州和新汉普郡以外，其他州都选择接受了2000年目标的联邦资助，以建立具有挑战性的课程内容和绩效标准。

20世纪90年代，尽管美国学生的学术能力测验（SAT）成绩逐渐稳定，但教育改革和学校重建运动并没有因此而停止，人们开始强调文化的多样性，联邦政府在建立统一国家标准的同时，鼓励学校选择成为90年代教育改革的突出特点。1990年，布什总统在《美国2000年》法案中明确支持择校入学这一新的教育实践。具体地说，家长有权根据学生的兴趣以及各校的教学情况为学生选择合适的私立学校或公立学校，而不受学生家庭所在地的限制。州政府则将学生的学费以券票形式直接付给所选学校或父母手中。这种通过券票形式分配资金的做法为家长提供了择校的后盾支持，促进了教育机会的平等和校际之间的办学竞争。然而，这种选择具有一种市场价值取向，它冲击了美国以公立教育为基础的教育体系，也引起了很大的争议。

（八）美国新世纪教育改革（2000年以后）

进入新世纪，美国新任总统布什在宣誓就任总统后的第2个工作日，即1月23日，就制定了联邦政府关于美国教育改革的新政策，首先公布了名为《不让一个儿童落后》（No Child Left Behind）的教育蓝图（education blueprint）。布什总统在序文中明确指出："如果我们国家不能履行其教育每一个儿童的职责，我们就可能在许多其他领域失败。但如果我们成功地教育了我们的青年。那么许多其他的成功就会在整个美国和我们公民的生活中随之而来。"这一教育改革蓝图虽然未能包括布什政府教育改革议程的全部内容，但的确是美国社会各界共同努力加强中小学教育改革的一个基本框架。

《不让一个儿童落后》的教育蓝图除布什总统的序文和概要（Executive Summary）外，主要从以下方面阐述了布什政府的教育政策：

1. 消除处境不利学生与其伙伴之间的成绩差距

具体包括：（1）实行绩效责任和确立高标准；（2）每年实行学业评估；（3）处罚未能教好处境不利学生的学校。

2. 通过阅读来提高识字

具体包括：（1）重视低年级的阅读；（2）加强幼儿阅读教学；（3）使英语不熟练学生达到英语流利。

3. 扩大灵活性，减少官僚主义

具体包括：（1）"第一条"款灵活性。使更多的学校能够实施第一条款规定的全校性计划，并将联邦的资助同地方和州的资助融为一体来提高整个学校的质量。（2）巩固E-rate资金和技术拨款资金，并根据需要通过州和学区将这些资金拨给学校。（3）减少官僚主义。要巩固那些对应的资助计划并将这些计划的资助经费送至各州和学区。（4）新的州和地方的灵活选择。

4. 奖励成功和处罚失败

具体包括：奖励消除学生之间的成绩差距；向各州发放成绩的额外津贴；"不让一个儿童落后"学校奖励。失败必须承担后果。如果一个州未能实现其绩效目标并在提高学生学业成绩方面未显示出进步的结果，联邦教育部长将有权减少该州在管理支出方面可获得的联邦经费。

5. 促进获得信息的家长的选择

具体包括：给予家长的学校报告；特许学校，提供经费资助来帮助特许学校，包括开办费、设备费及与创建高质量学校相联系的其他费用；创新性学校选择计划和研究。教育部长将向那些为扩大家长选择以及研究学校选择之结果做出创新努力的人士和机构提供资助。

6. 提高教师质量

具体包括：所有学由优秀教师教授；资助确有成效的工作；加强数学和科学教育。

7. 为21世纪创设更安全的学校

具体包括：教师保护，教师将获权把那些具有暴力行为或不断造成破坏的学生请出教室；促进学校安全，使学生脱离不安全学校；支持品格教育，增加对各州和学区用于品格教育拨款的经费；以培训教师学会将各种品格养成课程和活动引入课堂。

纵观美国当代教育改革的历史，我们可以得出以下认识①：

(1) 教育改革已经成为一个永恒的主题，不改革就没有发展，也就不会有进步。教育改革的特点也发生了改变，从以往的宏观改革发展成为微观领域的学校内部整体改革，从零散的改革方案发展成为系统的结构重建。

(2) 教育改革的周期性变化正在不断地加快。美国教育思潮的更新速度很快，几乎每一年代都有新的改革思想和实践，周期性变化频繁。

(3) 教育改革既有外部力量的推动（主要是生产方式的变化和科学技术的发展，还有国家的直接干预），也有内部的动力（主要是指教育领域各种各样的问题）。影响改革的因素是多方面的。但国家的直接干预逐渐成为推动教育改革的重要力量，这也成为以地方分权为标志的美国教育的新现象。

(4) 没有反思就没有教育改革的深化，没有危机意识就没有教育的进一步发展。美国的教育改革过程就是在高度的国家危机意识之上不断反思已经进行了的改革的过程。

二、当代英国教育改革

自"二战"以后，特别是20世纪70~80年代以来，英国在基础教育的教育目标、课程教材、教学方法、学校德育等方面进行了全方位的改革。这些改革，几乎全都偏重于追求"全面教育"，旨在促进学生在精神、道德、文化、心智、身体等方面全面发展，取得了令人瞩目的成就。

（一）对基础教育目标进行改革，使其更加具体、明确而全面

早在1944年，英国为医治战争创伤，采取的重大措施之一就是坚定地进行教育改革，

---

① 陈晓端，闫福甜. 当代美国教育六次改革浪潮及其启示 [J]. 陕西师范大学学报：哲学社会科学版，2007 (11).

并制定了《1944年教育法》，在当时确实发挥了不可低估的作用。但由于教育传统和教育体制上的原因，在以后的很长时期政府既没有通过官方文件，也没有经过立法对教育目标作出明确的阐述和规定，因而，不同学校甚至同一学校的不同教师对教育目标在认同上出现了差异性和随意性，导致基础教育目标混乱，教学工作杂乱无章，教育教学质量严重下降。这种情况一直持续到20世纪70年代中期才开始逐渐引起人们的重视。

从1976年到1986年，英国经历了历史上罕见的所谓"教育辩论"时期。其中从1977年开始就有了对教育目标的明确阐述。英国工党政府领导的教育和科学部发表了题为"学校教育"的咨询文件，其中列举了英国中小学教育的八大目标。1980年和1981年，保守党政府相继发表了"学校课程的框架"和"学校课程"两个重要文件，将前面的八大目标修改和简化为六大目标。这就是：（1）帮助学生愉快发展，开启心智，获得探寻、理性争辩和专心工作的能力及体力方面的技能；（2）帮助学生掌握成人生活和迅速变化的就业领域相关的知识和技能；（3）帮助学生有效地使用语言和数学；（4）灌输对宗教及道德价值观的尊重，对别的种族、宗教和生活方式的认可；（5）帮助学生了解他们所生活的这个世界以及个人、群体和国家的相互依存性；（6）帮助学生珍惜人类的成就和期望。这些对教育目标的阐述虽然不具有法律效力，但对于学校却具有直接的指导意义。同时，英国皇家督学团对教育目标的阐述也具有重要影响。这个发表在1977年的关于课程的红皮书，具体提出了要围绕学生在八大领域经验（即美与创造、伦理、语言、数学、身体、科学、社会和政治、精神）的学习来实现教育目标。到了1985年，又增加了"技术"一项，成为"九大经验领域"。此外，社会团体和组织，如教师工会、家长教师协会等，也纷纷提出更为明确具体的基础教育目标。

在长达10年的教育大辩论和政府一系列改革报告的基础上，1987年，撒切尔首相第三任期一开始，政府就宣布教育系统的根本改革将是政府优先考虑的重大问题之一。同年，由教育和科学大臣贝克正式向议会提交了一份《教育改革议案》。1988年7月，议会通过了《1988年教育改革法》。涉及基础教育的内容主要有：改革教育管理体制，强化中央政府的教育管理权；建立统一的全国学校课程和全国成绩评定制度；赋予家长更多的权力；等等。这个教育改革法虽然不能解决人们对教育目标认识的差异问题，但由于有了全国统一的课程，因而能够具体体现基础教育的目标，可以在很大程度上改变在实践中教育目标混乱的状况。

（二）实行国家课程改革，旨在促进学生全面发展

长期以来，英国的中小学没有全国统一的课程要求。除宗教是法律规定必须开设的课程以外，对所有学校来说，设置什么课程、课程的教学内容和教学方法以及教材的选取完全由学校的校长和教师决定。因此，中小学课程难以衔接，课程要求不高，教学内容陈旧，严重地阻碍了教育质量的提高。特别是20世纪80年代以来，随着新的科技革命对教育的冲击日益加剧和世界各国教育改革浪潮的日益高涨，提高教育质量，发展科学技术，培养科技人才，已成为世界各国教育改革的宗旨。因此，设置全国统一的、能适应时代要求的学校课程，已成为英国政府、教育工作者、家长及社会各界的普遍一致的要求。

1988年通过的教育改革法，决定采用国家统一的课程。其主要目的有两点：一是"促进在校学生在精神、道德、文化、心理和身体方面的发展"；二是"为这些学生在成人的机会、责任感和经验方面做准备"。设置国家课程的目标是：（1）确保所有学生在整

个义务教育阶段学习广泛而平衡的系列学科,使所有课程具有广泛性、均衡性和相关性;(2)建立明确的目标,并要求各种能力水平的学生都应该能够达到;(3)确保所有学生都有机会学习共同的课程,为学生以后的成人生活和职业生活做准备;(4)能测量每个学生的进步,测量的方法是一个统一的、有意义的、全国性的评价过程;(5)保证课程的连贯性和一致性;(6)使学校能对学生的教育负有更多的责任。据此,英国设立的国家课程由10门学科组成,它们是:英语、数学、科学、技术、地理、历史、现代外国语、音乐、美术、体育。其中,核心课程为英语、数学和科学三门,其他七门为基础课程。可见,英国的国家课程设置十分注重学生的"全面教育"。

(三)改革教学方法,实行"开放教学"

英国基础教育的目的在于发展儿童的基本才能并获得基本知识,培养他们的文明习惯、思想和情操。为此,他们进行了富有成效的教学改革就是"开放教学"。这种教学形式不分年级,也不搞分科教学,没有固定的教材,提倡儿童的自由活动和探索,让儿童在丰富多彩的活动中获得知识,培养能力。教师的任务主要就是为儿童布置环境,在教室的各活动区、"兴趣区"提供必要的活动材料,并且设计各种活动,给儿童解答、帮助或建议,以儿童的活动作观察和记录,收集儿童的作品和其他材料,为每一个学生建立一个档案,定期给家长和儿童本人看,说明他们在各种活动中的进展、成绩与问题。

在开放教学中,最有特色的是"小组活动"的教学方法。这种方法是把一个班分成几个小组,由教师提出问题,要求小组成员通过讨论,共同完成,共同解决。其基本做法是:第一,教师将预先规定好的任务或问题,提供给学生,让学生阅读思考;第二,教师要求每个学生在小组内提出自己的设想并与其他同学商讨;第三,教师鼓励学生口头阐述自己的设想,并提出证明自己设想的依据,其他学生则带着怀疑和批评的眼光来评论其设想;第四,教师发下全部材料后再让所有学生阅读、讨论和评价。这种教学方法的优点十分明显,它有利于提高教学效率,有利于深化学生认识,有利于发展学生的理解能力和表达能力,培养学生的合作精神。

(四)进行德育改革,培养理性的、自制的、合格的公民

在当今时代,英国赋予了道德素质富有时代特征的新内容,把培养理性的、自制的、合格的公民作为德育的目标。据此,确定了德育工作的主要内容:一是促进学生道德认识能力的发展,使学生对逻辑推理能够有一般的掌握,并懂得关于物质世界、人们物理特性和社会机构等方面的三类知识。二是提供实行道德练习的机会。具体地说,让学生参与做决定的有关活动,设计一些活动让学生扮演各种生活角色,练习处理道德问题,发展他们的道德判断能力。在德育的方式和途径上,英国强调社会各界通力合作,共同加强学校道德素质教育,并使德育内容具体化,从而取得了成功经验,也值得世界各国学习和借鉴。[1]

重视学生在精神、道德、文化、心智、身体等方面全面发展的"全面教育"是英国基础教育改革的突出特点。这种思想不仅体现在基础教育目标的改革中,还具体渗透到课程的内容、教学的方法等方面。这种注重全面发展的理念对于我国最新一轮基础教育课程改革有重要的借鉴意义。

---

[1] http://www.lnedu.net/Tresearch/ShowArticle.asp?ArticleID=1614 [EB/OL].

三、当代法国教育改革

在西方发达国家中,法国的教育具有其显著的特点,如组织性强,国家和政府对教育实施强有力的领导,作为国家发展战略,教育始终处于与经济、社会发展同等的重要地位;改革是教育发展的动力,存在于教育发展的全过程。

(一)法国教育发展历程

法国从中世纪开始出现了僧侣学校、主教学校和教区学校等教会学校,教会通过宗教文化、宗教文学和宗教教育,达到控制人们思想的目的,使民众成为教会的精神奴隶。其主要的教学内容是"七艺",对儿童和青年男子教以礼拜仪式的各种基本要领,"传播福音",使其养成宗教人格。虽然进行文法、拉丁文、音乐、天文学等内容的教育,但这些是为了更好地为宗教教育服务。

启蒙运动和法国大革命时期,法国产生了一大批杰出的思想家。这些思想家追求自由和平等,崇尚知识,主张科学,提倡教育民主,反对王权和神权,反对教会的蒙昧主义,希望培养资产阶级共和国的新人。法国大革命不仅推翻了法国近千年的封建制度,提出了实施新的国民教育制度,将"公共教育和政治与道德教育的监管权交给世俗政权",从而使法国的教育从中世纪以来首次力图摆脱教会的控制,为取消教会对教育的领导权和发展教育事业做出过贡献。但是,第二帝国时期耶稣会教士法鲁担任教育部长,提出《法鲁教育法案》,重新规定学校完全服从教会;初等教育接受地方祭祀监督:僧侣有充任教师的优先权。

这种教育状况,不仅严重阻碍了资产阶级统治秩序的建立和资本主义经济的发展,更为严重的是,法国的教育正在为反共和国的教会培养传教士。新生的共和国亟待教育的改革。从19世纪80年代以来,在国家的统一领导和部署下《费里法案》的提出和实施揭开了法国教育改革的帷幕,到20世纪80年代,历经百年,通过持续不断的教育改革,法国教育快速发展,成就显著。

1.《费里法案》的实施

法国著名的共和派领导人茹尔·费里,从1879年到1885年,两次出任法国内阁总理和教育部长,率先高举起教育改革的大旗。1882年3月颁布了《费里法案》,主要内容包括:(1)改革教育领导体制,将教育的领导权收归国有,设立了国民教育最高委员会。国民教育最高委员会将领导全国的教育事业,制定教学大纲,评定教学业务工作等。(2)实现了教育世俗化。该法案规定,取消耶稣会员施教和管理学校的权力,实现教育世俗化。私立学校必须得到国家的承认,禁止自设大学,颁布毕业文凭和博士学位证书等的权力也收归国家。公立和私立学校的学生均接受同样年限、同样教学内容的教育。取消公立学校的宗教课。(3)实行免费和义务教育。免除公立学校、幼儿园的学费,免除师范学校的费用。强调:"国家在教育方面责无旁贷","这种责任是社会利益决定的,在我们这个民主的社会中是第一位的,每个人都应享有的权利"。同时为了保证学龄儿童的入学率,还规定6~13岁为义务教育期,无论男女,都要接受公立或私立学校的教育,每个学区都要设立学务委员会,市长是该委员会的主席,负责监督此项法令的执行。(4)加强师范教育。为确保义务教育法的实行,法案规定,每个省都要建立男女师范各所。其经费由地区支付,校舍建筑及设施和牧师工资由国库发放。《费里法案》的实施,标志着法国从越建教育向现代教育的转变，分离了信仰和知识两大领域，将爱国主义教育放在一切教育的首位，为培养共和国需要的各类人才奠定了基础。

1905年，法国颁布了《政教分离法》，规定教会今后不得干预国家政治，也不得在学校从事任何宗教教育。该法律的实施，沉重打击了教会保守势力，为法国世俗教育的进一步发展彻底扫清了障碍，对于提高整个法兰西民族的文化素质起了很大的推动作用。

2. 郎之万-瓦隆的教育改革

1947年，以郎之万-瓦隆为首的法国教育改革委员会向议会提交了"教育改革方案"。该方案批评了法国旧教育中存在的各种弊端，并提出了教育改革的六条原则。其基本内容包括：要实行教育公正的原则，让所有儿童，无论其家庭和种族如何，都享有受教育的平等权利；学校要对儿童进行全面教育，尊重儿童的个性，使其得到最大限度的发展；学校应该在社会进步和现代化进程中发挥积极作用；学校不但要传播文化、思想和艺术，还要为本地的发展服务，学校要成为能够确保过去与未来的连续性的一个交点；国家实施免费义务教育，以保证培养为国家的进步和经济繁荣所必不可少的熟练劳动力、技术人员、管理人员和研究人员，以及培养能认识到自己使命和责任的公民。发挥教育在经济、社会和个人成长中的重要作用。另外，为了保证高质量的教育，提出必须维护教师的尊严，提高教师的社会地位，使教师享有社会声望，为教师在物质和精神上提供与其技术价值相一致的待遇。

郎之万—瓦隆提出的教育改革计划，为促进法国教育适应"二战"后世界经济与社会的迅速发展和变化，起到了积极的作用，对战后法国教育改革产生了深刻的影响。尽管该方案因当时法国国内情况的变化未能实施，还是被称为法国教育改革的"经典性文件"。

3. 1959年义务教育改革

1958年9月，法兰西第五共和国成立，预示着法国进入了新的发展阶段。50年代末到60年代后期，随着社会经济迅速发展和科技革命的兴起，法国社会阶级结构发生了很大的变化，最引人注目的现象是中间阶层迅速扩大。新的中间阶层主要依靠脑力劳动谋生，因而使得社会上对教育的需求增大。同时经济活动的复杂化和知识的专业化，要求人们不断提高就业资格水平。为满足这些新的社会需求，进一步扩大教育民主化，1959年法国教育再次改革。此次改革决定，将义务教育年限由6~14岁延长到6~16岁。在全国范围内实行新的十年义务教育制度。在义务教育期限内，所有中小学一律实行免费教育。学生在义务教育后三年里，应接受一定的职业教育，以此提高人们的职业能力，加强职业技术教育在整个教育系统中的地位。这次改革为70年代中等教育体制改革，设立统一的初中打下了基础，为普通平民子女进入中学学习增加了更多的机会，促进了整个民族教育素质的提高。

4. 《阿比法》的实施

20世纪70年代中期，法国又进行了教育体制和课程的改革。1975年7月11日，法国颁布了由当时的教育部长勒内·阿比命名的教育法律，被称为《阿比法》。该项法律不仅规定了法国的普通教育体制，同时颁布了统一的小学和初中教学大纲和课程计划。该法律的出发点是要"重建法国教育制度，使其适应当今世界，特别是适应急剧发展的工业化和城市化社会的新需求。为此，应简化教育的组织结构，使其更加灵活和促进学习机会的均等,以便在缩小社会的不平等中能真正发挥作用。"目的是"促进儿童的充分发展,使他们获得知识,为他们未来的职业生活和履行公民义务做准备。"该法依据当时法国经济与社会发展的需要,改革了小学、初中与高中的学制、课程设置、培养模式等,使青少年学生文化水平得到了普遍提高,为以后进一步接受普通教育和职业教育奠定了基础,这次改革确定了法国现行的普通教育体制。

(二)当前法国教育改革

随着经济全球化步伐的加快,高新技术的突飞猛进,国际竞争日趋激烈,特别是进入21世纪,随着知识经济的出现,推进教育体制的改革,培养高素质的人才,成为各个国家在国际竞争中立于不败的关键。法国政府认为,一个国家要想不被排除在当今世界主流之外,不降为别国的附庸,就必须始终拥有领先的科技水平和具有世界一流的创新性人才。为此,20世纪90年代初,法国政府再次将教育改革提上了日程。

此次改革是在国家的有力领导和对各级教育的现状和问题进行深入调查研究的基础上进行的。改革的指导思想是放权、现代化与适应。所谓放权,就是改革长期以来过度集中的教育管理制度,实行权力下放和地方分权,让地方和学校享有更大的自主权,充分调动其办学的主动性和积极性。所谓现代化,就是革新教学内容,改进教学方法,实现教育体制的现代化。所谓适应,就是使教育建立起适应经济社会发展和科技进步,适应世界不断变化的有效机制,建立适应青少年个性发展,有利于他们成功地进入社会生活的有效机制。改革的主要内容包括:改革教育行政管理制度,实行权力下放;改革教学内容和教学方法,实现教育的现代化;改革教学方法,提高教学质量;加强教师队伍建设等。

2007年萨科奇担任总统后,高度重视教育,将教育改革与发展作为国家发展的重要战略:当年9月,新学期开始之际,法国全国90多万人都收到萨科奇致教师的一封信。该信长达32页,信中大声疾呼:"重建的时刻到了。我要请你们加入这次重建。我们共同朝着它前进。我们已经太迟了。"他认为法国的教育处于危机之中。"那些丰富每个人的、代代相传的共同文化已经破碎,以至于无法表达和不能理解了。学业失败已经处于无法接受的水平。知识和文化上的不平等更加突出。"信中萨科奇探讨了教育重建的途径,主张推进改革,强调教育要回归道德,就是"奖励善举,惩罚虚假,一培养对善良、正义、美好、伟大、真实、深刻的憧憬,对邪恶、不公正、丑陋、渺小、虚假的憎恶"。明确提出了法国教育发展的目标,即优质与机会均等。为了实现优质目标,教育的使命是使尽可能多的学生接受高质量的教育,如有可能,应接受长期的教育。为此,设定一个让50%的青年接受高等教育目标是绝对必要的。为了实现机会均等的目标,有必要采取两大结构性措施:一是确定教育最迫切需要解决的问题,以公共知识与共同基础为目的:二是为机会均等服务,为学生提供个别辅导,制定个性化教学计划,以保证教育的成功。

(三)法国教育发展趋势

进入新世纪以来,法国政府不仅秉承传统,将教育置于国家发展战略的全局性地位,高度重视教育的发展,同时继续加大改革力度,以推动教育的持续发展,当前法国的教育改革预示了其以后的发展趋势。

1. 实施民主化和现代化的教育方针

在今后一个时期,法国将继续遵循战后以来所实施的教育民主化和现代化的教育方针。即要实现100%的学生能从学校教育中获得一种文凭或证书,80%的学生获得中等教育文凭，50%的法国青年接受高等教育的目标。

2. 确立创新的教育理念

法国认为，创新是未来社会的主旋律，在 21 世纪经济竞争中将起关键作用。创新即意味着发明新的产品、新的工艺、新的学科和新的组织方式。当今资本流通和产品流通的世界化，就是思想的世界化，也是创新的世界化。因此，法国政府采取了积极措施，包括扩大大学的办学自主权，使研究人员特别是青年研究人员拥有自由的研究空间；促进大学更加开放和国际化；支持有利于新产品和增加就业的技术研究与开发，积极推进科技产业化和科技成果商业化等。

3. 走教育与经济、社会发展密切结合之路

面向社会，面向实际，使教育更好地适应社会与经济发展的要求，是法国教育的发展之路。为此，法国政府要求教育要参与社会经济现代化建设，高校应该实行与工业研究和整个生产部门合作，要实现产学研的结合，为经济与社会发展做出贡献。

4. 坚持教育面向欧洲、面向世界的战略

法国政府认为，教育要面向欧洲，面向世界，积极加强与欧洲和国际的合作，以适应欧洲统一市场发展的要求，适应国际市场的竞争。实施伊拉斯谟计划，加强与欧洲其他国家的教育合作，大学生的交流，发展欧洲高校之间的联系与合作；推进欧共体教育与技术培训计划和语言培训计划等重要教育发展计划。为适应欧洲统一市场的需要，法国各级学校都在大力开展外语教学。同时政府还出资派遣更多的教师出国进修，提高教师的业务水平。面对国际竞争的日趋激烈，法国政府要求教育界要加紧改革，加快科研步伐，特别是高新技术的研制与开发，致力于人才培养，促进经济发展，增强国家实力，为在世界格局的变化和欧洲的发展中占有重要的一席之地而努力。①

四、当代日本教育改革

（一）日本教育改革的背景和原因

1. 新技术革命的挑战和"科技立国"战略的确立

"战后"日本以科技起家，靠教育立国。从 20 世纪 70 年代末 80 年代初开始，日本兴起新技术革命，其特点是：

（1）成为新技术革命主角的微电子技术革命，正在促进工业技术的高度发展和成熟，并使产业结构、生产力布局、就业结构、消费结构以及社会面貌，发生新的深刻变化。

（2）脑力劳动、知识、技术在社会生产和生活中的意义，越来越明显地显示出来，生产的发展和生活的提高，越来越多地依赖于科学技术知识的水平，经济的竞争越来越明显地归结为科技知识的竞争。

（3）这场新技术革命越来越离不开群众性的技术革新活动。

新的"科技立国"战略对教育提出了新要求：① 教育必须担负起培养高层次、高水平科技人才的使命。② 教育要以培养独创性、创新性的科技人才为方向，对于过去适合于模仿型人才培养的教育体系予以彻底的改革。③ 根据科学技术瞬息万变的特点，教育内容要以不变应万变，重视基础知识的学习，同时，为适应科技发展的新发展，使就业人

---

① 梁金霞. 法国教育改革与发展趋势探析 [J]. 中小学校长，2009（8）.

员跟上时代的要求,必须使他们经常接受教育,打破传统教育在时间上和空间上对人的限制,发展终身学习体系。

2. 国际化的进展与"国际国家日本"的战略目标

日本要在"国际化"的世界中充当重要的与其经济大国相称的角色,就必须增强在国际社会中的地位,为此,提出了实现"国际国家日本"的战略目标,要求进行"战后政治总决算",对一切不利于建成国际国家的方面进行改革。

3. 终身学习社会的目标

科技的进步和经济的高度发展,使日本进入成熟期。在这个时期,国民收入提高,物质生活已经达到很高的水平,人们开始追求精神上的享受,教育向高学历化方向发展;自由活动的闲暇时间增加,也为日本国民提供更多的学习机会;人口结构的变化,高年龄化的发展,使日本必须注意老年人的智力开发问题、健康问题和生活福利问题等;独生子女增多,小家庭化的出现,以及其他"发达国家病",需要家庭、社会和学校的共同协作。面对这些变化和问题,日本提出建立"终身学习社会"的目标。

4. 教育本身存在的问题

(1) 偏重学历的社会风潮、应试教育和过度的考试竞争是一个严重问题。忽视其创造性、思维能力和表达能力的培养。这样的教育自然不可能关心儿童的兴趣爱好,不可能重视儿童人格的和谐发展。

(2) 学校教育划一和僵化。受长期的中央集权制影响,日本的学校制度相对还是比较单一,划一性较强,缺乏特色,学生缺少个性,强调形式上的绝对平等,忽视发展学生的个性和能力,教育刻板划一;教育行政管理死板,缺少灵活性。

(3) 大学之间缺乏为质量而进行的竞争,大学教育缺乏个性,学生素质下降。高等教育的学术水平不高,忽视基础理论和基础学科的研究。与其他发达国家差距较大。

(二) 20 世纪 80 年代的教育改革①

1984 年 8 月,中曾根首相设立临时审议会。经过 3 年多的研究和广泛征求各方面的意见,发表了 4 次咨询报告,探讨了面向 21 世纪的教育模式,提出了教育改革的目标和原则等,成为日本教育改革的指导性文件。

1. 面向 21 世纪的教育目标

日本 20 世纪 80 年代的教育改革以面向 21 世纪为出发点,强调教育改革必须适应 21 世纪的变化,重新认识人类社会和人类文明的发展进程,并据此重新评估教育的应有状态和重新认识教育的使命与目标。因此,根据在 21 世纪把日本建设成为富有创造性的充满活力的国家这个总目标,确定面向 21 世纪的教育目标是:

(1) 培养心胸宽广、体魄强健和富有创造力的人。

(2) 具有自由、自律和为公共利益服务的精神。

(3) 使他们成为面向世界的日本人。

2. 教育改革的原则

(1) 重视个性的原则。这是 20 世纪 80 年代日本教育改革的最重要的原则,强调在

---

① 日本教育改革动向 [EB/OL]. 新东方在线, http://news.koolearn.com/t_12720_0_233469.html.

教育中注意尊重个性、尊重自由和培养学生自律与自我负责的精神。必须按照这个原则重新评价日本教育的制度、内容、方法、政策，凡是与此原则相抵触的东西，必须加以革除。

（2）向终身学习体系过渡。临时教育审议会的第四次报告指出，为了主动适应社会变化，建立富有活力的社会，满足人们日益提高的学习要求，必须建立以向终身学习体系过渡为核心的新教育体系，进而实现终身学习的社会。

（3）国际化原则。日本在世界的各个领域都不能孤立存在，必须承担一定的义务和责任，并和各国保持相互依赖的关系、全体国民都需要具有广阔的国际视野、国际知识以及对各国历史、文化等的深刻了解，使国民成为活跃于国际社会的日本人。

（4）信息化原则。①必须大幅度扩充教育者和受教育者之间的双向信息交流，形成以信息网络为中心的新的学习空间，同时，要求学生切实掌握包括"读写算"在内的基础知识和基本技能。②应该处理好教育和信息化的关系，把信息化的成果有效地运用于教育、科研和文化活动之中；而以学校为代表的各种教育机构，应该培养人们掌握实际应用信息的能力，应采取个别教学等各种灵活的教学形式，强化双向沟通，尤其要强化学习者的信息传递技能。

（5）多样化原则。要实行学校制度的多样化、类别化和开放化；要改革教育内容，纠正偏重智育的教育，重视创造力、思考力和判断力的培养，重视德育和体育；要扩大中学阶段的选修课；高等教育要实现学科和课程的多样化和内容的灵活化，取代现行的国立大学一次性统考制度，创设国立、公立大学都可利用的共同考试。

3. 教育改革的具体措施

（1）完善终身学习体制，其中包括制定"终身学习振兴法"，重新审定与社会教育有关的法令，使之符合终身学习的要求，充实、改善成人体育、文化学习的场所和内容。

（2）改革初等、中等教育，包括充实、改善道德教育在内的课程设置。

（3）改革高等教育，使高等教育开放化，重新改组大学审议会，重新制定"大学设置基准"，从1990年开始实行新的大学入学考试制度；对大学教师实行任期制。

（4）振兴学术，推进基础研究，充实研究生院，增加科学研究补助金，增设大学共同利用的研究机构，整建"官产学"协作流动科研体制，健全学术信息体系，以国内外青年研究人员为对象招聘培养研究人员。

（5）适应教育国际化的要求，加强教员和学术的交流，改进留学生制度，扩大招收外国留学生，改革接收归侨子女教育体制。

（6）为适应信息化而进行改革，树立信息道德，提高对信息价值的认识；建立信息化社会性系统，即能够利用所有信息技术的新的学习系统，这就要为真正培养运用信息能力而探讨教育内容和方法，研究、开发最佳教材，培训能够联合运用教学机器与教材的教师；完善信息环境，以便建立理想的信息社会。

（7）改革教育行政和教育财政。

建立教育改革推进体制。扶持私学，通过"公私协作的方式"即民办公助方式、税制上的优惠、育英奖学金等在经费上予以补助，重视并积极支持私立学校中具有特色的教育研究项目。

此外，作为教育改革内容还有以下几个方面：

(1) 面向 21 世纪日本教育发展的主要方向是在"轻松宽裕"的环境中培养孩子们的"生存能力"。

(2) 改变僵硬划一的教育体制，由重视形式上的平等向尊重转变。

(3) 改革教育内容；充实和改善环境教育。增加与老年人共同生活的教育内容，培养孩子尊重老人和为老人服务的意识。加强和改善理科教育，重视观察和实验，让学生体会到科学探索和创造的乐趣。增加计算机设备和课程，培养学生获取、选择、整理、创造和传递信息的基本能力。

(4) 努力实现教育国际化，培养具有国际视野的、在国际社会中能够积极生存的、能够为人类共同的知识技术财富作出贡献的新的一代。

(5) 继续改革高等教育：继续推行大学设置标准大纲化和大学自我评估相结合的改革；改革大学的入学考试制度；调整大学的内部结构，强化研究生院教育，重新组合本科教育组织；导入大学教师任期制；开展利用多媒体传播手段的远距离教育；根据社会的需求变化，调整高等专科学校的专业设置，允许其毕业生进入大学三年级学习；强化高等教育机构的终身教育功能，积极接受在职人员入学。

(6) 加强学校、家庭和社区的联系，共同推进教育改革，净化社会环境，保证孩子健康成长。

从日本当代教育改革的历程来看，长期把教育视为社会改革、经济发展的手段，紧密联系本国社会经济发展的国情、体现时代对于人才的新需求开展教育改革是重要特色。日本在教育改革上曾有长期主动借鉴和学习西方先进国家教改经验的历史，但是当国家的教育水平发展到一定阶段的时候，就必须根据本国的国情进行改革。日本教育改革中个性化、国际化、信息化、多样化、终身学习的改革原则或思想成分体现了当今世界教育发展的趋势，体现了新的历史条件下对于教育的诉求，值得为我国的教育改革所借鉴。

五、当代国际典型教育改革的启示

1. 重视教育立法，强调依法治教

高度重视教育立法的保障和促进作用，强调依法治教并推动教育的法制化建设，这是 20 世纪教育改革的重要探索和教育发展的一条重要经验，也是 20 世纪教育改革和发展的重要特征。

2. 重视教育投入，强调教育作用

从 20 世纪教育的发展历程来审视，不难发现，高度重视教育对国家的作用并大力推动教育的发展和提高是这 100 年国际教育发展的重要特征与经验。为了实现国家和社会的目标，在整个 20 世纪，世界各国纷纷将教育视作维护国家利益、实现国家目的的重要工具，并进而将教育置于优先发展的战略位置，不断增加国家对教育的投入（即便是"战后"才取得独立的发展中国家，也首先致力于建设民族化的教育，并逐渐为实现教育现代化而努力，竭力使教育走上为本国经济发展和社会进步服务的道路）。对教育的高度重视无疑是 20 世纪教育改革与发展的重要原因。

3. 重视教师质量，强调教师队伍建设

任何一项教育方针政策、任何一项教育改革措施都需要教师去贯彻执行，因此，教师队伍的素质和积极性是教育能否搞好、教育改革能否成功的关键，教师队伍的素质和积极性决定着教育质量的高低、教育改革的成败。从 20 世纪国际教育发展的历程来看，无论是哪一个国家哪一个阶段的教育改革，无不重视和充分发挥教师的作用，高度重视教师队伍素质的提高并将教师地位的改善置于重要地位。

4. 重视社会联系，强调产、学、研结合

促进教育与社会的联系，加强产—学—研紧密结合以适应国家经济发展和科技进步的需要，是从 20 世纪教育（尤其是 20 世纪中、后期高等教育）发展的重要特征与经验。

5. 重视教育质量，强调国家竞争力

从 20 世纪国际教育变革与发展来看，毫无疑问，以提高教育质量为中心，高度重视教育质量的提高是贯穿这一百年教育发展与变革的重要特征。为了克服教育质量的危机，充分发挥教育的作用，世界各国纷纷将教育质量的提高作为中心目标，针对自身教育存在的问题推进教育改革，构成了 20 世纪世界教育改革的壮丽景观。

第三节 当代中国教育改革

一、新中国教育改革回顾

课程改革是整个基础教育改革的核心内容，课程集中体现了教育思想和教育观念。新中国成立后，我们国家的基础教育课程共经历了八次革新。前七次的时间分别为 1949—1952 年、1953—1957 年、1958—1965 年、1966—1976 年、1977—1985 年、1986—1991 年、1992—2000 年。前七次改革的简介见表 7-1。①

表 7-1　　　　　　　　　新中国教育七次革新

改革时间（年）	改革情况简介
第一次 1949—1952	教育部颁发了《中学暂行教学计划（草案）》，这是新中国第一份教学计划（1950 年 8 月）。设置了门类齐全的学科课程，政治、语文、数学、自然、生物、化学、物理、历史、地理、外语、体育、音乐、美术等课程。1952 年 3 月，教育部颁布了《中学教学计划（草案）》，同年 10 月，颁布了新中国成立以来第一份五年一贯制小学的《小学教学计划》。
第二次 1953—1957	这四年时间中，国家共颁布了五个教学计划，其中在 1953—1955 年颁布的三个计划中，大幅削减了教学时数，首次在教学计划中设置劳动技术教育课。1956 年国家正式发行新中国成立以来的第二套中小学教科书，这套教材理论性有所加强，特别注意了学生的动手能力的培养。
第三次 1958—1965	这一时期是我国经济发展的重要时期，同时也是"左"倾思想影响萌芽的时期。1958 年"大跃进"引发了"教育大革命"，大量缩短学制，精简课程，增加劳动，注重思想教育，还出现了多种学制的改革试验。
第四次 1966—1976	"文革"十年，整个教育领域受到重大影响，学校课程与教学经历了一场灾难。

---

① http://www.gsres.cn/gaozhongkegai/kegaidongtai/guoneidongtai/20090805/105856.htm ［EB/OL］.

续表

改革时间（年）	改革情况简介
第五次 1977—1985	"文革"结束，拨乱反正。1978年颁发《全日制十年制中小学教学计划试行草案》，统一规定全日制中小学学制十年，小学五年，中学五年。1980年出版了新中国成立以来全国统编第五套中小学教材。
第六次 1986—1991	1986年《义务教育法》出台。国家教委公布了义务教育教学计划初稿，突出了新型教育方针的具体要求，适当增加了基础学科的教学时数，在教学计划中给课外活动留出固定的足够的空间。
第七次 1992—2000	1992年国家教委第一次将以往的"教学计划"改为"课程计划"。1993年秋，新的计划突出了以德育为首，德智体美劳五育并举的全面发展的教育方针，第一次将活动与学科并列为两类课程。后来又将"课程管理"作为课程计划中的一部分独立出来。1999年教育部的《面向21世纪教育振兴行动计划》有专门关于课程管理的规范。这一次课程改革，我国教育界掀起了国家课程、地方课程、校本课程以及活动课程、研究性学习课程研究的热潮。

前七次课程改革，虽然均有成就，但课程教材体系不能适应全面推进素质教育的要求，依然存在教育观念滞后、课程内容偏难偏繁、德育缺乏针对性和实效性、课程结构单一、课程评价过于强调学业成绩和甄别选拔功能、课程管理强调统一和人文学科比重过低等问题。针对旧课程中一系列的问题，历次的课程改革未能很好地解决上述问题。

二、新一轮基础教育课程改革

（一）新课改的背景

1. 国际背景[①]

首先，教育受到前所未有的重视。20世纪60、70年代以来，随着计算机的逐渐普及，引发了人类史上的第三次科技革命浪潮，知识经济渐渐崛起。知识经济的崛起，改变了以往的职业分布和职业要求，也改变了国家之间的竞争方式。就个体来说，通过教育获得知识，使"知识改变命运"——促进受教育者的身心健康、精神发展，更能促进人与人、人与自然、人与社会、人与宇宙和谐相处，更能启发人充满激情地投入生活，审慎明智地拓展自己的生活履历，欣喜地感知自我的成长，欣赏并促进他人的成长。进而，就地区或国家而言，教育使一定数量的人口负担转换为一定质量的人力资源，提升该地区或国家的竞争力。此外，随着时代的发展，环境污染、地球变暖、和平与发展等全球问题日益突出，教育在解决这些问题上有着独特的作用。在此背景下，教育受到世界各国前所未有的重视，教育正逐渐从以往的时代追随者越来越成为时代的先导者。

其次，各国纷纷推动本国的课改。自20世纪90年代起，美国、英国、德国、法国、俄罗斯、日本、韩国等都相继启动新一轮的教育改革。由于课程在教育体系中处于核心地位，因而各国往往首先通过推动课程的改革来实现教育改革的目标。

2. 国内教育实践背景

[①] 黄燕. 课程改革论争评述 [J]. 新课程研究：教师教育，2007（9）.

资料 7-1

我是差生行列中的一员，经受着同其他差生一样的遭遇。然而我并不想当差生，我也曾努力过，刻苦过，但最后却被一盆盆冷水浇得心灰意冷。就拿一次英语考试来说吧。我学英语觉得比上青天还难，每次考试不是个位数就是十几分，一次老师骂我是蠢猪，我一生气下决心下次一定要考好。于是，我起早摸黑，加倍努力，牺牲了多少休息时间也记不住了。好在功夫不负有心人，期末预考时，真的拿了个英语第一名。当时我心里的高兴劲儿就别提了，心想这次老师一定会表扬我了吧！

可是出乎意料，老师一进教室就当着全班同学的面问我：你这次考这么好，不是抄来的吧？听了这话，我一下子从头凉到脚，心里感到一阵刺痛，那种心情真是比死还难受一百倍。难道我们差生就一辈子都翻不了身了吗？

（资料来源　贾晓波. 心理健康教育与教师心理素质. 北京：中国和平出版社，2000）

以上案例不仅仅是个案，在新课改之前是比较普遍的现象，由此可以看出，以往基于应试教育的学生学业成绩评价和考试制度与素质教育和课程改革的要求还存在着一定的距离。问题主要表现在：

(1) 现行的评价与考试制度过于强调甄别与选拔，忽视促进学生发展的功能。

(2) 评价指标单一，过于关注学业成绩的结果，忽视对学生学习过程的考查。

(3) 评价方法单调，过于重视纸笔测验，强调量化成绩，对其他考查方式和质性评价方法不够重视。

(4) 学生基本处于被动地位，自尊心、自信心得不到很好的保护，主观能动性得不到很好的发挥。

资料 7-2

13 岁孩子一席话，让人无语叹息

这段时间的几次考试，孩子都没有考好，甚至在全班垫底。最近的一次放学，她一反常态，兴高采烈。我开心之余，有点不解。

她扬起手中的大开本新书，像发现新大陆似的，眉飞色舞地说："原来老师考试就是从这里出的题，全班的人都有这本练习册，就是我没有！老爸，这是你的问题吧！"开学前，我在买练习册的时候，出于好心，帮孩子买了本"升级版"的练习册，按照我的常规逻辑估计，"升级版"应该是难度最大的，含金量（确切地说是含分量）也应该最高。岂料我这个判断错了，实际上"普通版"才是最难的。而老师出的卷就是从这所谓的"普通版"里出的。

为了在竞争中获胜，孩子们对稀缺信息的领悟甚至比成人还要到位，特别是那些事关孩子们的分数、面子的信息。就拿女儿班上的事情来说。除了我女儿之外，班上其他的同学都有这本练习册，但每个同学都不说自己有。到了学期结束，有的同学才把守了近一个学期的秘密抖了出来，我的孩子才如梦初醒。我不禁问女儿："为什么他们不早说呢？"孩子骂我笨："早说让你知道了，他们就没有人垫底了？""换是我，

也是这样。只不过我知道得太晚了。"这话出自一个13岁孩子之口！我一时无语。

竞争把这些天真活泼的孩子折腾得一个个以邻为壑，每个孩子拼命守住自己的一块小领地，而这块领地的全部就是分数！孩子生活的全部是要为自己的成绩而战，为保卫自己的成绩而战。在激烈的成绩保卫战中，孩子们的心态也变得阴暗起来，"他人即地狱"，同学之间，相互提防，幽蓝的嫉妒之火在孩子幼小的心中燃烧。友谊、爱心变成了虚伪的表情。女儿说，不要指望他人告诉你正确的答案。为了防止你超过他，他故意告诉你一个错的答案。这些成人世界的虚伪、世故、欺诈，孩子们用起来游刃有余！这些孩子长大了，你说可怕不可怕？

素质教育提倡了多年，但是真正制度性的变革并没有发生。有一年，我参加高考阅卷，批大作文。我看到最初的十几篇考生作文时，特别惊喜，这些孩子的文章写得真漂亮，但同组的一位中学特级教师提醒我，让我再看几十篇感觉一下。原来，前面那些让我惊喜的文章竟然在后面出现N个类似的版本！这位经验丰富的语文特级教师笑着说：这是素质教育，让你单看一个人，像人才；但是整体地看，是一个工程。她说，这些文章类型，在高考前就被训练、强化过了。单就一篇作文看，没有什么可挑剔的，但整体地考察，这些"看上去很美"的文章则是从应试模子里铸出来的。应试教育已经进化到与素质教育真假难辨的地步，具有悠久科举传统的中国，已经把竞技教育这门技术发挥到炉火纯青的境界。如今，孩子最苦，而家长、教师也都成了应试教育的人质。19世纪初，鲁迅曾经发出寓言式的呐喊："救救孩子。"一个世纪过去了，我们还没有长大。高考之弊，已经扩散到了最上游。

（资料来源　http://www.360doc.com/content/07/0128/09/10393_347289.shtml）

新中国成立后，我国已有的七次教育教学改革，都或多或少推动了我国教育改革的进程。然而，我国原有的基础教育课程内容、结构、体系等方面仍然严重滞后于世界先进水平；传统的应试教育势力非常强大，全面推进素质教育的方针难以实施。主要表现为：

（1）教育观念滞后，人才培养目标已不能完全适应时代的需求；

（2）思想品德教育的针对性、实效性不强；

（3）部分课程内容陈旧，课程结构过于单一，学科体系相对封闭，以致难以反映现代科技、社会发展的新内容，脱离了学生经验和社会实际；

（4）课程实施过程基本以教师、课堂、书本为中心，难以培养学生的创新精神和实践能力；

（5）课程评价只重视学业成绩，忽视学生的全面发展；

（6）课程管理过于集中，使课程不能适应当地经济、社会发展的需求和学生多样发展的要求。

正是因为国际教育改革潮流的影响和国内应试教育的种种弊端，我国的基础教育已经不能适应新的社会发展和学生个人发展的需求，必须进行系统的改革，所以国家于2001年正式启动新一轮的基础教育课程改革（以下称"新课改"）。

（二）新课改的实施

2001年至2003年，教育部相继颁发了一系列有关基础教育新课程的国家政策和文件，构建了本轮课程改革的总体政策框架。2001年颁布了《基础教育课程改革纲要（试行)》,同时印发了《义务教育阶段课程设置方案(试行)》和语文等21个学科课程标准(实验稿)。2002年印发了《教育部关于积极推进中小学评价与考试制度改革的通知》;2003年,印发了《普通高中课程方案(试行)》和语文等15个学科课程标准(实验)以及《中小学环境教育实施指南(试行)》。

从2001年9月起,在全国27个省(自治区、直辖市)的38个国家实验区(以县区为单位)开始了基础教育课程改革实验。2002年秋季,除上海、西藏外,全国范围内有530个省级实验区(以县区为单位)开始新课程的实验,参加实验的学生数达870余万人。到2003年秋季,全国共有1642个县(区)、3 500万中小学生使用新课程。2004年秋季,新一轮的高中课程改革首先在山东、广东、海南和宁夏四省区进行实验,2005年增加了江苏,2006年又增加了天津、浙江、福建、安徽和辽宁。目前,全国已经有1/3的省份参与高中新课程改革实验。

(三) 新课改的主要理念和策略

第一,倡导全人教育。强调课程要促进每个学生身心健康发展,培养良好品德,培养终身学习的愿望和能力,处理好知识、能力以及情感、态度、价值观的关系,克服课程过分注重知识传承和技能训练的倾向。

第二,重建新的课程结构。处理好分科与综合、持续与均衡、选修和必修的关系,改革目前课程结构过分强调学科独立、纵向持续、门类过多和缺乏整合的现状,体现课程结构的综合性、均衡性与选择性。

第三,体现课程内容的现代化。淡化每门学科领域内的"双基",精选对学生终身学习与发展必备的基础知识和技能,处理好现代社会需求、学科发展需求与学生发展需求在课程内容的选择与组织中的关系,改变目前部分课程内容繁、难、多、旧的现象。

第四,倡导建构性学习。注重学生的经验与学习兴趣,强调学生主动参与,探究发现、交流合作的学习方式,改变课程实施过程中过分依赖课本、被动学习、死记硬背、机械训练的观念。

第五,形成正确的评价观念。建立评价项目多元、评价方式多样、既关注结果更加重视过程的评价体系,突出评价对改进教学实践、促进教师与学生发展的功能,改变课程评价方式过分偏重知识记忆与纸笔考试的现象以及过于强调评价的选拔与甄别功能的倾向。

第六,促进课程的民主化与适应性。重新明确三级课程管理机构的职责,改变目前课程管理过于集中的状况,尝试建立国家、地方、学校三级课程管理制度,增强课程对地方、学校及学生的适应性。[1]

(四) 新课改的主要目标和内容

根据教育部2001年颁布的《基础教育课程改革纲要(试行)》,本次新课程改革的主要目标是:

1. 总体目标

基础教育课程改革要以邓小平同志关于"教育要面向现代化,面向世界,面向未来"和江泽民同志"三个代表"重要思想为指导,全面贯彻党的教育方针,全面推进素质教

---

[1] 钟启泉. 为了中华民族的复兴为了每位学生的发展——基础教育课程改革纲要(试行)解读[M]. 上海:华东师范大学出版社,2001.

育。新课程的培养目标应体现时代要求。要使学生具有爱国主义、集体主义精神,热爱社会主义,继承和发扬中华民族的优秀传统和革命传统;具有社会主义民主法制意识,遵守国家法律和社会公德;逐步形成正确的世界观、人生观、价值观;具有社会责任感,努力为人民服务;具有初步的创新精神、实践能力、科学和人文素养以及环境意识;具有适应终身学习的基础知识、基本技能和方法;具有健壮的体魄和良好的心理素质,养成健康的审美情趣和生活方式,成为有理想、有道德、有文化、有纪律的一代新人。

2. 具体目标

(1) 改变课程过于注重知识传授的倾向,强调形成积极主动的学习态度,使获得基础知识与基本技能的过程同时成为学会学习和形成正确价值观的过程。

(2) 改变课程结构过于强调学科本位、科目过多和缺乏整合的现状,整体设置九年一贯的课程门类和课时比例,并设置综合课程,以适应不同地区和学生发展的需求,体现课程结构的均衡性、综合性和选择性。

(3) 改变课程内容"难、繁、偏、旧"和过于注重书本知识的现状,加强课程内容与学生生活以及现代社会和科技发展的联系,关注学生的学习兴趣和经验,精选终身学习必备的基础知识和技能。

(4) 改变课程实施过于强调接受学习、死记硬背、机械训练的现状,倡导学生主动参与、乐于探究、勤于动手,培养学生搜集和处理信息的能力、获取新知识的能力、分析和解决问题的能力以及交流与合作的能力。

(5) 改变课程评价过分强调甄别与选拔的功能,发挥评价促进学生发展、教师提高和改进教学实践的功能。

(6) 改变课程管理过于集中的状况,实行国家、地方、学校三级课程管理,增强课程对地方、学校及学生的适应性。①

以上六项具体目标,包含基础教育课程的课程认识、课程结构、课程内容、课程实施、课程评价和课程管理等内容,一方面可以看出是针对以往基础教育中出现的若干问题而提出的解决措施,另一方面也可以看出是全新的课程理念和价值观的具体表现。

(五) 新课改的观念创新②

1. 学校观

学校是学习型组织,是培养人的机构,而不是官僚机构,不是公司,不是监狱,不是附属品。随着新课程改革的展开,过去的官僚本位、国家本位等僵化的管理体制正在被打破,学校正在成为教育改革的中心。这意味着教育改革将走向每一个教师自己的生活舞台,走向学生的学习空间,强调所有成员分享共同的价值观和规范,意图使学校更具活力,更有效率。学校应该成为联系教育理论与教育实践的前沿阵地,成为校本课程开发的主体,加强与社区、科研机构等的联系,通过合作交流、反思和探索,形成合作团队,拓展对学校教育与学校课程的认知,充分开发和利用校内外课程资源,实现学校的特色化发展之路。

---

① 教育部. 教育部关于印发《基础教育课程 改革纲要(试行)》的通知 [N]. 教基〔2001〕17号, [2001-06-08].

② 靳玉乐, 张丽. 我国基础教育新课程改革的回顾与反思 [J]. 课程·教材·教法, 2004 (10).

2. 课程观

传统教育中,课程知识多是文本的,这种文本的课程知识主要有这样几个特点:组织上的线性和顺序性;单向性,课程知识早已安排好,教师只是按部就班地按照统一进程进行讲授;课程知识是围绕一个主题或侧面来进行论述和描写的。而新的课程观则强调课程知识要尽量体现超文本的特点。课程不只是"文本课程"更是"体验课程",课程的内容和意义在本质上并不是对所有人都相同,在特定的教育情境中,每一个教师、学生在对课程文本的理解和解释中,总要融入个人独特的生活经验,形成不同的意义生长域,从而对课程做出某些生产性或创造性的改变。课程成为一种动态的、生成的"生态系统"。在这一过程中,学生、教师、课程之间是互动的、交流对话的,他们通过反思人类的生存状态、个体生活方式来理解课程、创造课程。

3. 教材观

基础教育新课程改革坚持"教材是范例"的观点,认为教材要由控制和规范逐步转向为人的全面发展服务,成为学生学会认知、学会做事、学会共同生活、学会生存的范例,成为不断获取知识、提升精神、完善自我的范例。教材不是学生必须完全接受的对象和内容,而是引导学生利用已有的知识和经验,主动探索知识的发生与发展;引起学生认知分析,理解文化;强调教材是学生发展的"中介",是师生进行对话的"话题",是进行交往的桥梁。另外,我们认为,教师其实就是一种最好的教材,他的学识、人品深深地影响着学生。

4. 教学观

传统的教学观把教学视为是知识传递的过程,教学被窄化为知识囤积和技能训练。新的教学观则认为课堂教学不只是课程传递和执行的过程,而更是课程创造与开发的过程,是教师与学生交往、互动的过程。在这个过程中,师生双方相互交流,在对话中不断建构知识。同时,学生也不仅仅是知识的接受者,他们必须具备批判意识,敢于直面现实生活中的问题,并设法加以解决,形成一种发现问题、分析问题、解决问题的能力。总之,教学不再重教知识,而是关注学生的生命体验,它是师生富有个性化的生命活动。

5. 教师观

新的教师观认为,教师应由传统意义上的"传道,授业,解惑"者向批判者、反思者、建构者等转变。首先,教师要由课程的忠实执行者变为课程的开发者(尤其是校本课程的开发)和课程知识的建构者(是"用教材教"而不是"教教材")。其次,教师要由学生的"控制者"变为学生的"促进者"、"合作者"、"引导者"。此外,教师还应是自身教育教学实践的"批判者"和"反思者"。教师应利用个人的课程意识和教育理性为依据对其课堂教学行为进行批判和反思。

6. 学生观

新的学生观认为,学生是有着完整生命表现形态的发展中的人,具有生命的整体性和发展的能动性。因此,我们应该尊重学生,树立为学生发展服务的意识。这就要求教师要尊重学生的人格,尊重学生在学习方面的思考,尊重学生主动学习的精神,把精神生命发展的主动权交给学生。

(六)对新课程改革产生启示的几种理论

新课程改革以现代的教育理论和学习理论为理论基础,倡导全新的教育教学理念。在诸多的理论流派中，多元智力理论、建构主义学习理论、后现代课程观对新课程建构新的学生观、教学观以及师生之间的关系等有着非常重要的影响。

1. 多元智力理论对新课程改革的启示

根据加德纳的多元智力理论，每个人至少拥有七种智力，只是这七种智力以不同的方式及不同的组合形式表现出来，具有自己的特点和独特的表现方式。学生不存在聪明与否的问题，只是哪些方面聪明和怎样聪明的问题，每个学生都有自己的优势智力领域，有自己的学习类型和方法，适当的教育和训练可以使每一个学生的智能发挥到更高水平。因此，我们应树立积极乐观的学生观，教育要面向全体学生，创造适合学生的教育，使每一个受教育者的潜能都能得到最好的发展。教师应为学生创造多种多样的展现各种智力的情景，给每个学生多样化的选择，使其扬长避短，从而激发每个学生潜在的智力，充分发展每个学生的个性。新课程中要求教师"关注个体差异，满足不同学生的学习需要，创设能引导学生主动参与的教育环境，激发学生的学习积极性，培养学生掌握知识和运用知识的态度和能力，使每个学生都能得到充分的发展"。

多元智力理论认为，每个不同的智力领域都有自己独特的发展过程并使用不同的符号系统。无论什么教育内容都使用"教师讲、学生听"的教育方法，无论哪个教育对象都采用"一本教材、一块黑板、一支粉笔"的教学形式，是有违教育规律的。教师要根据学生不同的智力结构、学习兴趣和学习方式的特点，对其进行有针对性的因材施教的教育。因此，教师应选择和创设多种多样适宜的教学情境，以不同的教学活动来激发学生的各种智能，让学生都有参与学习活动的机会，使每个学生都得到全面、充分、富有个性的发展。

由于受传统智力理论的影响，人们一直把学科分数和升学率作为评价教育质量的主要标准，学校过多地倾向于训练和发展学生的语言和数理—逻辑能力，却忽视了学生其他多方面能力的训练和培养。根据加德纳的多元智力理论，我们就应摒弃以标准的智力测验和学生学科成绩考核为重点的评价观，树立多种多样的多元评价观。教师应该从多方面观察、评价和分析学生的优点和弱点，并把这种由此得来的资料作为服务于学生的出发点，以此为依据选择和设计适宜的教学内容和教学方法，使评价确实成为促进每一个学生智力充分发展的有效手段。新课程中强调"评价不仅要关注学生的学业成绩，而且要发现和发展学生多方面的潜能，了解学生发展中的需求，帮助学生认识自我，建立自信"，充分体现了多元智力理论的影响。

2. 建构主义学习理论对新课程的影响

建构主义学习理论认为，学习活动不是由教师向学生传递知识，而是学生根据外在信息，通过自己的背景知识，建构自己知识的过程。在这个过程中，学生不是被动的信息吸收者和刺激接收者，他要对外部的信息进行选择和加工，而且知识或意义也不是简单地由外部信息决定的，外部信息本身没有意义，意义是学习者通过新旧知识和经验间反复的、双向的相互作用过程而建构成的。每个学习者都以自己原有的经验系统为基础对新的信息进行编码，建构自己的理解，而原有知识又因为新经验的进入而发生调整和改变。所以学习并不简单是信息的量的积累，它同时包含由于新旧经验的冲突而引发的观念转变和结构重组。学习过程并不简单是信息的输入、存储和提取，而是新旧经验之间的双向的相互作用过程，这个过程是别人无法替代的。因此学习过程应该以学生为中心，学生必须主动地参与到整个学习过程。

建构主义学习理论认为，知识是个体与他人经由磋商并达成一致的社会建构。科学的学习必须通过对话、沟通的方式，大家提出不同看法以刺激个体反省思考，在交互质疑辩证的过程中，以各种不同的方法解决问题，澄清所生的疑虑，逐渐完成知识的建构，形成正式的科学知识。因此，新课程强调在学习过程中应注重互动的学习方式，转变学生传统式接受学习的现状，"倡导学生主动参与、乐于探究"的学习，实现学习方式的转变。

建构主义学习理论提倡在教师指导下的、以学生为中心的学习；建构主义学习环境包含情境、协作、会话和意义建构四个要素。据此，可以将与建构主义学习理论，以及建构主义学习环境相适应的教学模式概括为：以学生为中心，在整个教学过程中，由教师起组织者、指导者、帮助者和促进者的作用，利用情境、协作、会话等学习环境要素，充分发挥学生的主动性、积极性和首创精神，最终达到使学生有效地实现对当前所学知识的意义建构的目的。因此，教学就是要努力创造一个适宜的学习环境，使学习者能积极主动地建构他们自己的知识。教师的职责是促使学生在"学"的过程中，实现新旧知识的有机结合。新课程强调在教学过程中教师应"引导学生质疑、调查、探究，在实践中学习，促进学生在教师指导下主动地、富有个性地学习"。

在建构主义教学模式下，教师与学生的关系发生很大变化。学习者必须通过自己主动的、互动的方式学习新的知识，教师不再是以自己的看法及课本现有的知识来直接教给学生，而是根植于学生的先前经验的教学。而且，在建构主义的教学活动中，知识建构的过程在教师身上同时发生着，教师必须随着情景的变化，改变自己的知识和教学方式以适应学生的学习。在这个过程中，师生之间是一种平等、互动的合作关系。因此，教师不再是知识的灌输者，应该是教学环境的设计者，学生学习的组织者和指导者，课程的开发者、意义建构的合作者和促进者，知识的管理者，是学生的学术顾问。教师要从前台退到幕后，要从"演员"转变为"导演"。新课程中强调"教师在教学过程中应与学生积极互动、共同发展"。

建构主义认为，建构主义学习环境下教师地位和角色的转变，并不意味着教师的角色不重要了，教师在教学中的作用降低了，而是意味着教师起作用的方式和方法已不同于传统教师。相反，在建构主义学习理论中，为了促进学生对知识意义的建构，教师课下所做的工作更多，对教师能力的要求更高，教师不仅要精通教学内容，更要熟悉学生，掌握学生的认知规律，掌握现代化的教育技术，充分利用人类学习资源，设计开发有效的教学资源，善于设计教学环境，能够对学生的学习给予宏观的引导与具体的帮助。

3. 后现代课程观的基本观点及对新课程改革的启示

后现代课程理论的典型代表多尔认为，"在现代范式中，课程作为自主但相互联系的单元，这无助于从转变过程的角度来看待课程，这一过程由复杂的、自发的相互作用所构成"，"视课程为转化过程，我们需要超越视课程为一系列相邻单元的观点——而是要视其为丰富开放的经验的多层次组合；视其为随我们注意力的转移而不断变换中心的复杂的马赛克。"多尔不是从内容或材料（跑道）的角度，而是从学生的发展、对话、探究、转化的角度出发来界定课程。课程是其动词形式 Carrere（拉丁语，指跑的过程），是不断变换的过程，是个体在学习过程之中，在转变与被转变过程中的体验，它既包含了学习的内容又包含了体验的过程，内容体现在过程之中，成为过程的一部分。课程不再被视为固定的跑道，而成为个人转变的通道，课程强调跑步的过程和许多人共同跑步所形成的模式。因此，多尔理解和设计的课程是开放的、动态的、过程性的，课程目标既不是精确的，也不是预先设定的，而是一般性的，形成性的，创造性的，转变性的。这种观念启发我们应该从静态到动态，从强调动的内容转到动的转变性过程，全面而深刻地理解和把握课程的本质；课程不再是只为完成预先的计划，更加关注在课程学习过程中生成的目标和任务。

多尔认为在课堂教学中，存在一个迷人的想象王国，在那里没有人拥有真理，而每个人都有权力要求被理解，主张课堂教学中的学习和理解来自对话和反思，教学中教师需要学生的干扰和挑战。因此，多尔的后现代课程理论挑战传统师生关系和教师权威观，主张师生关系更少地体现为有知识的教师教导无知的学生，而更多地体现为一群个体在共同探究有关课题的过程中的相互影响，教师与学生在一起探索达成的共识；教师的权威不再是超越性的、外在的，而成为共有的、对话性的；教师的作用是"平等中的首席"，教师的权威转入情景之中，教师是情景的领导者，而不是外在的专制者。

多尔的后现代课程理论中，课程与教学的关系是交叉与融合的关系，课程与教学没有明显的界限。而在传统的教育理论指导下，长期以来人们对于课程普遍持一种固定化的理解，认为课程和教学分属于两个不同的范畴，说到课程主要是指课程计划、课程标准的制订，内容的选择和编排；而谈到教学，则是指课程的实施过程，涉及教师的行为和教学方式方法等，二者之间存在着明确的分工，固守着不可逾越的、明晰的界限。其结果是造成课程设计与课程实践的持久隔离，因而常常难以达成课程编制的预期效果。实际上，课程与教学极为密切。课程目标在一般意义上总是模糊的、不确定的，它需要在教学的过程中去寻求；教学一方面进行着课程的实践，另一方面也是在解读和建构着什么是课程。因此，在新课程改革中，强调统筹考虑课程目标、内容的改革与相应的教学改革，关注课程设计与教学活动的相互作用，以整合的教育模式改革目前现实中相互割裂的状态，实现二者的有机结合。

后现代主义课程理论认为，现代主义将课程内容视为"是什么"的隐含表现，而后现代主义视其为一个及物动词，可能"是什么"。因此，课程的学习者需对所研究的材料有足够的了解，并有足够的信息，既能解决、解释、分析和表达所呈现的材料，又能以富有想象力和离奇的方式与那些材料游戏。这种理论启示我们，课程内容应具有丰富的多样性、疑问性和启发性，并且需要达成一种促进探索的课堂气氛，课程作为一种转变性过程需要对话，更需要教师用隐喻而非用逻辑激发对话。因隐喻比逻辑更为有效，它是生产性的，常帮助我们看到我们所没有看到的。"隐"是开放性的、启发性的、引发对话的；逻辑是界定性的，常帮助我们更清晰地看到我们已经看到的，它旨在结束和排除。我们需要创造性想象也需要逻辑界定，既需要生产也需要结束。教师要以一定的描叙方式讲解课程，从而鼓励学生与我们共同研究，透过与课文对话探讨各种可能性，并鼓励学生自由地透过相互作用发展他们自己的课程。

多尔认为，后现代课程"评价模式不再以偏离规范和标准的程度——一种欠缺的概念，而是以生产的质量——一种启发性的、不易于测量的概念——来衡量。"在现代范式中，科学、真理、规范，被膜拜成为绝对的权威，是衡量一切的标准。表现在课程中，就是以对学科知识（科学真理的代表）学习的好坏作为学生学习评价的唯一标准。这种评价偏重考查学生对书本原有知识的遵循能力，而忽视学生对知识的理解能力、应用能力和创造能力,更忘却了学生作为一个主动的、活泼的个体所具有的情感体验、价值兴趣等。多尔的课程理论启示我们,应该摒弃以标准的智力测验和学生学科成绩考核为重点的评价观,树立多元灵活的评价机制,通过多种渠道、采取多种形式、在多种不同的实际生活和学习情景下对学生进行多角度的评价,确实考查学生解决实际问题的能力和创造出初步的精神产品和物质产品的能力,使评价成为促进每一个学生充分、自由、个性发展的有效手段。①

几年来,基础教育新课程改革取得了一定的进展,但面临的问题也不少,有研究者认为以下几个方面特别值得关注②:

1. 迫切需要寻找课程改革的合理基础

几年来,在新课程改革的不断推动下,我们对新课程改革的许多现象和问题有了一定的理解和认识,为课程理论研究和实践探索提供了一定的基础,并积累了不少经验,但远没有形成系统的理论体系和全面完整的改革蓝图,无论是研究成果的数量、质量,还是研究人员的结构和素质等,还只是课程理论的初创阶段。为此,我们迫切需要寻找课程改革的合理基础。

2. 课程改革与教师教育问题

教师是基础教育新课程改革取得成功的重要保证。然而,继新课程改革进行以来,我们的教师在观念和实际操作方面都还是远远不够的。这主要表现为:(1)一些教师的观念难以转变,尤其是一些老教师,他们早已习惯于其熟悉的课程理念、目标、内容及方式方法等,老一套的东西早已在其头脑中根深蒂固,面对新课程改革,他们深感"太突然"、"不知所措",难以适应;(2)新课程对教师提出了较高的要求,虽经过培训,但他们在教学方法上仍尤为欠缺,不懂得如何将理论转变为可操作的方法,要么"穿新鞋走老路",要么就是"弄巧成拙"。比如说,新课程改革在转变教学方式方面特别将"自主、合作、探究"作为重点进行倡导。但是,"自主、合作、探究"的课堂究竟是怎样的课堂呢?这就需要每位教师进行长期的实践。然而在很多"新课改公开课"、"研讨课"上,一讲"合作"就是"小组",什么课都是小组讨论,什么内容都要通过小组讨论来"解决",而很少考虑这样的话题是否有讨论的价值。从组织形式上来说,小组合作学习是一种先进的学习范式,这是一个小型的学习型组织,但我们在课堂上常常看到小组学习处于一种"无政府状态",没有游戏规则,乱哄哄一团,很少有实质性的讨论。结果,"小组讨论"成了课堂上的"放羊"。(3)在教师培养方面,目前师范院校的毕业生不能马上上岗,需培训一到两年,并且他们能否承担起实施新课程的任务,这还是一大考验。

3. 教学评价难以开展

具体表现在以下几个方面:(1)对学校的评价仍以升入重点学校的学生人数为主;(2)新课程提出学生的发展除了"知识与技能",还包括"过程与方法"、"情感态度与价值观";除了学科学习目标,还有一般性发展目标;除了学业成绩,还有学习态度、创新精神、动手能力、解决问题的能力、科学探究的精神以及健康的审美情趣等。其中很多方面都是无法通过考试的方式加以考查,更难以用量化的方式进行准确、客观地描述。这

---

① 邬志辉. 当代教育改革实践与反思 [M]. 长春:东北师范大学出版社,2009.
② 靳玉乐,张丽. 我国基础教育新课程改革的回顾与反思 [J]. 课程·教材·教法,2004 (10).

就给教师的具体操作带来了一定难度,并且效果也不太理想;(3)高考制度与新课程同步进行,学校开设的各种课程就不可避免地要在某种程度上受考试目标的影响。例如,新课程改革强调对学生能力的全面培养,而高考在内容和方式上都仍然偏向学生的知识方面,这就使得新课程改革的宗旨得不到很好的体现。

4. 新课程自身的问题

具体表现为:(1)新课程体系显得有些复杂,教师难以把握重点;(2)由于综合课程的出现,教师素质跟不上,出现备课难、工作量大增的情况;(3)有些学校感到综合实践活动课无法上,特别是信息技术课,很多农村学校至今都无一台电脑;(4)有农村学校反映,新教材过于城市化,语文、综合实践活动课等的有些内容太深,不够贴近农村生活实际。这对农村学生的学习来说有一定困难。

资料 7-3

我国应试教育的囚徒困境

囚徒困境可以用来说明许多现象,我国目前的应试教育就是一个囚徒困境。

可以这么说,最近10多年来,我国基础教育的问题是如何摆脱应试教育的困境问题。目前给中小学生"减负"不仅是学生家长的呼声,也是教育专家和教育管理部门的呼声,也可以说是全社会的呼声。教育管理部门这几年做了一系列的工作,但收效甚微,并没有从根本上解决问题。学校不断给学生增加负担是目前教育的实际状况。

大家普遍认为应试教育是扼杀学生的创造性,无论是专家还是家长,都在呼吁改变应试教育的模式。但是无论是专家,还是意识到教育问题的普通老百姓,其小孩都在接受着这种教育。

在现有的教育体制下,学生(或学生家长)有两个可选择的策略:"减负"和"增负"。学生的精力是有限的,如果选择"减负"策略,意味着学生有更多的时间学习课本以外的东西,这样学生的素质得到提高,因此,"减负"策略往往与素质教育联系在一起;而如果选择"增负"策略,则意味着学生花大量的时间做大量的习题,以"学透"、"学精"课本规定的东西,此时,学生没有时间学习课本以外的没有规定的内容。"减负"的结果是学生的全面发展,"增负"的结果是学生获得高的分数。

在这样的博弈结构下,学生(或学生家长)如何选择呢?每个学生这样想:其他人采取的是"增负"教育策略的话,如果我采取"减负"教育策略,我的考试分数不如他人,在求学方面我会落后,接受不了好的教育,在未来求职时我也赶不上他人。在他人采取的是"减负"的策略下,我应当采取什么策略呢?还是应当采取"增负"的策略!因为,如果他人采取的是"减负"的策略的话,如果我采取的是"增负"策略,我的考试分数会比其他人高,我会上好的学校,在未来的职业竞争中我会处于优势。因此,无论其他人采取的是什么策略,我采取"增负"策略都是最好的。当每个学生都这样想的时候,全社会便进入了应试教育这样一个囚徒的困境之中。

如果我国现有的考试制度没有改变，现在假设所有的学生都选择"减负"策略，即除了做少量的巩固性的作业外，不补课、不做其他的练习题，情况会是什么样子？

假设这种状态会出现，我们说，这种状态会很快消失，而立即会出现所有学生都进入"增负"的这样一个状态。可以说，均选择减负策略的状态是不稳定的，而"增负"的状态是稳定的均衡。原因就是，目前的教育的博弈结构规定了各种行动或行为的收益或好处：获得高分的会进入好的大学。在这个博弈中，对于教师来说，学生的升学率意味着其成绩大、奖金高，对自己的学生采取"增负"策略，对于自己而言是占优策略。

我国基础教育的博弈与囚徒困境有共同的结构，大家均选择"增负"策略构成基础教育博弈的纳什均衡。纳什均衡是一个稳定的博弈结果，这也是为什么我国目前的应试教育难以改变的原因。

（资料来源 http://trp.jlu.edu.cn/xxjjx/indexnr/anli-4.htm）

从上述案例可以看出，新课改出现以上这些问题，除了教育改革和新课程自身的原因外，我们当前教育实践中未能真正摆脱应试教育桎梏是非常重要的原因。新课程改革之前基础教育所存在的种种弊端，其最大根源在于以"应试教育"最高目标，异化了教育活动本身在儿童发展中的作用，异化了教育活动与社会的联系。新课改的核心目标既是要根除这些弊端，但是改革的实践证明，对于产生弊端的根本原因并没有实质性的突破，况且中高考制度的改革在我国当前的基本国情下是一个异常复杂的问题。因此也可以看出，我国的课程改革是一个不断反思、持续不断的过程，任重而道远。

☞分析思考题

1. 教育改革的内涵是什么，它与教育变革、教育革命有何区别及联系？
2. 当代世界典型国家的教育改革为我们提供了哪些启示？
3. 从当代世界教育改革发展的视角，谈谈对于我国的新一轮基础教育课程改革的认识。

参考文献

[1] 王枬. 教育原理 [M]. 桂林：广西师范大学出版社，2007.
[2] 赵中建. 教育的使命——面向21世纪的教育宣言和行动纲领 [M]. 北京：教育科学出版社，1995.
[3] 国际21世纪教育委员会报告，联合国教科文组织总部中文科译. 教育——财富隐藏其中 [M]. 北京：教育科学出版社，1996.
[4] 顾明远. 教育大辞典 [M]. 上海：上海教育出版社，1990.
[5] 陈桂生. 教育原理 [M]. 上海：华东师范大学出版社，1993.
[6] 郑金洲. 教育通论 [M]. 上海：华东师范大学出版社，2000.
[7] 冯建军. 当代教育原理 [M]. 南京：南京师范大学出版社，2009.
[8] 叶澜. 教育概论 [M]. 北京：人民教育出版社，2006.
[9] 毛礼锐. 中国教育简编 [M]. 北京：教育科学出版社，1984.
[10] 余文森. 教育学 [M]. 北京：北京大学出版社，2009.
[11] 袁振国. 当代教育学 [M]. 北京：教育科学出版社，2001.
[12] 曾洁珍. 国内外教育改革动态 [M]. 广州：广东高等教育出版社，2001.
[13] 邬志辉. 全球化背景下的中国基础教育课程改革 [J]. 教育科学研究，2002 (6).
[14] 杨昌济. 杨昌济教育思想简论 [M]. 长沙：湖南教育出版社，1983.
[15] 联合国教科文组织国际教育发展委员会. 学会生存——教育世界的今天和明天 [M]. 华东师范大学比较教育研究所，译. 北京：教育科学出版社，1996.
[16] 国家教育发展研究中心编. 发达国家教育改革的动向和趋势（二）[M]. 北京：人民教育出版社，1987.
[17] [日] 筑波大学教育学会研究会. 现代教育学基础 [M]. 钟启泉，译. 上海：上海教育出版社，2003.
[18] H.O·格林伦. 课堂教育心理学 [M]. 章志光，等译，昆明：云南人民出版社，1983.
[19] 陈鹤琴. 陈鹤琴教育文集（下）[M]. 北京：北京出版社，1983.
[20] [美] 大卫·G·阿姆斯特朗，肯奈斯·T·汉森，汤姆·V·赛威治. 教育学导论 [M]. 李长华，李剑，汤杰琴，译. 北京：中国人民大学出版社，2007.
[21] Lieberman, M.. *Education as A Profession* [M], Prentice-Hall. 1965：2-5.
[22] [日] 市川昭武. 作为专业的教师 [M]. 明治图书，1969.
[23] 冯文全. 现代教育学新论 [M]. 成都：电子科技大学出版社，2007.
[24] 联合国教科文组织国际教育局 [J]. 教育展望. 2001，114 (2).
[25] 周跃良，曾苗苗. 生态取向下促进教师专业发展的新途径——构建教师虚拟实践共

同体［J］．教育信息化．2006（9）．

[26] 苗力田、李毓章．西方哲学史新编［M］．北京：人民出版社，1990．

[27] ［英］伊丽莎白·劳伦斯著．现代教育的起源和发展［M］．纪晓林，译．北京：北京语言学院出版社，1992．

[28] ［法］卢梭著．爱弥儿［M］．李平沤，译．北京：商务印书馆，1994．

[29] 马克思．1844年经济学哲学手稿［M］．北京：人民出版社，1979．

[30] ［美］大卫·雷·格里芬．后现代科学．科学魅力的再现［M］．北京：中央编译出版社，1995．

[31] 皮亚杰著．结构主义［M］．倪连杰，等译．北京：商务印书馆，1984．

[32] 沈德立．脑功能开发的理论与实践［M］．北京：教育科学出版社，2001．

[33] 赵桂芹．把学生作为发展中的人实施教育［J］．现代教育科学：普教研究．2006（6）．

[34] 夸美纽斯著．大教学论［M］．傅任敢，译．北京：教育科学出版社，1999．

[35] ［美］赫舍尔著．人是谁［M］．隗仁莲，译．贵阳：贵州人民出版社，1994．

[36] 刘金花．儿童发展心理学［M］．上海：华东师范大学出版社，1997．

[37] 王坤庆．20世纪西方教育学科的反战与反思［M］．上海：上海教育出版社，2000．

[38] 张春兴．教育心理学［M］．杭州：浙江教育出版社，2000．

[39] 虞永平．学前课程的多视角透视［M］．南京：江苏教育出版社，2006．

[40] 靖国平．论人受教育之必要性、可能性和超越性［J］．江西教育科研，2006（1）．

[41] 刘生全．教育批评的社会基础透析［J］．华东师范大学学报：教育科学版，2003（6）．

[42] 刘春花．学校教育的责任边界与有限性［J］．教育发展研究，2009（21）．

[43] 张天宝．主体性教育［M］．北京：教育科学出版社，1999．

[44] 邢永富．现代教育思想［M］．北京：中央广播电视大学出版社，2001．

[45] 石中英．教育哲学［M］．北京：北京师范大学出版社，2007．

[46] ［日］芦部信喜著．宪法［M］．第3版．林来梵，等译．北京：北京大学出版社，2006．

[47] 卢梭著．爱弥儿（上卷）［M］．李平沤，译．北京：商务印书馆，1978．

[48] 罗素著．自由之路（下）［M］．许峰，等译．北京：文化艺术出版社，1998．

[49] 马凤岐．自由与教育［M］．北京：北京师范大学出版社，2008．

[50] 全国十二所重点师范大学联合编写．教育学基础［M］．北京：教育科学出版社，2002．

[51] ［美］默顿著，论理论社会学［M］．何兴凡，等译．北京：华夏出版社，1990．

[52] 李保强，周福盛．教育基本原理［M］．济南：山东人民出版社，2008．

[53] 涂尔干．教育及其性质与作用［M］//张人杰．国外教育社会学基本文选．上海：华东师范大学出版社，1989．

[54] 杜威．民主主义与教育［M］．北京：人民教育出版社，1990．

[55] 孙有中，等译．新旧个人主义——杜威文选［M］．上海：上海社会科学院出版社，1997．

[56] 杜威. 我的教育信条 [M] //现代西方资产阶级教育思想流派论著选. 北京：人民教育出版社，1996.

[57] 瞿葆奎等选编. 曹孚教育论稿 [M]. 上海：华东师范大学出版社，1989.

[58] 陈友松. 当代西方教育哲学 [M]. 北京：教育科学出版社，1982.

[59] 哈钦斯. 民主社会中教育的冲突. 1953.

[60] 赫钦斯. 美国的高等教育 [M] //陈友松主编. 当代西方教育哲学. 北京：教育科学出版社，1982.

[61] A. C. 奥恩斯坦. 美国教育学基础 [M]. 刘付忱，等译. 北京：人民教育出版社，1984.

[62] 扈中平. 教育目的论 [M]. 武汉：湖北教育出版社，2004.

[63] 普莱西等著. 程序教学和教学机器 [M]. 刘范，等译. 北京：人民教育出版社，1964.

[64] 瞿葆奎主编，徐勋等选编. 教育学文集教学 [M]. 北京：人民教育出版社，1988.

[65] 参加国家教育发展研究中心编. 发达国家教育改革的动力和趋势 第四集 [M]. 北京：人民教育出版社，1992.

[66] 吴式颖主编. 外国教育史教程 [M]. 北京：人民教育出版社，1999.

[67] [意] 安东尼奥·葛兰西. 狱中札记 [M]. 北京：人民出版社，1983.

[68] [法] 帕斯卡尔. 思想录 [M]. 北京：商务印书馆，1985.

[69] [美] 马斯洛等著. 人的潜能和价值：人本主义心理学译文集 [M]. 北京：华夏出版社，1987.

[70] 张荣伟. 教育基本原理 [M]. 福州：福建教育出版社，2007.

[71] 马克思恩格斯全集. 第 42 卷 [M]. 北京：人民出版社，1979.

[72] 罗素著. 人类的知识 [M]. 张金言，译. 北京：商务印书馆，1983.

[73] [英] 斯宾塞著. 教育论 [M]. 胡毅，译. 北京：人民教育出版社，1962.

[74] 王策三. 认真对待"轻视知识"的教育思潮——再评由"应试教育"向素质教育转轨提法的讨论 [J]. 北京：北京大学教育评论. 2004（3）.

[75] 郝文武. 教育：主体间的指导学习 [J]. 教育研究，2002（3）.

[76] 钟启泉，等. 为了中华民族的复兴为了每位学生的发展——基础教育课程改革纲要（试行）解读 [M]. 上海：华东师范大学出版社. 2001.

[77] [美] Albert Bandura 著. 自我效能：控制的实施 [M]. 缪小春，等译. 上海：华东师范大学出版社，2003.

[78] 邬志辉. 当代教育改革实践与反思 [M]. 长春：长春师范大学出版社，2009.

[79] 靳玉乐，张丽. 我国基础教育新课程改革的回顾与反思 [J]. 课程·教材·教法，2004（10）.